やわらかアカデミズム・〈わかる〉シリーズ
よくわかる
養護内容・自立支援

小木曽 宏・宮本秀樹・鈴木崇之 編

ミネルヴァ書房

はじめに

■よくわかる養護内容・自立支援

　ご覧頂ければおわかりのように，本書の特徴は，研究者だけでなく，第一線で活躍されている多くの児童福祉実践者が執筆を担当されていることです。それには，2001年6月29日付，厚生労働省雇用均等・児童家庭局長通知として示された「養護内容の（学習）目標」として，「児童福祉施設などを利用している児童の立場になったり生活プログラムを作成するなどの演習をとおして，日常的に展開されている具体的な児童の生活や援助者の援助を理解する」と示されたことと大きく関連します。そして，近年新たに始まった実践活動も視野に入れ，できる限り，幅広い領域の方々にご執筆頂くことができました。

　また，この通知では「児童の心身の成長や発達を保障し援助するために必要な知識や技能を習得」すると示されています。この点に関しても，子どもと親，家族との関係，育ってきた環境への理解から，今後その支援が具体的にいかに行われるべきかを提示しています。そして「本書のねらいと利用の留意点」で解説しているように，「養護」と「自立支援」を背反することとしてではなく，〈発達保障の連続性〉の上に理解して頂けるようなまとめ方をしました。

　さらに「児童観や施設養護観を養う」ということも学習目標として示されています。一概に「児童観」を簡単に言い表すことは困難です。まず，学生の皆さん一人ひとりが「児童観」をもつためにはきちんと歴史的な変遷を辿っていかなければなりません。そして，当然，戦後日本の「施設養護」の変遷もきちんと辿ることが必要です。そこで，本書は「養護内容」のテキストとして，その課題についてもわかりやすく解説しました。しかし，本書は，より実践的で，現場実習で役立つ内容を盛り込むことに中心を置きましたので，さらに「児童観」に関する知識を深めるためには，『養護原理』に戻って学習することが重要となります。

　編者をはじめ執筆者の願いは，読者諸氏がこのテキストを読み，学習することで，リアルな児童養護の実践に関心をもって頂くことです。学習を深めていくにしたがって，それぞれの執筆者がより主体的に先駆的に，子どもと関わることで感じられた思いを「熱く」伝えてくれています。読者諸氏もその「思い」を感じて頂くことができると思います。そして，現場実習で，ここに書かれた内容について実感を深めて頂きたいと思いますし，微力ながらこのテキストが役立てば，大変光栄です。

2007年10月
編者一同

 # 本書のねらいと利用の留意点

1 なぜ「養護内容」と「自立支援」なのか

　社会福祉や教育の領域で「養護」が入っている言葉としては，特別養護老人ホーム，養護老人ホーム，養護教諭，児童養護施設などがあります。また，「自立支援」が入っている言葉としては，児童自立支援計画，児童自立支援施設，障害者自立支援法，生活保護自立支援プログラムなどがあります。「養護」にしても「自立支援」にしても，共通していることは，子どものみに使われている言葉ではないということです。高齢者，障害者，生活困窮者などの領域においても使われています。

　また，時間的な比較をすると，「養護」は戦後と同時期に出発した言葉ですが，「自立支援」という言葉は，1990年代後半から，主として2000年の社会福祉法成立以降，社会福祉や教育のみならず，保健・医療，雇用・労働など幅広い領域で使われはじめました。実態はともかく，言葉としての「養護」と「自立支援」との間には，時間的なズレがあると考えてよいでしょう。

　上記のことを背景に，「養護」と「自立支援」を子どもに絡めて仮に定義すると，「養護」とは，「子どもを保護すること」であり，「自立支援」とは，「子どもへの保護を解いていくこと」になるでしょうか。学問的にはこの定義は不十分なものですが，大雑把なイメージとしては，実態とそれほどズレていないと思われます。この仮の定義によれば，意味としては，正反対のことがセットになって本書のタイトルになっているかのような印象を受けるかもしれません。しかし，人が人として成長をするとき，養護も自立支援もともに必要な関わりであり，そのことは既刊のテキストにおいても述べられています。本書は「自立支援」のことをあらためて表舞台に登場させて，「養護」と「自立支援」との関係も学んで欲しいというねらいがあります。

2 本書の特徴

(1) 「養護」と「自立支援」の関係・位置づけとしては，並列的ではなくて，ベースに養護があり，その上に自立支援が乗る形を取っています。
(2) 「自立支援」の章を独立させて，クローズアップさせています。
(3) 事例を多く導入し，「考えるためのテキスト」としています。
　『養護内容』は，演習科目です。したがって，『養護原理』を踏まえ，児童養護の実際問題をどのように取り組めばいいのかといった考え方をトレーニングする場であると考えています。したがって，本書においてもその目的を

達成するために「事例を通した学び」を中心に据えます。
  (4) 事例編集の考え方について
   ① 事例に関しては，大きく分けると，「現場の援助者からのもの」と「実習を体験した学生からのもの」を用意しました。2種類のものを用意した理由は，多くは読者の皆さんと年齢的にはあまり違わない先輩学生が児童福祉の現場でどのような学びをしているのか，さらには職業人として現場に身を置いたとき実際的にはどのような対処をしているのか，の両方を知ってもらい，重層的な学習をして欲しいと願っているからです。
   ② 事例を作成するときのコンセプトの一つとして，「自立支援」を意識したものにしています。
   ③ 演習は，「経過報告」とは違います。したがって，事例執筆者の解説などを通じて，「事例に対する向き合い方」を示しています。
  (5) 社会福祉は社会の一部分です。「全体のなかで考える」ことの必要性に触れるために，隣接領域（教育，労働）にまで学びの範囲を拡げています。

3 本書の利用の留意点

(1) 『養護原理』を学んでください。

　演習に取り組む際には，前提となる基礎知識がある程度必要となりますので，本書においては，必要に応じて『養護原理』の内容を盛り込んでいます。しかし，本書が演習のテキストである性格上，量的には不十分な面があります。本書とあわせて，やわらかアカデミズム・〈わかる〉シリーズ『よくわかる養護原理』（ミネルヴァ書房刊）を読んでいただければ，理解の深まりにつながります。

(2) 事例に対する考え方において，基本的に100％の正しい答えはありません。

　事例は，個人情報保護等の観点から，個人が特定されないように仮名を使用するなど，各執筆者の工夫によって，創作の部分も含まれています。また，事例から読み取れる課題について，各執筆者なりに解説等を加えています。したがって，事例は，現実にあったことをそのまま写し取ったものではないということと，解説等はあくまで各執筆者を通じた理解であるということを前提に，"もし私がこの事例の援助者だったならば"という視点を入れて，読んでください。そして，各執筆者とは違う見方を生み出してみてください。そのことが事例を読み込むときの豊かさにつながります。

(3) 関心のあるところからページを開いてください。

　本書は最初から読まないと，理解できない構成にはなっていません。関心のあるところから読まれてもいいし，最初から読まれてもいいし，それは読者の皆さん次第です。

（宮本秀樹）

もくじ

■よくわかる養護内容・自立支援

はじめに

本書のねらいと利用の留意点

I 「養護」に関する基本的な理解

1 社会のなかでの子どもの位置づけ…2

2 子どもを育てる場としての「家族」の今と未来 …………………4

3 親権とは何か──親権の基本的理解 …………………………8

4 「親であること」から「親になること」へ ………………………10

5 ライフサイクルのなかでの「子ども」…14

6 家庭的養護と社会的養護の基本的枠組み ………………………18

7 児童養護における歴史的理解と今日的課題 ……………………22

8 児童養護の実際① 社会的養護の決定に関する基本的しくみ …………………………26

9 児童養護の実際② 事例を通して理解する社会的養護の決定 …………………………30

II 「自立支援」に関する基本的な理解

1 「自立支援」という言葉の意味 …34

2 「自立支援」に関する歴史的理解…38

3 事例を通して理解する① 児童養護施設における自立支援…42

4 事例を通して理解する② 児童自立支援施設における自立支援 …………………………44

III 児童福祉施設におけるそだちと自立支援

1 児童福祉施設で生活するということ① 児童福祉施設とは ………………46

2 児童福祉施設で生活するということ② 児童福祉施設の目的と機能を理解するために ………………………48

3 乳児院におけるそだちと自立支援 …………………………52

4 児童養護施設の役割 ………………56

5 児童養護施設におけるそだちと自立支援 ………………………60

6 児童養護施設における心理的ケア…64

7 児童自立支援施設におけるそだちと自立支援 ……………………68

8 母子生活支援施設におけるそだちと自立支援 ……………………72

9 情緒障害児短期治療施設におけるそだちと自立支援 ……………76

10 重症心身障害児施設におけるそだちと自立支援 ……………80

11 肢体不自由児施設におけるそだちと自立支援 ……………………84

12 知的障害児施設におけるそだちと自立支援 ……………………… 88

IV 実習で学生は何を学んでいるのか

1 居場所がほしい
   一時保護所 ……………… 92

2 新しい出会いのために
   乳児院 …………………… 94

3 「叱る」と「怒る」から自分自身を知る
   児童養護施設（小学生との関わりから）
   …………………………… 96

4 出会いととまどい
   児童養護施設（中・高校生との関わりから）
   …………………………… 98

5 子どもたちの優しさにふれて
   児童自立支援施設 ……… 100

6 関係づくりは一歩ずつ
   母子生活支援施設 ……… 102

7 こだわりはどこまで許されるの？
   知的障害児施設① ……… 104

8 本人の気持ちを大事にしたら……
   知的障害児施設② ……… 106

9 良かれと思っていることが……
   肢体不自由児施設 ……… 108

V 地域におけるそだちと自立支援

1 子どもたちが地域で生活すること
   …………………………… 110

2 地域の遊び場の拠点として
   児童館 …………………… 114

3 もうひとりの親として
   里親制度 ………………… 118

4 小さな施設とくらしの保障
   グループホーム ………… 122

5 施設の新たな役割として
   児童家庭支援センター … 126

6 子育て支援の拠点として
   地域子育て支援センター … 130

7 自立と寄る辺のために
   自立援助ホーム ………… 134

8 ノーマライゼーションの実現にむけて
   地域療育 ………………… 138

VI 社会福祉の隣接領域におけるそだちと自立支援

1 社会福祉隣接領域における養護と自立支援への必要性・視点 ……… 142

2 教育を通したそだちと自立支援 … 144

3 働くことを通したそだちと自立支援
   …………………………… 148

VII 児童福祉援助者論

1 子どもへの援助と大人への援助 152

2 援助者の種類・役割と倫理 …… 154

3 援助者と権利擁護 ……………… 156

4 援助者と苦情解決 ……………… 158

5 援助者とエンパワメント ……… 160

6 記録とスーパービジョン ……… 162

7 援助者に対する援助 …………… 164

8 子どもを援助することの意味とは …………………………………… *166*

VIII 近年の児童福祉に関する法改正と施策

1 近年の児童福祉に関する法改正 … *168*

2 近年の児童福祉に関する施策 … *172*

やわらかアカデミズム・〈わかる〉シリーズ

よくわかる
養護内容・自立支援

I 「養護」に関する基本的な理解

 社会のなかでの子どもの位置づけ

① 子どもは持続可能性のある社会づくりのための土台である

　志田民吉は,「社会の維持運営責任は,主として『成人』によって担われている。人は,成人としてこの世に生まれるのではないから,社会はそしてすでに成人である市民は,そうでない市民を成人にしなければ社会は機能しないし,人類の歴史は続かない。このことは理屈ではなく事実であり,認めるかどうかの選択肢である(公理)」[1]と述べています。社会は子どもを次世代の大人にしていくことが必要であり,子どもが,持続可能性のある社会づくりのための土台になるということは,疑う必要のない共通的な理解として捉えていいでしょう。児童福祉法第1条においても,社会は子どもを心身ともに健康に育てること,生活を保障すること,愛護することの存在として捉え,その目的達成のために社会は大人側の責任を規定しています。一方,社会福祉の対象者としての障害者や高齢者の場合,生活上の困難や不利益を軽減・除去する方向として社会の責任が規定されていますが,同時に本人の努力義務も規定されています[2]。

　社会と本人との関係でいえば,障害者や高齢者が双方的な責任関係だとすれば,子どもの場合には,社会の義務として社会から子どもへの一方的な働きかけの関係であると言えるでしょう。子ども本人は,倫理的・道徳的には,子どもらしく行動しなさいということは言われるかもしれません。もっと広く捉えると,社会から与えられた役割・期待もあり,それらを達成するために子どもたち本人は努力する存在でもあります。しかし,法のなかにおいては,次世代を担う子どもとしてこのように生きなさい,という努力義務はありません。

② その社会が考える「利益」によって,子どもの立場が異なる

　児童福祉法を見る限り,わが国においては,意図としての持続可能性のある社会づくりを目指し,子どもをその社会にとって必要な成人にすることの企図が含まれています。これは"いつでも,どこでも"そうであったわけではありません。わが国においても,「小さな大人」として児童が長時間労働に従事させられた歴史や一個の人格をもった人として処遇されなかった歴史があります。

　この問題を考えるとき,社会がもつ児童観や子どもをその社会にとって必要な成人にするために方法や中身が,歴史的にも地域的にも,すなわちその社会が考える「利益」によって異なるという理解をしなければなりません。

[1] 志田民吉編『法学』建帛社,2004年,8～9頁。

[2] 身体障害者福祉法第2条,知的障害者福祉法第2条,老人福祉法第2条。

わが国の子育ての場に目をやるとき，米国のように子どもをベビーシッターに預けて，夫婦でパーティーに出席したり，観劇に出かけたりするかというと，個別にあたれば，そのような場合もあるでしょうが，現実の多くは，そのような行動をとる夫婦は少数派でしょう。ある面，大人の世界と子どもの世界とを「きっぱりと分ける」ことがその社会の利益とする考えと「きっぱりと分けない」世界のなかでの子育てをすることが社会の利益と合致するという考えの差であると言えるかもしれません。

③ 子ども・家族・社会との関わり

乾孝は，「近代日本における子ども像として，明治維新によって子どもたちを親から解放するという近代的な一面をもっていたと同時に，『天皇の赤子』として子どもたちが囲い込まれることになり，戦力・生産力以上のものにはみなさなかった。しかし，戦後は再び，子どもたちを親の私有に戻したかのように見える」と述べています。

歴史的な大枠としては，このとおりであると思われますが，社会と家族の境界が少しずつ変わってきています。私有（私的所有）には，他を排除する論理がありますが，排除する論理が実態に応じて変質してきていると思われます。それを如実に現しているものとして，「児童虐待」をあげることができるでしょう。児童虐待に関する統計上の件数は，増加の一途をたどっていますが，これは，以前であれば表面化しなかったものが，表面化しはじめた部分が相当数あると考えられないでしょうか。虐待に対する社会の見方が変わってきたとみるべきでしょう。わが国の児童観として，家族成員による躾という壁のなかで，児童虐待が治外法権的な位置づけであったものが，躾なのか虐待なのか境界を問われる時代になってきています。すなわち，虐待に対して社会が家族に介入することが，社会の利益であるというように確実に変わってきているのです。

また，2000年の社会福祉法成立以降，利用者本位とか利用者のためにということが現場や教育のなかでしきりに言われています。2006年10月1日より**障害者自立支援法**の全面施行となり，障害児施設を利用する際，措置制度から契約制度に変更となりました。児童は契約の当事者にはなれませんが，その保護者は契約の当事者です。障害をもつ児童という限定つきですが，近代的な契約システムのなかで，児童の利益を保護しようという見方も出はじめたと考えられないでしょうか。したがって，「契約という当事者能力が問われる時代」と同時に児童虐待のように「当事者能力を超えた領域への関係諸機関の積極的関与が求められる時代」に入っており，その2点についてバランスをどのようにとるかが，社会のなかでの子どもの位置づけの行方を左右する要因になると思われます。

（宮本秀樹）

▶3 乾 孝『児童観の歴史』九山社，1997年，142頁。

▶4 庄司順一は，一本の線の両端に躾と虐待が位置していて，ここまでは躾，ここからは虐待という考え方は不適切であり，子どもの心身の被害状況により虐待かどうかの境目にすべきだと述べている。躾と虐待とは，外見的には似ている部分もあるが，否なるものという理解である。全国社会福祉協議会『新版・社会福祉学習双書2006 児童福祉論』全国社会福祉協議会，2006年，68頁。

▶5 障害者自立支援法
2005年10月31日成立。
2006年4月1日一部施行。
2006年10月1日全面施行。
福祉サービス提供の仕組みの一元化，施設・事業の再編化，増大する福祉サービスの費用を負担するために財源確保や一定の利用者負担などを制度に盛り込むことにより，障害者が地域で安心して暮らせる社会の実現を目指す。

I 「養護」に関する基本的な理解

2 子どもを育てる場としての「家族」の今と未来

1 私たちが生まれ育った家族は自明なものか

　子育てをする場は，家族・家庭であり（保育所，幼稚園，学校等の社会資源を使いながら），特別な事情があれば，児童養護施設などの社会福祉施設を利用する（社会的養護）というのが，一般的な理解です。ここから描かれる子ども像や家族像を，私たちは自明のものとして受け取っています。また，法的にも社会的にも，家族と家族でない者，大人と子どもの境界というものが一応あるという認識をしています。そういった区分のなかで，私たちの家族は成り立っていると考えられています。

　しかし，フィリップ・アリエス（Aries, Ph.）というフランスの歴史家は，ヨーロッパの服装史などを調べていくなかで，この自明と思われるものに対して，自明でないことを示しています。アリエスは，「かつて子供は，〈小さな大人〉として認知され，家族を超えて濃密な共同の場に属していた。そこは，生命感と多様性にみちた場であり，ともに遊び，働き，学ぶ〈熱い環境〉であった」と中世の子ども観を示しています。家族と家族でない者，大人と子どもとの境がない，もしくは不明確な境界のもと，大きな共同体のなかで，いきいきと人々が生活していた時代が存在していました。

　野本三吉はアリエスの研究を踏まえ，家族と子どもについて次のような整理をしています。現在の家族にみられる近代的な意味での「愛情」や「教育」という関係や機能は，「社会」とか「共同体」とか呼ばれるシステムのなかで，「社交性」「見習奉公」と呼ばれ，実現されていました。自由に人々が交流できた大きな共同体のなかで，人は生きていくことができました。しかし，その後，大きな共同体がほころびはじめ，社会（家族外の世界という意味）に対する排他性と閉鎖性をもった近代的な「夫婦」と「親子」中心の家族が誕生し，子どもはそのなかに囲い込まれることになりました。また，その後，徒弟修業から学校化への進化により，子どもへの特別の配慮と隔離への強い関心をもたらしたとアリエスは述べています。つまり，学校化の過程において，「子どもの発見」と「家族の発見」が重なっていったのです。

　わが国には，「死んだ子の歳を数える」という言葉があります。これは親にとって，子どもの存在が大きいことを示す言葉として読み取りが可能ですが，アリエスは，自分に子どもが何人生まれ何人死んだかを正確に知らない親がい

▶1　フィリップ・アリエス，杉山光信・杉山恵美子訳『〈子供〉の誕生』みすず書房，1980年。

▶2　野本三吉『子ども観の戦後史』現代書館，1999年，281～287頁。

たことを示しています。アリエスらの研究によれば、愛情を交換したり、子育てをする場としての今の家族は歴史的な産物であるという見方ができます。つまり、私たちが抱いている家族に対する原風景は、かつてはそうでなかったし、これからはそうでなくなる可能性を秘めていると言えるでしょう。

❷ 家族と家庭

「家族」に似た言葉に「家庭」という言葉があります。

湯沢雍彦は、「家族」と「家庭」に関してアメリカとドイツの例を紹介しています。「アメリカでは、子どもを持つことにより『家屋』(house) が、『家庭』(home) になり、『夫婦』(married couple) は、『家族』(family) になると言われ、(中略) ドイツでは、『あなたは家族をお持ちですか』という問いは、世帯を構えたかではなく、子どもの有無を尋ねるための言葉であり、子のない夫婦は『彼等は家族を持たない』といわれた」。つまり、子どもという新しい成員を迎えることを契機に、「家庭」という親密な器に新しい命が増える「家族」という新たな物語が出発します。

では、「家族」「家庭」に関係する身近な言葉に目をやってみましょう。結婚式のスピーチにおいては、「新しい家族を築く」ではなく、「新しい家庭を築く」という言い方が一般的です。家庭の後に家族がくるという時系列的な見方が可能です。また、「家庭内離婚」という言葉はありますが、「家族内離婚」という言葉は聞き慣れません。大雑把な区分をすれば、家庭がハードで、家族がソフト（人）という見方もできるでしょう。「家族の絆」というときも、家族成員という人の結びつきを指します。あるいは、飲食店での温かいもてなしを指す言葉として、家庭的な雰囲気とか家族的なもてなしという言い方があります。家庭と家族とがほとんど同義語として使用されています。また、「猫のミケは、私の家族です」と話す一人暮らしの高齢者にとっては、猫のミケがかけがえのない家族になっています。わが国においては、日常的に使用する「家族」「家庭」に関する言葉の使い方として、以上のような身近な例をみても多様な使われ方がされています。

❸ 家族を経験すること

私たちは、特別な事情がなければ、通常は1つ、もしくは2つの家族を経験します。「特別な事情」とは、出生後すぐに事情により社会福祉施設に預けられ、そこを退所したのちも終生一人で暮らすなどの例です。人は必ず1組の男女から生まれ、多くの者はそこで育ち、一定の年齢になれば、結婚等を経て、新しい家族をつくります。この流れに乗れば、2つの家族を経験します。前者は、「生まれた家族」(family of orientation, 定位家族・出生家族) であり、後者は、「生む家族」(family of procreation, 生殖家族・創設家族) です。

▷3 家族
①親子・夫婦などの関係で結ばれ、生活を共にしている諸種の形態の集まり。夫婦を基礎として一家を成す人々 ②一家の構成員で世帯主でないもの。世帯主の親族やその配偶者（久松潜一監修『新装改訂 新潮国語辞典──現代語・古語』新潮社、1984年）。

▷4 家庭
主人を中心に夫婦・親子などが生活する小集団。また、その生活する所（久松潜一監修『新装改訂 新潮国語辞典──現代語・古語』新潮社、1984年）。

▷5 湯沢雍彦『新しい家族学』光生館、1987年、119頁。

I 「養護」に関する基本的な理解

　私たち人間は、一人で育つことはできません。児童福祉施設でのケアや里親委託などの社会的サポートというのは、「生まれた家族」をその子どものために社会的に保障するシステムと位置づけられます。全地球的には、人口が増加傾向にあり、その原因としては、「生まれた家族」も「生む家族」も増加しているということが言えるでしょう。ところが、わが国のような超スピードで進行している少子高齢社会は、「生まれた家族」も「生む家族」も減少傾向にあると考えられます。

　また、「生まれた家族」への自己の帰属は選択できませんが、「生む家族」をつくるための配偶者の選択などは自己の選択が可能です。つまり、2つの家族は、自己にとっての機能が大きく変わります。

　このような家族は社会学や社会史からみれば、「近代家族」と呼ばれています。その特徴として、落合恵美子は、①夫婦と子どもからなる核家族であること、②夫婦間および親子間に親密な情愛があること、③この核家族は地域や親戚など、他の社会的領域から分離され、絶対化される傾向があることをあげています。[6]

　私たちが「家族」をイメージするときの前提として、法律上の婚姻関係のもとでの家族を一般的には描くのではないでしょうか。しかし、フランスでは、法律上の婚姻関係を経ずに家族を形成すること（コアビタシオン＝共同生活）が一般的であったり、子連れ再婚カップルなどの複合家族の増加など、私たちがイメージする「家族」とは異なる、さまざまな家族の形態が生まれています。つまり、今を生きる男女の意識や思考が結婚や家族のあり方を流動的にしていると言えるでしょう。

❹ 現代家族を取り巻く状況——私たちの社会は、子どもが欲しくなる社会か

　わが国において「**合計特殊出生率**」[7]が、1970年代半ば以降、置換水準（国として人口の増減のない状態）2.08を下回り、2005年は過去最低の1.26となりました。「少子化」というとき、子どもが欲しくなくてつくらないという選択、子どもは欲しいけれどもつくらないという選択、子どもは欲しいけれども子どもができないという結果とでは、その意味するところはまったく異なります。

　内閣府が2005年、欲しい子どもの数より実際の子どもの数が少ない20〜49歳の男女（日本、韓国、米国、フランス、スウェーデン　各約1,000人）を対象に「少子化社会に関する国際意識調査」を実施しています。[8]

　日本と韓国は、半数以上が、「今より増やさない」と回答しています。その理由として、日本の場合、「子どもを増やしたくない」理由は「子育てや教育にお金がかかりすぎる」が56.3％で最も多く、「高齢で産むのがいやだ」（31.8％）、「自分の仕事に差し支える」（13.5％）なども高率の回答としてありました。一方、米国、フランス、スウェーデンでは「希望数まで子どもを増やす」とし

▶6　落合恵美子『近代家族とフェミニズム』勁草書房、1989年。

▶7　合計特殊出生率
一人の女性が一生涯にもつであろう平均的な子どもの数のこと。

▶8　少子化社会対策の効果的・効率的な推進に資するため、「結婚」「出産」「育児」「社会的支援」「生活」にかかる意識または実態に関する国際比較調査。民間企業ではなく、内閣府が少子化に関する国際比較調査をするのは初めてのことである。

た人が5～7割に上っています。

　また，合計特殊出生率の高低と「子どもをもっと増やしたいかどうか」とはほぼ平行した関係になっています（合計特殊出生率：日本1.26, 韓国1.08, 米国2.05, フランス1.90, スウェーデン1.75）。

　エレン・ケイが「児童の世紀」を宣言した国，スウェーデンの首相のアドバイザーだったアグネッタ・タムは，「自分の意思で子を生む社会で出生率が下がることは，人々が未来に対して希望がもてないことの現れです」と述べています。出生率と未来に対する希望とを結びつけることの賛否はあるでしょうが，アグネッタ・タムの言葉は，一つの見識ではないでしょうか。

▷9　朝日新聞社説「子どもが減る国　増える国」, 1990年8月22日。

○子育ての場としての家族の行方

　かつての家族は，出産，生産，消費，保育・教育，葬儀など多くのことを行ってきました。移動方法や通信手段，人の意識などの時代的な制約もあって，まさに家族は個人にとって全世界に近い存在でした。それが，出産は病院で，生産は会社で，保育・教育は保育所・学校で，葬儀は斎場でというように，家族が元々もっていた機能を外部に求め，結果的に家族機能の縮小が今の私たち家族の状態像になりました。その先に来るものとして，一部，育児ノイローゼによる親子心中，虐待，子育ての放棄などの家族病理が発生しています。家族機能の縮小が必然的に家族病理を生むものでありませんが，子育てに関する家族機能としての社会化機能（子どもを育て，次世代の人間を育成する機能）や情緒安定機能（安らぎの場・憩いの場としての機能）にほころびが発生しはじめていると理解していいでしょう。

　2003年，統計数理研究所による「いちばん大切なものは何ですか」という問いに対して一番多かったのが，「家族」と答えた人で，45％でした。現に家族を大切にしているという現実を語った人から，大切にしたいという希望を語った人まで，回答の背景にあるものは相当な幅があるでしょう。しかし，そこには時代とともに家族機能が変わっても，かけがえのない存在としての家族に私たちは期待と望みを託していると読み取れないでしょうか。

▷10　「国民性の研究　第11次全国調査」によるもので，5年おきにほぼ同じ調査を実施。

　私たちは，フィリップ・アリエスが描いたような中世の世界に戻ることはできません。しかし，「生命感と多様性にみちた場」を今の家族に求めることができないとすれば，扶養や感情の交換を行う家族をサポートするものとして，社会的な支援機関の創造は，ある種家族を超えた共同体につながる可能性を秘めています。また，子育てをする場としての家族に関し，前述したフランスに限らず，社会としてどれだけ許容度（多様性）をもてるかが，子どもは希望する人数には達していないにもかかわらず，子どもを増やしたくないという溝を埋めることにつながるのではないでしょうか。つまり，家族の未来像に関するキーワードとして，「社会的サポート（新しい共同体への萌芽）」と「家族形態の多様性」があげられないでしょうか。

（宮本秀樹）

I 「養護」に関する基本的な理解

 # 親権とは何か──親権の基本的理解

子ども虐待の問題をめぐって，親と機関が対立するとき，親の立場から「親には子どもをしつける義務がある。そのためには多少の体罰も許されるはずだ」とか，「親である自分が子どもについて決めた養育方針を，他人にとやかく言われる筋合いはない」という主張がなされる場合があります。

このような考え方を法的に裏づけると思われるものが，民法に規定されている「親権」です。また，日本はとりわけ「親権」の強い国であるともいわれます。では「親権」とはいったいどのようなものなのでしょうか。

1 民法の規定する「親権」

○「親権に服する子」と「親権者」

民法第818条には，「成年に達しない子は，父母の親権に服する」，「子が養子であるときは，養親の親権に服する」，「親権は，父母の婚姻中は，父母が共同して行う。ただし，父母の一方が親権を行うことができないときは，他の一方が行う」と規定されています。「親権」とは未成年の子どもに対して，親が行使するものであり，親権を行使する者を「親権者」と呼びます。

○ 親権の内容

一般的に親権は，子どもを監護・教育する「身上監護権」と，子どもの財産管理や法的手続きの代理をする「財産管理権」に分類されます。

民法は「身上監護権」の具体的内容として，監護教育権（第820条），**居所指定権**（第821条），**懲戒権**（第822条），**職業許可権**（第823条）を定めています。これらは，子どもを実際に監護・養育する行為に属するものです。他に，身分上の行為（養子縁組等）の代理権，手術などの医療行為に対する同意や命名権もこれに含まれるとする場合もあります。

「**財産管理権**」は，第824条による，子の財産を管理し，子の法律行為（契約の締結など）に対する同意権と代理権を指します。

○ 親権と監護権

父母が離婚した場合，多くの場合はどちらか一方が親権者となり，子どもの養育について全面的に責任を負いますが，話し合いや法的手続き（監護権指定）により，他方が監護権者として，親権のうちの「身上監護権」について責任を負うこともできます。

▷1 居所指定権
「子は，親権を行う者が指定した場所に，その居所を定めなければならない。」

▷2 懲戒権
「親権を行う者は，必要な範囲内で自らその子を懲戒し，又は家庭裁判所の許可を得て，これを懲戒場に入れることができる。」

▷3 職業許可権
「子は，親権を行う者の許可を得なければ，職業を営むことができない。」

▷4 財産管理権
「親権を行う者は，子の財産を管理し，かつ，その財産に関する法律行為についてその子を代表する。ただし，その子の行為を目的とする債務を生ずべき場合には，本人の同意を得なければならない。」

2 親権の本質的意義

● 責務としての親権

親権は，親「権」と書くことから，「絶対不可侵の親の権利・権限」と解釈されがちです。民法にも「親権を行う者は，子の監護及び教育をする権利を有し，義務を負う」（第820条）と書かれているため，その権利性が強く主張されることが多いようです。

しかし，子ども虐待が社会問題化している現在では，「親権を親が子どもに対してもっている『権利』としてとらえるのではなく，未成年の子どもの養育や財産の管理などを通じて，未成年の子どもの利益を実現する親の『責務』としてとらえ，その責務の行使を安易に他人にじゃまだてされない『権限』と理解すべき」であるとされています。

● 支配権としての歴史性と課題

では，なぜ冒頭のような誤解が起こるのでしょうか。

歴史的に見ると，親と子の関係は，支配従属関係としてとらえられていた時代がありました。日本でも明治以前の親権は**子どもに対する身分的支配権**でした。明治以後も，戦前までは，**日本の「家制度」**のもと，原則父親にしか親権が認められなかったり，子どもが成人しても独立して生計を立てるまでは親権に服するという規定があったりと，親の支配権が色濃く残されていました。このような歴史的背景によって，「親権」を「親の権利・権限」として了解する土壌がつくられてきました。

現在の民法による親権の規定も，「服する」，「懲戒」という言葉が使われているために，「戦前の支配権を踏襲しており，誤解を招きやすい」との批判があります。冒頭の体罰に関する親の主張は，この「懲戒」に依拠するものですが，民法には「懲戒できる」と記してあるものの，その手段については明記されていません。日本が批准している**「児童の権利に関する条約」**との関連において，懲戒の手段としても暴力や体罰は認められないということを民法に明記すべきでしょう。

また，「親権」という用語そのものが，親と子どもの養育関係の本質を誤らせるものであり，「子どもの養育請求権に対応する親の義務として規定すべきである」との提言もなされています。

国際的に見ても，フランスでは親権を示す「父親の権力（puissance paternelle）」という言葉が，「親の権威（autorité parantale）」に置き換えられ（1970年），ドイツでは「親権（elterliche Gewalt）」という用語が，「親として世話する権利（Recht der elterliche Sorge）」という言葉に代わる（1979年）など，外国でも支配権を意味する「親権」という言葉は使われなくなってきています。

（児玉　亮）

▷5　影山秀人「法律は子ども虐待にどう対処するか」高橋重宏編『子ども虐待』有斐閣，2001年，180頁。

▷6　子どもに対する身分的支配権
江戸時代においては，親は子を懲戒する権利を有し，子を座敷牢に入れたり，殴打したり，勘当（懲戒のためにする放逐）することができた。子女を遊女奉公に出すことはしばしばであった（泉久雄『家族法読本』有斐閣，2005年，119頁）。

▷7　日本の「家制度」
家族の統率者である家長のもとに，家族に属する財産をもち，家業を営み，家族が世代を超えて存続し反映することに重点をおく生活規範。父権が強く，家父長制とも結びついている。

▷8　児童の権利に関する条約
基本的人権が子どもにも保障されるべきことを国際的に定めた条約。1989年に国連総会において採択され，日本は1994年に批准している。第19条では子どもは「あらゆる形態の身体的または精神的な暴力」から保護するとしている。

▷9　日本弁護士連合会編『子どもの権利条約と家族・福祉・教育・少年法──子どもたちの笑顔が見えますか』こうち書房，1993年，40頁。

Ⅰ 「養護」に関する基本的な理解

 「親であること」から「親になること」へ

1 親権の制限

○どのようなときに親権は制限を受けるのか

親権者による親権の行使が子どもの利益や福祉を阻害する場合，親権は法によって制限されることがあります。特に子ども虐待などの著しい親権の濫用に対しては司法機関や行政機関によって，親から子どもを強制的に分離するための法的手段が認められています。

○「親権の制限」の具体的内容（関係機関の機能・役割）

虐待を行っている保護者等から子どもを強制的に分離するためにとりうる法的手段は，表Ⅰ-1のとおりです。このうち①，②，④は親権を一時的又は部分的に制限するものであり，③は親権をなくしてしまうものです。

○「親権の制限」のメリット，デメリット

『子どもの虐待防止・法的実務マニュアル』によれば，「児童相談所や親族などの第三者が虐待を受けた子どもを保護しようとする場合，親権との対立を避けて通ることはできない。虐待親は，虐待の事実を否認するだけでなく，自分

▷1　一時保護所
児童相談所内で，必要と認められる子どもを一時的に保護するための施設。緊急保護のほかに，行動観察などの機能をもっているが，すべての児童相談所に付置されているわけではない。

▷2　里親委託
都道府県に認定・登録された里親に，社会的養護を必要とする子どもを預け，一定期間養育してもらうこと。施設入所と並ぶ社会的養護の制度であり，家庭的な養護が行えることから，活用と促進が期待されている。

表Ⅰ-1　「親権の制限」に関する機関の役割と具体的内容

親権の制限	決定する機関や職	根拠となる法律	具体的内容
①児童相談所への一時保護	児童相談所長	児童福祉法第33条	児童相談所長が必要と認めるときに，（保護者や子どもの意思に反しても）児童相談所の**一時保護所**に子どもの身柄を確保できる。児童相談所長は適当と認めた者に一時保護を委託できる。
②**里親委託**又は児童福祉施設等への入所の承認	家庭裁判所（申立て権者は児童相談所長）	児童福祉法第28条	「法第28条手続」と呼ばれる。保護者が里親委託や児童福祉施設入所に同意しなかった場合，児童相談所長が申立て，家庭裁判所の審判によって委託又は入所を決定する。
③親権喪失宣告	家庭裁判所（申立て権者は，子の親族，検察官，児童相談所長）	民法第834条　児童福祉法第33条の6	親権者による親権の行使が，親権の濫用や著しい不行跡にあたるときは，家庭裁判所が親権者に親権喪失の宣告をすることができる。
④審判前の保全処分	家庭裁判所（申立て権者は事件の申立て人）	家事審判規則第74条第1項　特別家事審判規則第18条の2	親権喪失宣告を請求した場合，審判までの間，一時的に親権者の職務執行停止や職務代行者の選任を申立てることができる。一時保護中の子どもの「法第28条手続」については，審判までの間，保護者による面会や通信を制限できる。

10

I-4 「親であること」から「親になること」へ

が親権者であることを主張して親子分離を拒むことが多い。（中略）これに対抗するためには、虐待親の親権を制約する必要がある」[3]となっています。

実際には、児童相談所が法第28条手続を提示することによって、保護者が児童福祉施設入所に同意した事例もあり、手続に至らずとも、法的手段が子どもの福祉を守るための抑止力として働く効果も期待されています。

しかし一方で、親権を制限する強権的な立場を担う児童相談所が、同時に保護者を支援する立場も担わなければならないという矛盾が、その後のケースワークを困難にしている、との指摘もあります。

親権を全面的に奪ってしまう親権喪失宣告については、子どもが施設や里親で暮らす場合に、親権者からの不当な干渉を避けられるといったメリットがあります。児童虐待の防止等に関する法律（児童虐待防止法）も「親権の喪失の制度は、児童虐待の防止及び児童虐待を受けた児童の保護の観点からも、適切に運用されなければならない」（第15条）としてその活用を奨励しています。

しかし、親権喪失はその親子にとって重大な出来事であるため、精神的なダメージが大きく、その後の**家族再統合**[4]を困難にしてしまう側面ももち合わせています。

○「親権の制限」の解除

子どもの福祉を阻害している原因が解消された場合、「親権の制限」は解除されることがあります。親子分離においては、その解除（家庭引き取り）や保護者不同意が同意に切り替わることを指し、機関はそれに向けて**保護者指導**[5]に努めなければならないとされています。**親権喪失宣告も取り消すことが可能**[6]ですが、いずれの場合も「親の行為や状態に注目するのではなく、子どもの福祉の観点から、未成年者が被った不利益が除去されたかどうか」[7]が重要です。

② 「親権の制限」の現状と課題

厚生労働省の統計によると、法第28条に基づく請求・承認件数は年々増え続けています（表I-2）。2004（平成16）年度における請求件数は186件、承認件数は147件となっており、児童虐待防止法が制定される前の1999年度（請求件

▷3 日本弁護士連合会子どもの権利委員会編『子どもの虐待防止・法的実務マニュアル〔第3版〕』明石書店、2005年、56頁。

▷4 家族再統合
狭義では、「虐待などの問題によって分離した親子が、再び家庭で一緒に暮らすこと」を指すが、広く、「親子関係の再構築」や「家族機能の再生」を意味する場合もある。

▷5 保護者指導
法第28条手続においては、入所措置期間を2年と定め、その間児童相談所は保護者への指導等に努めなければならないが、その効果が得られず、入所措置を継続しなければならないと判断された場合は、家庭裁判所の承認を得て、その期間を更新することとされている。（児童福祉法第28条第2項）

▷6 親権喪失宣告も取り消すことが可能
「前2条に規定する原因が消滅したときは、家庭裁判所は、本人又はその親族の請求によって、前2条の規定による親権又は管理権の喪失の宣告を取り消すことができる。」（民法第836条）

▷7 日本弁護士連合会子どもの権利委員会編『子どもの虐待防止・法的実務マニュアル〔第3版〕』明石書店、2005年、60頁。

表I-2 児童福祉法第28条・第33条の6関係の請求・承認件数

年度	事項	法第28条による施設入所措置の承認申立	法第33条の6による親権喪失宣告の請求
平成14年度	請求件数	117	3
	承認件数	87	3
平成15年度	請求件数	140	3
	承認件数	105	0
平成16年度	請求件数	186	4
	承認件数	147	1

出所：「平成16年度 児童相談所における児童虐待相談処理件数等」（厚生労働省）より。

数88件，承認件数48件）と比較するとそれぞれ2.1倍，3.1倍となっています。これは，児童虐待防止法の成立など，社会的に子ども虐待に対する理解が深まり，関与する機関がこの制度を積極的に活用するようになってきたことの現れといえます。

　一方で，児童相談所長の申立てによる親権喪失宣告については，これが最終的にとるべき手段であることや，そのために裁判所が容易には申立てを承認しないということから，請求，承認件数ともに極めて少ないのが現状です。

　また，「申立てにおいて信頼できる親族がいない場合は，児童相談所長が個人として親権代行者や**後見人**にならざるを得ない」ため，「申立てを躊躇する一因ともなっています。今後は，一私人ではなく公的後見の制度を確立する必要がある」とされています。また，現在の親権喪失制度は，全面的剥奪しか認められていませんが，「ケースの程度や親の姿勢等に合わせて柔軟に適応できるよう」，「親権の一部もしくは一時的な剥奪という制度を導入」することも求められています。

3　事例を通して親権の問題について考える

　〇**事例1**　「児童相談所や施設にいる子どもを無理やり連れて帰ろうとする親。親権の及ぶ範囲はどこまで？」

　子どもが児童相談所に一時保護されている場合，たとえ保護者の同意のうえの保護であっても，引き取りによって子どもの福祉が害される恐れがある場合は，児童相談所長の判断によりこれを拒むことができます。子どもが保護者の同意によって施設入所している場合は，児童相談所長が措置を一時保護委託に切り替え，法第28条手続と審判前の保全処分を申立てることになります。

　〇**事例2**　「まともに食事が摂れておらず，風呂にもほとんど入っていない子ども。学校にもあまり行っていない。親の養育が不適切であるとして，何度も児童相談所に保護されている。親は引き取りのたびに反省と前向きな姿勢を示すのだが，なかなかその言葉が守られない。親権はどんなときに制限を受けるのか？」

　「子ども虐待対応の手引き」は「法第28条手続は，①虐待そのものの有無のみに拘泥しなくても，現在，保護者に監護させることが子どもの福祉を著しく害する状況にあることと，②保護者にその子どもの監護を任せておいたのでは将来子どもの福祉を損なうおそれがあること，の2点があれば申立ての用件の1つを満たしていると考えられる」としています。しかし通常は，親権を制限せずに子どもの福祉を守る方策が他にあるか，を探り，それ以外に方策がないとした場合に，親権の制限に踏み切ることになります。

　〇**事例3**　"私はもう子育てに疲れた。親権を誰かに譲りたい"という親。親権は親の都合で第三者に譲渡できるの？」

▷8　**後見人**
この場合は未成年後見人を指す。未成年者に対して親権を行うものがないとき，または親権者が財産に関する権限を持たないときに，法定代理人になる人のこと（民法第838条の1号）。

▷9　小木曽宏「子ども虐待問題の基礎知識Q&A　児童相談所編」小木曽宏編『Q&A子ども虐待問題を知るための基礎知識』明石書店，2003年，113頁。

▷10　篠崎純「子ども虐待問題の基礎知識Q&A　司法編」小木曽宏編『Q&A子ども虐待問題を知るための基礎知識』明石書店，2003年，122頁。

▷11　日本子ども家庭総合研究所編『子ども虐待対応の手引き』有斐閣，2005年，125頁。

親権は親の子どもに対する責務なので，親が自由にこれを放棄することはできません。民法には「親権を行う父又は母は，やむを得ない事由があるときは，家庭裁判所の許可を得て，親権又は管理権を辞することができる」（第837条）と規定されていますが，ここでいう「やむを得ない事由」とは，親権者が疾病，拘留等により親権を行使することが事実上不可能な場合を指し，「子育てに疲れた」という理由はこれにあたりません。

　辞任の場合，戸籍の記載から受ける印象が喪失より強くないため，親権喪失の申立がなされた際に，家庭裁判所が親権者を説得し親権を辞任させ，喪失宣告を回避した例もあります。

4　「親であること」と「親になること」

　これまで見てきたように，子ども虐待の問題を契機にして，（部分的あるいは全面的に）「親を親でなくす」ための法的手続きが整備され，その積極的活用が求められています。

　一方で「親になる」ことはどうでしょうか。子ども虐待は，「親が親になれない」ことの最も象徴的な現象だといえます。「親が親になれない」ことは，もはや親個人の資質の問題でなく，子育ての環境やその基礎となる社会のあり方を含む**構造的問題**であることが，これまでさまざまなところで指摘されています。「親を親でなくす」という手段は，目の前にいる子どもを守るための緊急避難的な措置としては有効かもしれませんが，それはあくまで対症療法に過ぎません。「親が親になれない」ことが社会のあり方の問題であるならば，その責任を個人に帰す厳罰化だけで，現在の事態は変えられないでしょう。

　さらにいえば，「社会的に適切に子どもを養育している（あるいはしてきた）」とされている家庭において，それを根本から覆すような事件が起こっていることは，「社会的に適切である」とされている養育が，必ずしも子どもとの関係のうえで適切であるとはいえないことを示しています。そしてそれが，「親になること」への漠然とした不安を社会全体に蔓延させています。このことから，現在は「親になること」が二重に困難な状況にあることがわかります。

　本質的な意味で，つまり子どもとの関係のうえで「親になること」とは，**芹沢俊介**の言葉を借りれば，「自分を子どものまるごとの受けとめ手として無条件に差し出すこと」であり，またそのような存在である自分自身を引き受けることだといえます。このことを難しくしている家族や社会のありようを，丁寧にとらえかえしていくことなしに，「親が親になれない」社会の状況を変えていくことはできません。そのうえで，このような「〈受けとめる〉養育」観をどのように蓄積し，成熟させていくかが，社会全体に問われている課題といえるでしょう。

（児玉　亮）

▷12　構造的問題
たとえば，家族形態や生活形態の多様化，家庭の密室化と母子の社会的孤立，子育て情報の氾濫とマニュアル化，根強い「母性神話」と男女の社会的役割分担の固定化などがあげられる。

▷13　芹沢俊介
社会評論家。芹沢は，養育の「二つの対極的な方法」として「〈させる〉養育と〈受けとめる〉養育」があると定義。「〈させる〉養育の行き着く地点」に「『いい子』の息切れ現象」があり，家族が「それを直視できないことによって」，「子どもの実存の危機と家族解体の危機」を迎えるとしている（『養育の再構築（1）』，「〈させる〉養育と〈受けとめる〉養育第1回」，気持ちと情報をわかちあう子ども虐待防止のオレンジリボンネット，http://www.orangeribbon-net.org/index.html）。

▷14　芹沢俊介『家族という暴力』春秋社，2004年，122頁。

Ⅰ 「養護」に関する基本的な理解

5 ライフサイクルのなかでの「子ども」

1 「子ども」とは何か

本書を読んでいるみなさんは，自分のことを「子ども」だと思っていますか？ それとも，「大人」だと思っていますか？ そもそも「子ども」と「大人」とは，何によって区別されるのでしょうか？

日本でも1994年に批准された「児童の権利に関する条約」では，「児童とは，18歳未満のすべての者」（第1条）とされています。また，養護内容を学ぶ私たちが主に参考とする児童福祉法でも，「児童とは満18歳に満たない者」（第4条）と定義されています。

一方で，たとえば公職選挙法では選挙権が与えられるのは20歳からですし，母子及び寡婦福祉法では20歳までが児童と規定されているなど，年齢による「子ども」と「大人」の区別は法によって非常にさまざまです。

しかし，「子ども」や「子ども期」というものの存在そのものを疑ったことのある人は少ないのではないでしょうか。

▷1 児童の権利に関する条約 第1条
この条約の適用上，児童とは，18歳未満のすべての者をいう。ただし，当該児童で，その者に適用される法律によりより早く成年に達したものを除く。

2 かつて「子ども」は「小さな大人」だった

ところが，歴史家アリエス（Aries, Ph.）は，中世ヨーロッパでは「子ども」は「小さな大人」として認識されていたとして，次のように論じています。

「中世において，また近世初頭には，下層階級のもとではさらに長期にわたって，子供たちは，母親ないしは乳母の介助が要らないと見なされるとただちに，すなわち遅い離乳の後何年もしないうちに，七歳位になるとすぐ大人たちと一緒にされていた。この時から，子供たちは一挙に成人の大共同体の中に入り，老若の友人たちと共に，日々の仕事や遊戯を共有していたのである。」

この一節を読むと，「それでも，7歳までは『子ども』だったんでしょ!?」という疑問が湧いてきます。しかし，アリエスは「ごく年少の子供は，数のうちに入っていな」かったと論じています。当時小さな子どもは死去する可能性が高かったため，現在の私たちが抱く「子ども」とはまた別の次元で捉えられていたのです。この感覚は，日本に古くから伝わる「7歳まではカミのうち」という感覚と通じています。

社会の近代化が進展すると，子どもの死亡率は徐々に減少し，一方で職業を得るためには教育が必要と見なされるようになってきました。近世以降になっ

▷2 フィリップ・アリエス，杉山光信・杉山恵美子訳『〈子供〉の誕生』みすず書房，1980年，384頁。

▷3 フィリップ・アリエス，杉山光信・杉山恵美子訳『〈子供〉の誕生』みすず書房，1980年，123頁。

て初めて「子ども期」は教育の対象として守り・育てられるべき期間として位置づけられていくようになったのです。

③ 子どもの「発達」権の保障

現在でも，たとえばフィリピンのスモーキーマウンテンなどには十分な教育を受けることなく，大人と同様にスカベンジャー（ゴミ拾い）として働く子どもたちがいます（写真Ⅰ-1）。13〜14歳で，すっかり大人と同じ風貌となって仕事に励む彼・彼女たちの姿を見ると，アリエスが記した「小さな大人」としての子どもの姿は，実は「中世」「近世」「近代」「現代」といった時代区分よりも，教育を必要とする社会のあり方そのものに密接に結びついていることがわかります。

「児童の権利に関する条約」の第27条は，現代社会においても「小さな大人」として働くことを余儀なくされている子どもたちの権利を守るために，子どもの「発達」権を保障する内容となっています。

④ 「発達論」の観点から見た「子ども期」

近代に入り，「子ども」は教育の対象として保護すべき存在であるという認識が世界の多くの場所で一般化していくと，「子ども」から「大人」に至る過程を科学的に分析するための「発達論」が生み出されていくこととなりました。

「発達論」には，さまざまな立場があります。ここでは，代表的な発達論である，エリクソン（Erikson, E. H.）の心理社会的発達論を概観していくことにしましょう。エリクソンは，フロイト（Freud, S.）の心理性的発達論を土台にしながら，さらに発達しつつある存在としての人間と社会との関係を視野に含めた発達論を打ちたてています。

エリクソンの師であったオーストリアの精神分析学者フロイトは，神経症患者等の症例研究を通じ，人間の性的欲動（リビドー）の発達という側面に着目しました。フロイトは性的欲動の発達を，口唇期（0〜1.5歳），肛門期（1.5〜3歳），男根期（3〜6.5歳），潜伏期（6.5〜11.5歳），性器期（11.5歳以降）の5段階に区分しました。フロイトは性的欲動を人間の発達を推進させる基本的な力と考え，各発達段階における性的感受の充足を重視していました。

フロイトの発達論は性的欲動の発達という側面だけに焦点を置いたため，発達の区分は性器期で終わっていました。しかし弟子であるエリクソンは，フロイトの発達論を土台にしながら，各発達段階における発達課題，人格的活力，重要な対人関係の範囲，そして心理・社会的行動様式に言及していきました。

エリクソンは，まず発達段階を「乳児期」「幼児期初期」「遊戯期」「学童期」「青年期」「前成人期」「成人期」「老年期」の8つの段階に区分し，各発達段階

写真Ⅰ-1 スカベンジャー（ゴミ拾い）として働く子ども
出所：四ノ宮浩監督 映画『忘れられた子供たち——スカベンジャー』より。オフィスフォープロダクション* 提供。

▶ 4 児童の権利に関する条約 第27条
1 締約国は，児童の身体的，精神的，道徳的及び社会的な発達のための相当な生活水準についてのすべての児童の権利を認める。
2 父母又は児童について責任を有する他の者は，自己の能力及び資力の範囲内で，児童の発達に必要な生活条件を確保することについての第一義的な責任を有する。
3 締約国は，国内事情に従い，かつ，その能力の範囲内で，1の権利の実現のため，父母及び児童について責任を有する他の者を援助するための適当な措置をとるものとし，また，必要な場合には，特に栄養，衣類及び住居に関して，物的援助及び支援計画を提供する。
4 締約国は，父母又は児童について金銭上の責任を有する他の者から，児童の扶養料を自国内で及び外国から，回収することを確保するためのすべての適当な措置をとる。特に，児童について金銭上の責任を有する者が児童と異なる国に居住して

I 「養護」に関する基本的な理解

表 I-3　エリクソンの漸成的発達図式（エピジェネティック・チャート）

	1	2	3	4	5	6	7	8
老年期 VIII								統合 対 絶望, 嫌悪 英知
成人期 VII							生殖性 対 停滞 世話	
前成人期 VI						親密 対 孤立 愛		
青年期 V					同一性 対 同一性混乱 忠誠			
学童期 IV				勤勉性 対 劣等感 適格				
遊戯期 III			自主性 対 罪悪感 目的					
幼児期初期 II		自律性 対 恥, 疑惑 意志						
乳児期 I	基本的信頼 対 基本的不信 希望							

出所：E. H. エリクソン他，村瀬孝雄・近藤邦夫訳『ライフサイクル，その完結〈増補版〉』みすず書房，2001年，73頁。

における発達課題について考察しました（表 I-3）。この表は，漸成的発達図式と呼ばれています。

またエリクソンは，漸成的発達図式に基づいて，各発達段階における「心理・性的な段階と様式」「心理・社会的危機」「重要な関係の範囲」「基本的強さ」などの展望を一覧できる図を作成しています（表 I-4）。

表 I-3および表 I-4を見て，ぜひ注目していただきたいのは各発達段階の「心理・社会的危機」です。たとえば乳児期であれば「基本的信頼」対「基本的不信」となっています。フロイトの心理・性的発達段階では口唇期にあたるこの時期は，特に母親的な人物から授乳されることによって「基本的信頼」の構築という発達課題を達成していくことになります。乳児がお腹を空かせて泣いた時に母親的な人物により授乳を受けることができると，口唇による性的欲動が充足されるとともに，基本的信頼が築かれていくこととなります。

子どもの置かれた環境によっては，乳児期に「基本的信頼」が構築されぬままに幼児期初期に移行していくこともありえます。「基本的信頼」に対置される「基本的不信」とは，「基本的信頼」が獲得できなかったという結果ではなく，「基本的信頼」の獲得過程における葛藤を表現したものといえるでしょう。

同様に，各発達段階において「心理・社会的危機」の「前触れ」や「積み残し」を抱えながら，「子ども」は「大人」になっていくことになります。

5　「子ども」から「大人」へ——アイデンティティ確立

漸成的発達図式の作成において，エリクソンは「学童期」と「前成人期」との間に「青年期」を挟みこみました。この「青年期」における心理・社会的危機は，「同一性」確立対「同一性混乱」と記されています。

エリクソンは青年期に至るまで自分の内面で形成してきた「自分は自分である」という同一性と連続性とが，社会的に位置づけられている「職業」などの同一性と連続性と一致し，自信をもってその社会的役割を担い続けられる状態

いる場合には，締約国は，国際協定への加入又は国際協定の締結及び他の適当な取決めの作成を促進する。

表Ⅰ-4 漸成的発達の展望図

発達段階	A 心理・性的な段階と様式	B 心理・社会的危機	C 重要な関係の範囲	D 基本的強さ	E 中核的病理 基本的な不協和傾向	F 関連する社会秩序の原理	G 統合的儀式化	H 儀式主義
Ⅰ 乳児期	口唇－呼吸器的, 感覚－筋肉運動的（取り入れ的）	基本的信頼 対 基本的不信	母親的人物	希望	引きこもり	宇宙的秩序	ヌミノース的	偶像崇拝
Ⅱ 幼児期初期	肛門－尿道的, 筋肉的（把持－排出的）	自律性 対 恥, 疑惑	親的人物	意志	強迫	「法と秩序」	分別的（裁判的）	法律至上主義
Ⅲ 遊戯期	幼児－性器的, 移動的（侵入的, 包含的）	自主性 対 罪悪感	基本家族	目的	制止	理想の原型	演劇的	道徳主義
Ⅳ 学童期	「潜伏期」	勤勉性 対 劣等感	「近隣」, 学校	適格	不活発	技術的秩序	形式的	形式主義
Ⅴ 青年期	思春期	同一性 対 同一性の混乱	仲間集団と外集団；リーダーシップの諸モデル	忠誠	役割拒否	イデオロギー的世界観	イデオロギー的	トータリズム
Ⅵ 前成人期	性器期	親密 対 孤立	友情, 性愛, 競争, 協力関係におけるパートナー	愛	排他性	協力と競争のパターン	提携的	エリート意識
Ⅶ 成人期	（子孫を生み出す）	生殖性 対 停滞性	（分担する）労働と（共有する）家庭	世話	拒否性	教育と伝統の思潮	世代継承的	権威至上主義
Ⅷ 老年期	（感性的モードの普遍化）	統合 対 絶望	「人類」「私の種族」	英知	侮蔑	英知	哲学的	ドグマティズム

出所：E. H. エリクソン他, 村瀬孝雄・近藤邦夫訳『ライフサイクル, その完結〈増補版〉』みすず書房, 2001年, 34頁。

を,「**アイデンティティ**」が確立している状態と定義しました。「アイデンティティ」とは, まさに「個」と「社会」が交錯する地点に成り立つ概念なのです。

一方でエリクソンは, 青年期の心理状態を「猶予期間（モラトリアム）」の状態と位置づけて次のように論じています。

「青年の心は本質的に猶予期間の心理である。児童期と成年期の中間にあり, 子どもとして学んだ道徳と大人によって発展されるべき倫理の中間にある心理社会的段階である。」

6 「大人」になるのが難しい現代日本

先に, 中世西欧には「子ども期」がなく, 近代になって教育の対象としての「子ども」が発見されたことを説明しました。

現代の日本社会は「過近代（ポストモダン）」とも呼ばれるように, 中世の西欧とは反対に「大人」になるまでの「猶予期間（モラトリアム）」ばかりが延長されていき,「子ども」がそれまでの自分の内的な同一性を社会的な役割と結びつけ, 担っていくことが非常に困難な社会となっています。近年問題となっている「ニート」や「大卒フリーター」などは, 青年たちのアイデンティティ確立が困難になりつつあるという現代日本の状況を示したものだといえるでしょう。

このような社会状況のなかで「大人になること」や「自立」を, 私たちはどのように考えていけばよいのでしょうか。これは, 児童養護や自立支援に関わる私たち一人ひとりに問いかけられている, 非常に大きなテーマであるといえるでしょう。

（鈴木崇之）

▷5 アイデンティティ
「自我同一性の観念は, 過去において準備された内的な斉一性（筆者注：sameness）と連続性とが, 他人に対する自分の存在の意味――『職業』という実態的な契約に明示されているような自分の存在の意味――の斉一性と連続性に一致すると思う自信の積重ねである」（E. H. エリクソン, 仁科弥生訳『幼児期と社会Ⅰ』みすず書房, 1977年, 336頁。）

▷6 E. H. エリクソン, 仁科弥生訳『幼児期と社会Ⅰ』みすず書房, 1977年, 338頁。

* 有限会社オフィスフォープロダクション
TEL：03-3354-3869
E-MAIL：info@office4-pro.com

I 「養護」に関する基本的な理解

 家庭的養護と社会的養護の基本的枠組み

 代替養護から社会的養護へ

○「自立支援」という新たな視点

本書では子どもの保護，養育という視点だけでなく，「自立支援」も大きなテーマとなっています。ここでは「新たな社会的養護システム」をつくり上げていくために，どうしたらよいかを中心に説明します。

2003年，厚生労働省・社会保障審議会に「社会的養護のあり方に関する専門委員会」が設置され，「家庭的養護（里親・里親によるグループホーム等のあり方）と施設養護のあり方」について，検討が行われました。その目的には「今日の社会的養護の役割は，子どもの健やかな成長・発達を目指し，子どもの安全・安心な生活を確保するにとどまらず，心の傷を抱えた子どもなど必要な心身のケアを行い，その子どもの社会的自立まで支援する」とあります。そして，「子どもの健全育成，自立を促していくためには，里親や施設のみならず家庭や地域の果たす役割として取り組む必要はある」ともされています。

▷1 厚生労働省・社会保障審議会「社会的養護のあり方に関する専門委員会」報告書，2003年。

今まで「施設養護」と「家庭的養護」は，連携して地域のなかで子どもを支えてきたとはあまりいえませんでした。今後は「施設と里親機能の融合」が必要になってくるでしょう。そして，子どもだけでなく「子ども家庭福祉」の視点からケアが考えられるべきでしょう。

また，子どもの変化に対して，治療的機能を合わせて取り入れていくことが求められます。今まで限られた施設，地域だけで考えられてきた支援を，広域的に行えるようにすることが必要でしょう。

そして，もう一つ大切なことは，施設入所児童の自立の方向として退所後の「家族の再統合」（家族関係調査支援）がプログラム化され実施されていくことです。

○「家庭養護」から「代替養護」に至る背景

「子どもは親から生まれ，親の手によって育てられる」ということが，本来は良いことでしょう。それを「家庭養護」とすると，一方で，さまざまな事情で家庭養護が保障されない状況にある（たとえば親の行方不明や離婚，長期入院，貧困，遺棄や虐待，ネグレクトなど）子どもたちに対して「代替養護」として，児童福祉施設，里親などによる「養育保障」が実施されてきました。

しかし，現在，社会問題となっている「子ども虐待問題」にしても，実際に

虐待を行うのは大人（親＝加害者）であり，その対象は子ども（子＝被害者）という関係にあります。虐待関係だけでなく「親の事情」によって，「養護問題」は発生するといっても過言ではありません。しかし，親だけの問題ではなく，そこに多くの「社会的な要因」が関わってきます。それは経済的貧困や排除，孤立といった要因です。そのような影響を直接うけることで，家庭の基盤自体が根底から揺らいでしまい，子どもの養育環境も劣悪な状況に追い込まれてしまう「多問題家族」が生み出されてくるのです。

このように家族の枠組みや形態が時代によって大きく変化するとともに，それを代替し，家族を支援する施設養護の考え方も「大規模施設化」から「小規模施設化」の流れに向ってきています。これも子どもたちの「権利擁護」の視点から「社会的養護」の考え方自体が問い直された結果と考えることができます。

2 家庭的養護（里親，里親型グループホーム）の現状

○里親制度の普及・啓発

里親は現在，里親登録件数の減少傾向により，対策の必要性が言われています。それには多様な家族を受け入れる風土の醸成，啓発が必要であるとの意見があります。そして，今までは里親委託後のケア体制ができていませんでしたが，それをつくっていくことも必要でしょう。さらに，「**養育里親**」[2]「**専門里親**」[3]「**短期里親**」[4]「**親族里親**」[5]の形態の多様性と登録制度自体の見直しも必要かもしれません。その他にも現状では，児童相談所の判断だけでなく，児童の保護者の意向が反映されているところがあり，施設養護，里親委託の判断を子ども自身のタイプや里親の適性も考慮し決定するべきではないかという意見も出ています。

○家庭的養護充実の具体的対策

最初に検討されなければならないことは，里親を支える体制の整備です。具体的には児童相談所の支援の継続です。最近は児童相談所にも里親担当者が配置されるようになりました。そして，レスパイトケアといって，里親同士で子どもを預けあって休暇を確保したり，お互いに支えあったりすることも必要です。そして，地域の里親会などの連携も強化していく必要性があるでしょう。そして，新たな方向として「里親型グループホーム」が注目されています。

次に研修制度の充実が必要になってきます。具体的に児童の多様性に合わせ，ロールプレイングなどを取り入れた演習形式の研修が重視されるべきでしょう。さらに，首都圏では児童相談所の保護児の増加により，対応に苦慮しているという現状があり，幼児などを中心に里親に一時保護委託することも検討されるべきでしょう。

▷2　養育里親
養子縁組前提としないで，純粋に養育を希望してなる里親。養育里親には「職業指導里親」も含まれる。

▷3　専門里親
児童虐待等によって，心身に有害な影響を受けた児童を2年以内の期日を定めて養育する里親。

▷4　短期里親
1年以内の期日を定めて要保護児童の養育を行う。

▷5　親族里親
3親等以内の親族関係にある児童を養育する者。身内での養育を公的支援の対象とした。

I 「養護」に関する基本的な理解

③ 施設養護の現状

◯小規模化移行への問題点

社会的養護の方向性として，大規模施設から小規模施設，そして，家庭的ユニットへということが示されました。確かに，その方向性には子どもの情緒安定を含む，多くのメリットがあります。しかし現状では，まだ大規模施設が多く，施設の建物の構造上，建て替えも検討しなければならないことも現実的な問題でしょう。そして，小規模であれば何でも良いということではありません。子どもとの個別的な関わりが深まれば，それだけ施設職員の負担も大きくなる面もあります。大規模施設とは異なった専門性も求められてくるでしょう。責任も重くなってきます。高齢者領域のグループホームとは異なり，施設最低基準が，大きく変わったわけではありません。

児童自立支援施設においてもケアの小規模化が必要だと指摘されています。児童自立支援施設は「小舎制[6]」と考えられますが，実際は，大中舎制が30.4％，小舎交替制が23.0％，夫婦小舎制は33.7％，その他が12.9％という調査結果が出ました[7]。大中舎制がかなり多いことがわかるでしょう。そして，児童自立支援施設の勤務形態が交替制に移行するなかで，児童自立支援施設のあり方もまた問われてきています。

◯措置変更に関わる問題点

関係機関との連携において問題となっていたことがあります。それは，乳児院から児童養護施設への措置変更についてでした。2歳に達すると一律に措置変更しなければならなかった規定に対しても多くの疑問が投げかけられました。実際にその対応には柔軟な体制が取られることになりましたが，その時点で，一番大切なことは子ども自身の状況に合わせた次の段階への移行です。措置期間の延長だけでなく，できる限り子どもに精神的負荷をかけない仕組みが必要でしょう。

◯専門性の向上

児童養護施設には，現在，多くの虐待を受けた子どもたちが入所しています。そこで，個別のケアが可能な職員配置が必要になってきます。セラピストの配置はすでに行われてきたところですが，十分とはいえない状況にあります。

また，セラピストだけではなく，スーパーヴァイザーの配置も求められています。特に家庭的ユニットでは，必要と考えられます。本園では，主任保育士などベテランの職員が必ずいますが，「小舎制」家庭的ユニットでは，経験の少ない職員ばかりが配置されている場合も多くあります。これについては「社会的養護のあり方に関する専門委員会」で提言があった，**家庭支援専門相談員**[8]（ファミリーソーシャルワーカー：FSW）の配置が実施されることになりました。その具体的な役割や関係機関との連携のあり方については，今後，積み上げて

▷6　小舎制
児童養護施設の生活形態の一種。8人〜12人位の児童と一般住宅等を利用して，できる限り，家庭的雰囲気の生活環境を目指す。

▷7　阿部祥子『もうひとつの子どもの家——教護院から児童自立支援施設へ』ドメス出版，2005年，33頁。

▷8　家庭支援専門相談員
施設入所児童の家庭復帰等を図るために，児童養護施設，情緒障害児短期治療施設，児童自立支援施設等を対象として，施設入所から退所まで，さらには退所後のアフターケアに関わる家庭調整を担う専門職。ファミリーソーシャルワーカーともいう。

いかなければならないことがあります。そして，施設退所後の自立支援だけでなく，家族関係調整の可能性が託されています。

◯年長の児童や青年に対する自立

　最近では児童養護施設内にも自活寮や自立促進寮などを設置する施設が増えてきていますが，児童養護施設を退所した後も支援が必要な児童も多くいます。それは，アフターケアというよりも自立支援の連続性の確保が必要であるとも言い換えられます。そして，15歳で施設を退所する子どもや18歳以上の子どもの具体的支援に関しては，1997年の児童福祉法改正で，自立援助ホームが「自立生活援助事業」（第2種社会福祉事業）として法定化されました。現在，全国に40数か所設立されていますが，その財源の基準が異なっているため，その水準の引き上げと平準化が叫ばれています。新たな「枠組み」として，15歳で施設から就職する子ども，18歳で高校卒業を機に一人暮らしを始めた子どもの支援を含めた施策の充実が求められてきています。

4　社会的養護システムの質の向上に向けて

　児童の権利擁護の強化が言われて久しいですが，残念ながら今も権利侵害や事件が起こっています。2006年11月22日，第60回全国児童養護施設長研究協議会は「子ども・家庭福祉の明日に向けた宣言」を出しました。そのなかで「近年の家庭内虐待やDVの急速な顕在化は，社会的養護を必要とする子どもたちの急増と，その子どもたちの発達課題（獲得が困難）の重篤化につながった」と指摘しています。そして，「児童養護施設では，満所状況に加え，重い心的課題を抱えて個別的，治療的ケアを要する子どもたちが増加し，その養育に混迷，混乱が生じて」いる状況を分析しています。その結果として「子どもへの体罰や不適切な関わりなど，重大な権利侵害事件が発生しており」，児童養護施設が「もっとも弱い立場にある子どもたちの権利を守り，子どもたちの安心，安全の拠点であり続けなければならない」とも訴えています。

　これまで，何度か児童福祉施設において，子どもの体罰事件が起こるたびに宣言が出されました。しかし，今回の宣言では，児童福祉施設が子どもたちの対応に大変苦慮している現状が浮き彫りになっています。もちろん，体罰は絶対に行ってはなりません。しかし，本当に有効な手立てや援助技術が見出せていないことも事実です。

　「集団養護」から「個別養護」へ，新たな社会的養護システムの転換が，今，強く求められていることは，おわかりいただけたでしょう。しかし，その一方で，厳しい現状に対して取り組まなければならない新たな課題もあることを知ってもらいたいと思います。

（小木曽宏）

参考文献
柏女霊峰監修『これからの児童養護――里親ファミリーホームの実践』生活書院，2007年。

I 「養護」に関する基本的な理解

7 児童養護における歴史的理解と今日的課題

 近代史における児童養護の幕開け

　映画「石井のおとうさんありがとう」(2004年制作)にもなった児童養護実践の草分けといわれる石井十次(1865—1914年)の末裔にあたる方が,九州,宮崎で今なお児童養護施設を続けています。貧困にあえぐ日本で,石井は当時,岡山県において子どもたちを1,200人も引き受けたと言われています。そこで石井は何とか小舎型で家庭的な施設運営を目指そうとしました。そして,新たに宮崎県でその理想を実現しようとしたのです。しかし,今でもその発祥の地,岡山に,当時のまま岡山孤児院寮舎の一部が保存されています。その遺産からは,平屋で家庭的な雰囲気を重んじた石井の理想が伝わってきます。そして,そのそばに児童自立支援施設・岡山県立成徳学校があります。

　岡山の児童自立支援の歴史は古く,「1888(明治21)年9月17日,当時岡山監獄の教誨師を務めていた岡山区内の光清寺住職千輪性海が,自らの寺の家屋を改築して,『教場』と『工場所』を作り,そこに岡山監獄を出獄して行き所のない者を引き取ったのが,岡山感化院の起源」とされています[1]。その後,岡山感化院は「備作恵済会」の経営となりますが,大いに岡山孤児院のあり方に影響を受けたようです。

　その後,遅れること10年,1899(明治32)年に東京・巣鴨の地から留岡幸助によって家庭学校が始められます。感化院,教護院から児童自立支援施設に至る小舎夫婦制の原点ともいえるかたちがスタートするのです。その後,全国各地に感化院は設立されていきます。

　つまり,今の児童養護施設の原型と児童自立支援施設の原型は同じところから始まっているということもできるでしょう。

 戦後,日本における児童養護の起源

○沢田美喜とエリザベス・サンダースホーム創設

　第2次世界大戦の敗戦は日本にとって,新たな児童福祉問題を抱えることにもなりました。1948(昭和23)年の厚生省の全国孤児調査によると,終戦直後には「戦災孤児」と言われる子どもたちは約20万人いたと報告され,その内両親を失った18歳未満の子どもの数は12万3,000人いたと言われています。そのような調査に先んじて,1947(昭和22)年,児童福祉法が成立します。そして,

▷1　藤原正範「児童自立支援施設—その歴史から考える」小林英義・小木曽宏編『児童自立支援施設の可能性——教護院からのバトンタッチ』ミネルヴァ書房,2004年,27頁。

多くの実践家が児童福祉事業のさきがけとして、そのような児童の保護や支援に取り組み始めるのです。

戦後の児童福祉事業の研究者、実践者でもある野本三吉はその著書で戦後の児童養護の原点を「『原爆』と『戦災孤児』の歴史」と位置づけています。著書では、戦争の犠牲者となった孤児対策に身を投じた沢田美喜を紹介しています。沢田は戦後の混乱にもかかわらず「エリザベス・サンダースホーム」を開設しました。正式に社会福祉法人となったのは1948（昭和23）年のことでした。そして、戦争の傷痕は新たな児童福祉問題を発生させていきました。それは、当時、占領された日本人女性と進駐軍といわれる米兵との間に生まれた「混血児」という多くの子どもたちの問題でした。野本は沢田がこの問題と出会い、深く関わるエピソードをこう記しています。「1946年6月、ラジオニュースは日米混血児第一号の誕生を報じた」とあります。そして、「彼女を混血児問題に取り組ませる決定的な出来事と出会うのはそれから4か月後。戦後の混んだ列車のなかで、網棚から落ちてきた細長いふろしき包みを網棚に戻していた沢田美喜さんに、移動警察の二人の警官が疑いをもち、包みを開けるように指示したのである。場所は、岐阜県の関が原。もちろん彼女は、自分の持ちものではないので、ごく自然にその包みを置いて開けた」そうです。

「ところが、何ということでしょう。そのなかには20枚以上の新聞紙につつまれた黒い乳児の死体がはいっていたのです。警官たちも、あたりの乗客たちも、私がその死体の母で、始末に行くところと思ったのも、その時の状態では仕方なかったことでしょう」という衝撃的な体験から沢田は孤児対策に身を投じたのです。

▷2 野本三吉『子ども観の戦後史』現代書館、1999年、22頁。

▷3 野本三吉『子ども観の戦後史』現代書館、1999年、69頁。

▷4 野本三吉『子ども観の戦後史』現代書館、1999年、70頁。

▷5 沢田美喜『黒い肌と白い心』創樹社、1991年、159頁。

◯「混血児」と国際里親

FNSドキュメンタリー大賞を受賞したテレビ長崎製作の「母の肖像──アメリカ人ツヨシの戦後」（1994年）という作品があります。ドキュメンタリーは大人になった「ツヨシ」が妻を伴い、アメリカから日本に戻ってくるところから始まります。彼もやはり日本人母と米兵との間に生まれた「混血児」だったのです。ツヨシは、父親は米兵だとしかわからない「私生児」として生まれ、ある児童養護施設に預けられます。しかし、その施設に慰問に来てくれていた米兵家族によって、里子として引き取られアメリカに渡ります。当時、ツヨシだけではなく、多くの子どもたちが、「貧しい日本」ではなく「豊かなアメリカやヨーロッパ」の諸外国に里子に出されました。しかし、当時の厚生省にも詳しい統計はありませんでした。もちろん、そうして幸せな人生を歩んだ多くの子どもたちもいた一方で、ツヨシはアメリカの里親から虐待を受け続けたのでした。中学を卒業すると家を飛び出し、自活の道を選択し、多くの苦難を経て結婚し、女の子が生まれます。つつましいけれど幸せを見つけました。しかし、ツヨシは母を求め続けていたのでした。そして、かつて自分を生んでくれ

I 「養護」に関する基本的な理解

た母親を探しに日本に行く決意をするのです。結局，母親はすでに亡くなっていたのですが，遺体は大学の医学部に献体標本となっていました。母の足跡をたどり，ひっそりと葬儀を執り行い，心安らかに帰国するまでを描いた作品です。

「戦争，貧困，別離」このドキュメンタリーは決して特別なものではなく，当時の児童養護問題を象徴していると思います。

3 復興期以降の児童の養護

1952（昭和27）年以降，全国の児童養護施設数は500余か所以上になりました。同じ時期に里親制度や保護受託者制度も法定化され，新たな養育制度として期待されました。当初の里親登録者数は昭和24年から昭和30年代にかけて飛躍的に増加します。1949（昭和24）年の約4,000件から，1962（昭和37）年がピークで1万9,000件にまでなっています。しかし，実際の委託児童数は常に，その半分以下でした。その後，登録数も激減してしまいました。その原因の1つは，以前からある日本的な「跡継ぎ」探しという傾向や児童を家庭内労働のためにという目的で，里親になろうとする人も出てきたためだと考えられます。

しかし，皮肉にも里親制度の課題に対する批判的な「論争」が起こってきました。それが「**ホスピタリズム**」論争でした。欧米で，病院や施設入所している児童が死亡しやすいと言われ，それが児童の精神的な空虚感からくるといわれたのです。その後，論争はマターナルデプリベーション（母性剥奪）議論にもつながっていきました。確かに，現代でも重篤な児童虐待により，正常な発達ができない「発達拒否症」といわれる児童も多くいると指摘されてきています。したがって，現在は施設がすべてそういう児童を生み出すのではなく，環境の問題であるといわれてきています。

▶6 ホスピタリズム
20世紀初頭に欧米で，病院，施設に入院していた児童が多く亡くなったことから，ホスピタリズム（施設病）と言われた。当初，身体的，知的発達の遅れが指摘され，その後，精神的な発達の課題があるとして，大人との愛着形成問題として指摘された。戦後の児童養護はホスピタリズムをいかに少なくできるかが課題となった。

4 高度成長期の児童養護

経済状況が良くなれば，普通，児童福祉施設の入所数は減少すると考えられます。なぜならば，施設入所理由を経済的貧困とする入所が減ると思われるからです。しかし，実際は，親との離別，親の行方不明が原因となる入所が増加することになりました。そして，この時代から明らかな虐待やネグレクトの状況にある児童が施設入所児童として増えていったのです。社会的，法的にも「要保護児童」という捉え方が浸透していった時代でもありました。したがって，児童養護施設をはじめ，児童福祉施設入所数は大きく減少することにはなりませんでした（表I-5）。

表I-5 児童養護施設数・入所在籍者数

年度	施設数	入所在籍者数
1965	550	32,986
1975	525	30,084
1980	531	30,787
1990	533	27,423
1995	528	25,741
2000	552	28,913
2003	554	30,014
2004	556	30,597

出所：ロジャー・グッドマン『日本の児童養護──児童養護学への招待』明石書店，2006年より一部改変。

5 安定成長期の児童養護

日本の児童養護として画期的となる事柄はグループホーム（小規模施

設）が実施されたことです。本来，里親制度に関しても里親登録などは児童相談所が関与するものでしょうが，当時，児童養護施設に「地域養育センター」を付設したり，「里親促進協会」という団体が設立されました。その活動は里親の新たな開拓だけでなく，里親と里子の仲介や支援の役割も担っていました。そして，現在多くなってきていますが，複数の児童を里親として支援する「里親型ファミリーグループホーム」や本園を中心としてできた「分園型グループホーム」の原型がつくられていきました。

　そして，もう一つ大切なこととして，児童養護施設入所児童の高校進学率が上がりました。1985（昭和60）年前後までは児童養護施設で中学卒業後の進路として，就職率が高校進学率より上回っていました。その背景には高校に進学したくとも諦めなければならない，いくつかの要因があったからです。それは第1に学力的なハンデがあります。もともと学力が低いのではなく，学習習慣が身につかない環境に置かれていたこと，第2に自己肯定感がもてないことで，学習意欲を失ってしまう子どもが多くいました。そして第3として，もっとも深刻な問題である財政的な問題がありました。「施設で暮らす児童に何とか高校進学をさせてあげたい」という現場の職員の願いは，高学歴社会を迎えて，90％の児童が高校に進学する時代に，中学卒業というだけで，本人の大きなハンデとなってしまうことのないように，高校進学をさせたいということでした。

　1973（昭和48）年に「特別養育費」が新たに創設されました。しかし，当時は私立高校には進学させることができず，遠くの公立高校に通わなければならないといった状況もありました。現在は私立高校に通う児童も増えてきています。しかし，確かに高校進学率は上がったのですが，新たな問題も生じてきています。それは高校に進学できても，高校を中退してしまう児童が多くいることです。1998（平成10）年の調査では全日制公立，私立高校での中退率（中退者÷在籍人数）4.2に対し，児童養護施設にいる子の中退率は9.3となっています。[7]

6　今後の歴史的推移と課題

　I-6 で，児童養護施設が小規模化の方向にあることを示しました。中高生にはできるだけプライバシーを尊重し，個室を確保することが求められています。そして，一方で地域からのニーズに対応していく方向として，児童養護施設は相談援助活動だけでなく，ショートステイやトワイライトステイも積極的に受け入れていかなければなりません。

　児童養護施設は，歴史的役割として，関わりの難しい児童の保護・養育だけでなく，自立支援も見据えた方向と地域の子育て支援の中核を担うという「内なる充実」と「外なる充実」が求められていると言えるでしょう。

（小木曽宏）

▷7　村井美紀・小林英義編『虐待を受けた子どもへの自立支援―福祉現場からの提言』中央法規出版，2002年，200頁。

I 「養護」に関する基本的な理解

8 児童養護の実際①
社会的養護の決定に関する基本的しくみ

1 児童相談所の役割

児童相談所は、児童福祉法第12条に基づき都道府県および政令指定都市に設置が義務づけられています。2007年6月現在、全国に196か所の児童相談所があります。

児童相談所の業務内容は、「児童に関する家庭その他からの相談のうち、専門的な知識及び技術を必要とするものに応ずる」こと、「児童及びその家庭につき、必要な調査並びに医学的、心理学的、教育学的、社会学的及び精神保健上の判定を行う」こと、これらの調査や判定に基づいて「児童及びその保護者に必要な指導を行うこと」、そして「児童の一時保護を行うこと」とされています。

さらに、2005年4月の改正児童福祉法施行により、市町村における児童家庭相談を支援することも児童相談所の役割として位置づけられるようになりました。

2 児童相談所から社会的養護への経路

図Ⅰ-1は「児童相談所における相談援助活動の体系・展開」を図式化したものです。面接・電話・文書によって受け付けられた相談・通告・送致は、主たる担当者、調査や診断の方針、安全確認の時期や方法、一時保護の要否等を検討するための「受理会議」にかけられることになります。

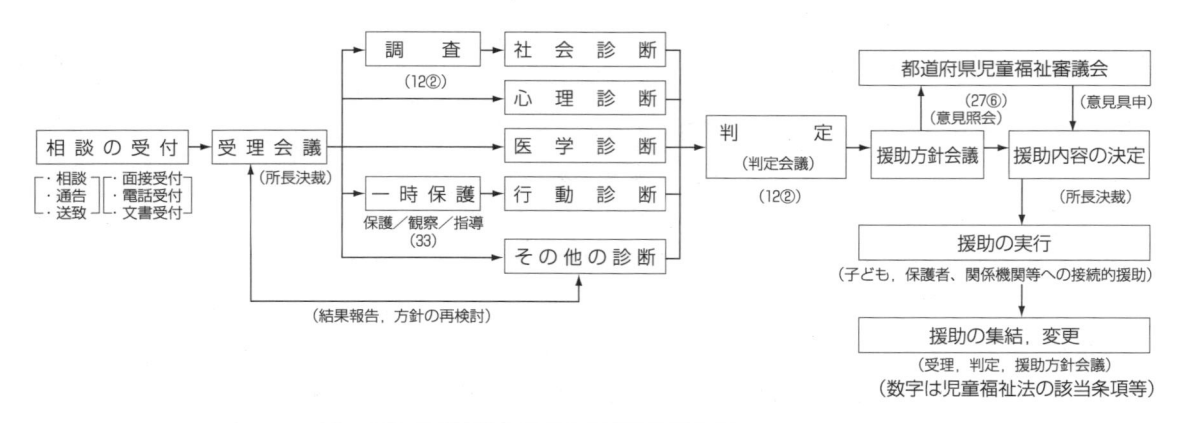

図Ⅰ-1 児童相談所における相談援助活動の体系・展開

出所：『子ども・家族の相談援助をするために──市町村児童家庭相談援助指針・児童相談所運営指針』日本児童福祉協会、2005年、164頁。

その後，各ケースの必要性に応じて主に**児童福祉司**・相談員などによって行われる調査に基づいた「社会診断」，**児童心理司**などによる「心理診断」，医師による「医学診断」，一時保護部門の**児童指導員・保育士**などによる「行動診断」，「その他の診断」（理学療法士などによるものなど）がなされます。

社会診断，心理診断，医学診断，行動診断，その他の診断の結果は「判定会議」にかけられ，子どもの援助指針が立案されることとなります。援助指針の立案にあたっては，可能な限り子ども自身や保護者などの意見を取り入れながら行われることが望ましいとされています。

援助方針会議では，表Ⅰ-6に掲げられた「在宅指導等」「児童福祉施設入所」「里親への委託」「児童自立生活援助措置」「福祉事務所送致，通知」「家庭裁判所送致」「家庭裁判所家事審判請求」の各援助内容が決定されます。援助方針の決定にあたっては，必要に応じて児童福祉審議会への諮問が行われます。

決定された援助が実行されると，その後は児童，保護者，関係機関等への継続的な支援がなされていきます。新たな問題が生じた場合は，必要に応じて援助方針会議が再度行われ，援助内容の見直しがなされます。

子どもと家族が児童相談所の対応が必要ない状況に至った時をもって，援助は終結されることとなります。

図Ⅰ-2は「市町村・児童相談所における相談援助活動系統図」です。相談や通告，そして措置や送致先と児童相談所との関係が図式化されたものです。児童相談所は，これら多くの関係機関との連携のもとに進められています。

③ 施設および里親への措置

児童養護施設などに措置されることとなる子どもたちの多くは措置先が決定するまでの期間，児童相談所に附設されている**一時保護所**において生活します。

この間に，一時保護所の児童指導員・保育士による行動診断や，児童心理司による心理診断，医師による医学診断が行われます。児童福祉司は，これらのスタッフからの情報を総合し，適切な措置先を考えることとなります。

▷1　児童福祉司
児童福祉法第13条に規定されている，児童相談所のソーシャルワーカーのこと。「担当区域内の子ども，保護者等から子どもの福祉に関する相談に応じる」「必要な調査・社会診断を行う」「子ども・保護者・関係者等に必要な支援・指導を行う」「子ども・保護者等の関係調整を行う」などが主な職務内容である。

▷2　児童心理司
「子ども・保護者の相談に応じ，診断面接・心理検査・観察等によって子ども・保護者等に対して心理診断を行う」「子ども・保護者・関係者等に心理療法・カウンセリング・助言指導等の指導を行う」などを主な職務内容とする児童相談所の心理担当職員。心理判定員と呼称する児童相談所もある。

▷3　児童指導員・保育士
児童相談所一時保護所における児童指導員・保育士は，「一時保護している子どもの生活指導・学習指導・行動観察・行動診断・緊急時の対応一時保護業務全般に関すること」「児童福祉司や児童心理司と連携して子どもや保護者等への指導を行うこと」を

表Ⅰ-6　援助方針会議で決定される援助内容

援　助

1 在宅指導等
　(1) 措置によらない指導 (12②)
　　　ア　助言指導
　　　イ　継続指導
　　　ウ　他機関あっせん
　(2) 措置による指導 (26①Ⅱ, 27①Ⅱ)
　　　ア　児童福祉司指導 (26①Ⅱ, 27①Ⅱ)
　　　イ　児童委員指導 (26①Ⅱ, 27①Ⅱ)
　　　ウ　児童家庭支援センター指導 (26①Ⅱ, 27①Ⅱ)
　　　エ　知的障害者福祉司, 社会福祉主事指導 (27①Ⅱ)
　(3) 訓戒, 誓約措置 (27①Ⅰ)

2 児童福祉施設入所措置 (27①Ⅲ)
　　指定医療機関委託 (27②)
3 里親 (27①Ⅲ)
4 児童自立生活支援措置 (27⑦)
5 福祉事務所送致, 通知 (26①Ⅲ, 63の4, 63の5)
　　都道府県知事, 市町村長報告, 通知 (26①Ⅳ, Ⅴ)
6 家庭裁判所送致 (27①Ⅳ, 27の3)
7 家庭裁判所への家事審判の申立て
　　　ア　施設入所の承認 (28①②)
　　　イ　親権喪失宣告の請求 (33の6)
　　　ウ　後見人選任の請求 (33の7)
　　　エ　後見人解任の請求 (33の8)

（数字は児童福祉法の該当条項等）

出所：図Ⅰ-1と同じ。

I 「養護」に関する基本的な理解

主な職務内容としている。

▷4 一時保護所
⇒ I-4 参照。

子どもを連れて施設や里親宅へ見学に行き，子ども自身の意見も取り入れるように，さまざまな工夫もなされています。また，施設サイドや里親サイドの意向も，措置先を選定する上での重要な要因となります。

措置先の決定にあたって児童福祉司が注意しているのは，援助指針における永続性（パーマネンシー）をどのようにして確保するかという点です。要保護児童の措置を考える場合，その子どもを取り巻く重要な他者や安全で安心できる環境が頻繁に変更されることがないように，その永続性に配慮しながら援助指針を立案せねばなりません。

その際，児童福祉施設の種別は多様に存在するため，その子どもにふさわしい施設種別を選び，さらにその種別のなかの複数の児童福祉施設からその子どもに最もふさわしい施設を選択するのです（図I-3）。

たとえば，再び家族とともに生活できる可能性が低く，個別的なケアが必要な子どもに対しては，里親や小規模児童養護施設なども措置先として想定しつつ，援助指針を立案していくこととなります。

また，実際に一時保護所から措置先へと子どもの生活の場所が移る前後には，児童福祉司と措置先の担当者が綿密に連絡をとりあい，生活環境の変化による不適応を最小限にとどめるためのさまざまな配慮がなされます。

❹ アセスメントと自立支援計画の策定

▷5 乳児院
⇒ III-3 参照。

▷6 母子生活支援施設
⇒ III-8 参照。

2005年4月の児童福祉施設最低基準改正により，**乳児院**[5]，**母子生活支援施設**[6]，

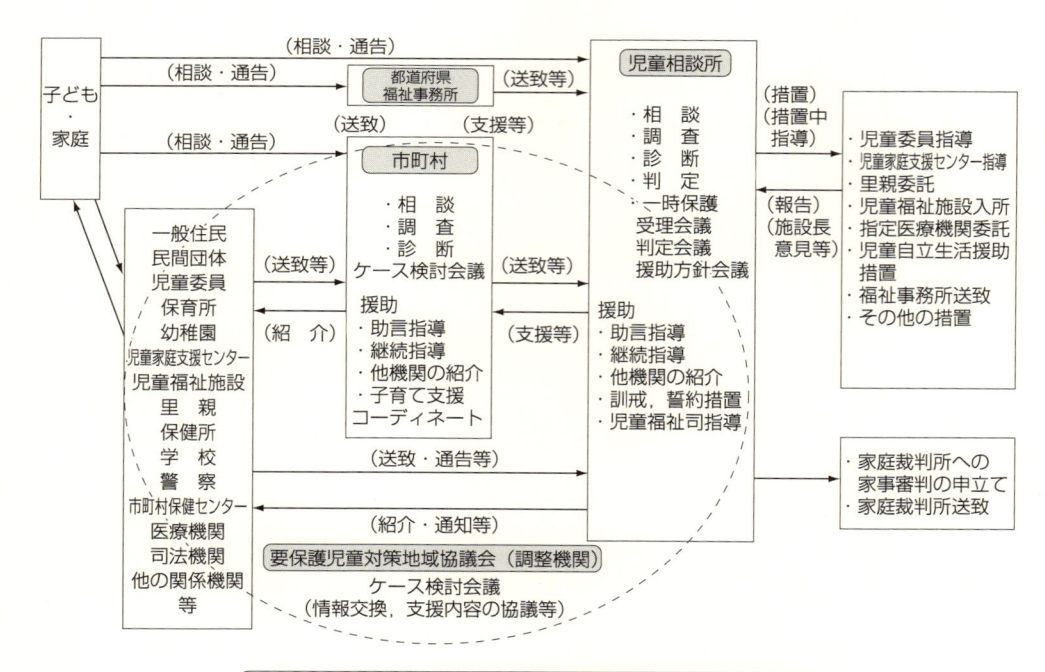

図I-2 市町村・児童相談所における相談援助活動系統図

出所：『子ども・家族の相談援助をするために——市町村児童家庭相談援助指針・児童相談所運営指針』日本児童福祉協会，2005年，165頁。

児童養護施設，情緒障害児短期治療施設及び児童自立支援施設の施設長には，入所児童等に対して計画的な自立支援を行うため，個々の入所児童等に対する「自立支援計画」を策定することが義務づけられました。この改正に合わせて，2005年6月に児童自立支援計画研究会編『子ども・家族への支援計画を立てるために——子ども自立支援計画ガイドライン』が出版されました。

このガイドラインにおいて，児童福祉施設における自立支援計画の策定は，入所後の子どもの状態等に対するアセスメントに基づきながら，概ね3か月以内を目処になされるべきであるとされています。

このガイドラインでは，自立支援計画策定のためにケースマネジメントの手法を取り入れています。まず，入所児童・入所児童の家族・入所児童を取り巻く地域社会のそれぞれについて，詳細なアセスメントリスト（子ども家庭総合評価票）を用いて実態を把握し，留意の必要度を客観的に評価します。

これらの評価を元に，子ども本人・家庭・地域それぞれに対する支援の長期目標と短期目標（優先的重点的課題）をあげ，さらに各支援上の課題の支援目標・支援内容と方法を，自立支援計画票に記載していきます。

短期目標に対する支援状況は，適宜モニタリングを行うなかで，評価されることとなっています。また，必要に応じて再アセスメントを行い，自立支援計画を見直した上で，より適切な自立支援を実施することとされています。

（鈴木崇之）

▷7 児童養護施設
⇒ III-4 参照。

▷8 情緒障害児短期治療施設
⇒ III-9 参照。

▷9 児童自立支援施設
⇒ III-7 参照。

▷10 児童自立支援計画研究会編『子ども・家族への支援計画を立てるために——子ども自立支援計画ガイドライン』日本児童福祉協会，2005年，22頁。

子どもの健全な発達のためのアセスメント及び自立支援計画システムについて

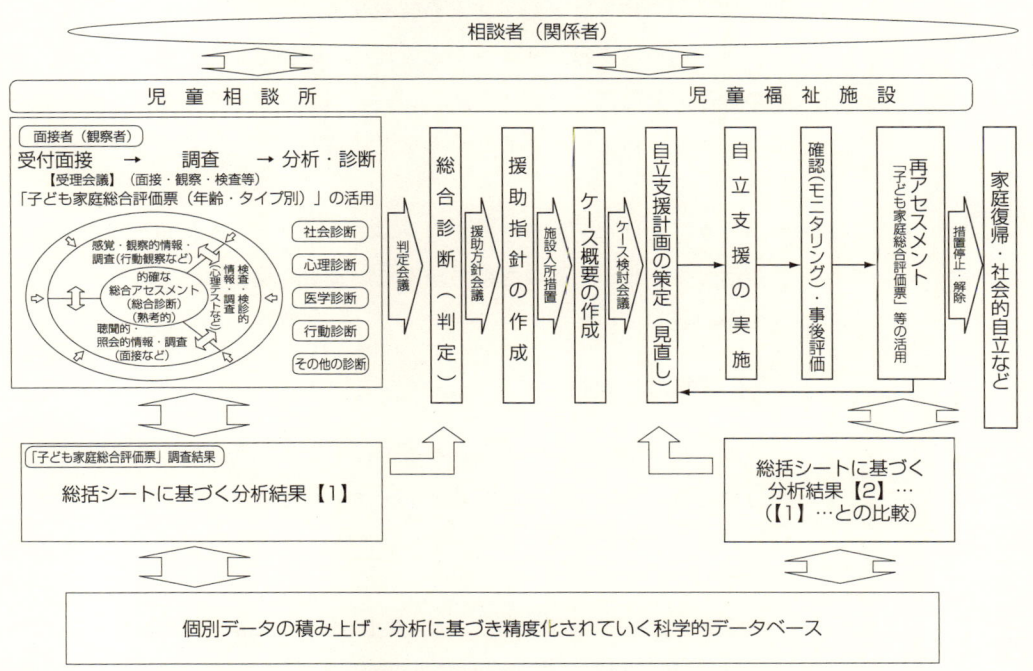

図I-3 児童相談所における援助指針と児童福祉施設における自立援助計画との関係

出所：児童自立支援計画研究会編『子ども・家族への支援計画を立てるために——子ども自立支援計画ガイドライン』日本児童福祉協会，2005年，24頁。

I 「養護」に関する基本的な理解

9 児童養護の実際②
事例を通して理解する社会的養護の決定

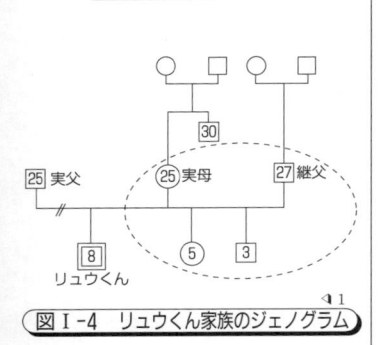

図I-4 リュウくん家族のジェノグラム

▷1 ジェノグラム
3世代以上の家族の人間関係を図式化したもの。

1 事例の概要

リュウくん（8歳）の母親（25歳）は成年になる前に，リュウくんの実父と結婚し，リュウくんを産みました。しかし，結婚当初より実父の就労状態は安定しませんでした。そのようななか，実父は母親に暴力をふるうようになりました。母親は23歳で離婚し，1年後に別の男性（継父）と再婚しました。しかし，まだ年若い夫婦が新しい生活を築いていく上で，実父の面影を残すリュウくんは好ましい存在とは言えませんでした。そのため継父と母親は，身体的虐待・心理的虐待・ネグレクトなど，複合的な虐待をリュウくんに加えていくこととなりました。

リュウくん自身，自分は虐待されるのにきょうだい（継父と実母の子どもたち）がかわいがられることが気に入らず，イジメてしまい，そのことでさらに継父と実母から虐待を受けるという悪循環が形成されていました。

児童相談所児童福祉司は，近隣の住民からの「深夜に子どもの異常な泣き声がすることが続き，また子どもの顔や身体にいつもアザがある。虐待が疑われる」との通告を受け，リュウくんを緊急一時保護しました。その後，児童相談所の援助方針会議において，新しい夫婦がリュウくんを受け止める態勢をつくることができるまで，リュウくんを児童養護施設に措置することが決定されました。

リュウくんは，どれほどの暴力をふるわれようとも母親が好きであり，一緒に生活できる日が来るのを待ち望んでいます。現在は，リュウくん以外の親子4名が同居しています。

2 アセスメント

リュウくんの措置が決定されるまでは3か月の期間を要しました。その間，一時保護所において生活していたリュウくんでしたが，この期間にさまざまな情報が得られました。

①児童相談所一時保護所のリュウくん担当保育士による行動診断
ADLは年齢相応。夜尿が毎日あるが，自分で処理できる。食事は好き嫌いが激しく，野菜が苦手であるが，職員が介助すれば，幼児的に甘えながら食べる。

性格面では，強い年上に媚び，弱いものイジメをする傾向がある。甘え下手でしつこくなりすぎる面もあるが，総じて安心できる大人の存在を常に求めている。

学習面は小学校1～2年に遡り，振り返りながら教えれば，理解力はある。

母親が好きで，「家に帰りたい」と頻繁に職員にいう。

②児童心理司によるリュウくんの心理診断

知能検査の結果，**動作性IQ**に比べて**言語性IQ**が劣るものの，小学校3年次の学級に戻るには問題はない。箱庭やプレイルームの様子では，他児への攻撃性と大人など頼れる存在への愛着行動が観察された。

③医師によるリュウくんの医学診断

骨折などはないが，拳によるものと思われる青アザが身体に数か所残っている。アザがどうしてできたのかを質問すると，明らかな拳の痕のアザについても「自分でころんだ」と言うなど，親に対する本児なりの気遣いがある様子。心身の発達面での大きな問題は現在のところ見られないが，甘えと攻撃性などに関する情緒面での配慮が必要。

④児童相談所児童福祉司によるリュウくんの家族の社会診断

実父は，離婚時に親権を手放しており，また母親によればアルコール依存などのためリュウくんの養育が不可能な状態とのこと。確認のために児童福祉司が調査すると，実父はすでに他県に移住している様子であり，また実際の養育に携わってもらえる可能性も極めて低いように思われた。

母親には実父からの暴力による心的外傷反応がみられ，個別の心理的対応が必要である。継父と母親の2名の子どもの育児支援に関しても，母親に負担がかかっている。

継父からの聞き取りから，継父の就労状況が不安定であることがわかった。就労状況が安定すればリュウくんに対して落ち着いて対応できる見込みがある。

一時保護所保育士（児童指導員）による行動診断，児童心理司による心理診断，医師による医学診断，そして児童福祉司による社会診断を元に，当面は児童養護施設にリュウくんを措置して家族との距離を置くこと，その後家族の関係調整を行いつつ最終的には**家族の再統合**を図るという方向性が判定会議にて確認されました。

その後，母親と継父から児童福祉施設措置への同意を得，母親たちの住む家からあまり離れすぎておらず面会などがしやすい児童養護施設○○園が措置先として選定され，援助方針会議にて○○園への措置が決定されました。

3 援助の経過

○リュウくんへの対応

児童養護施設に措置されたリュウくんは，担当児童指導員と信頼関係ができ

▷2 動作性IQ
ウェクスラー式知能検査における，言語を用いずに動作レベルで課題を遂行する検査項目により算出される知能指数のこと。

▷3 言語性IQ
ウェクスラー式知能検査における，課題遂行に言語を必要とする検査項目により算出される。

▷4 家族の再統合
⇒ I-4 参照。

I 「養護」に関する基本的な理解

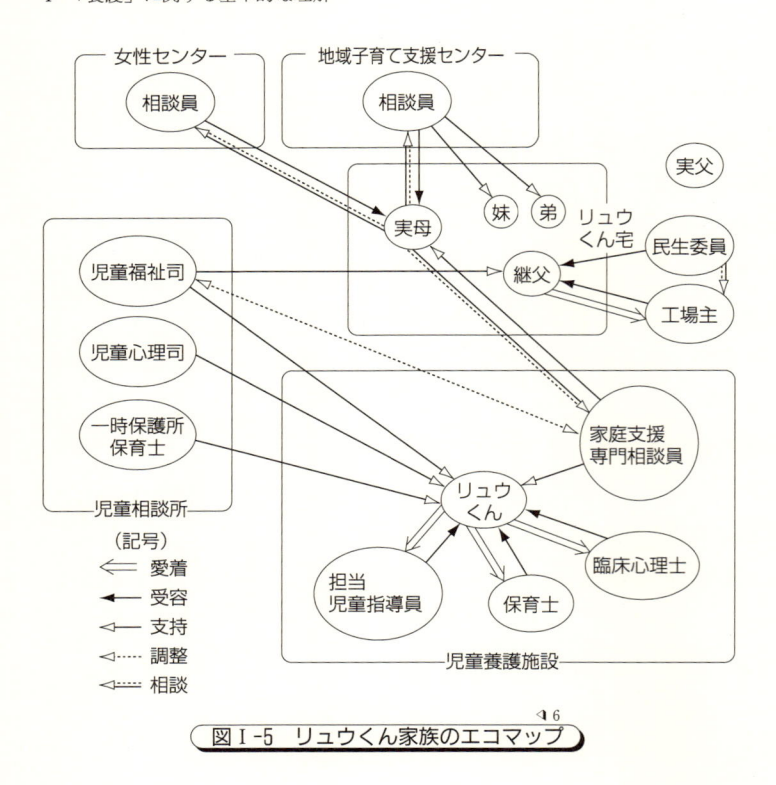

```
          女性センター        地域子育て支援センター
           相談員                相談員

                              実父
                         妹  弟  リュウ
                    実母         くん宅   民生委員
                          継父
  児童福祉司                          工場主

  児童心理司                        家庭支援
                                  専門相談員
  一時保護所
  保育士              リュウ
                      くん          臨床心理士
   児童相談所
                  担当        保育士
   （記号）       児童指導員
   ⇐   愛着                     児童養護施設
   ◀── 受容
   ⇐── 支持
   ⇐┈┈ 調整
   ⇐┈┈ 相談
```

図Ⅰ-5 リュウくん家族のエコマップ [6]

▷5 **家庭支援専門相談員**
⇒ Ⅰ-6 参照。

▷6 **エコマップ**
利用者を取り巻く社会関係や社会資源との関係を図式化したもの。

▷7 **子育てサロン**
育児中の保護者が，子ども連れで気軽に訪問し，交流することができるサロンのこと。

ると，さまざまな甘えを出すようになりました。当初は「もっと折り紙出して！」などの物質的に困難な要求をするなどの「試し行動」が多く，その後は「おんぶして～」「だっこ～」などの身体的接触を求めるものが増えてきました。

児童養護施設での当面の指導方針としては，これまでのリュウくんの被虐待歴なども勘案して，できる限りリュウくんを受容的に受け止め，「赤ちゃん返り」からの育てなおしを行い，大人一般に対する信頼感を回復する作業を行うこととしました。

○**家族への対応**

児童相談所児童福祉司および児童養護施設の**家庭支援専門相談員**[5]（以下，FSWとする）は，リュウくんが新しい家族のなかで居場所を無くさないように母親と継父に頻繁にコンタクトをとり続け，月1回は児童養護施設にてリュウくんと家族との面接を行いました。

日雇いの肉体労働を転々としていた継父に，地域の民生委員は知人が経営する印刷工場を紹介してくれました。工場主は職親的に社員を育てる能力のある人で，勤務態度が必ずしも良いとはいえない継父を温かく見守りながら支援してくれています。

実父から受けた母親の心的外傷への対応のために，母親は女性センターのフェミニスト・カウンセラーのところへ月に1度通うようになりました。当初はサボりがちでしたが，カウンセラーが受容的に話を聴いてくれることがわかると，女性センターに通うのを楽しみにするようになりました。

また，継父と母親の2名の子どもの育児支援に関しては，地域子育て支援センターの相談員が対応しました。経済状況が不安定なためにアパートに閉じこもって育児をしていた母親も，地域子育て支援センターの育児講座や**子育てサロン**[7]に参加し，表情も明るくなってきました。

4 援助の結果

○**リュウくんの変化**

児童指導員による受容的な処遇と幅広い年齢層の子どもたちとの集団生活経

験によって，リュウくんには対人関係のスキルが身についてきました。泣く，わめく，暴力をふるうなどの方法で要求を通すのではなく，気持ちを言葉にして伝えられるまでに成長しました。年下の児童へのイジメはまだ残っていますが，暴言や暴力なども徐々に柔らかいものに変化しつつあります。

○母親の変化

母親は女性センターでのカウンセリングで，継父のリュウくんへの虐待に加担しなければ再び自分は一人ぼっちでリュウくんを育てねばならないという不安感から，継父のリュウくんへの虐待に加担し，また自らもリュウくんをお荷物と思ってしまっていたことを話すことができるようになりました。環境が整えば，またリュウくんと一緒に暮らしたいという希望も表現するようになってきました。

地域子育て支援センターの相談員とは，育児以外のことについてもいろいろ相談し頼ることができる間柄となり，孤独な育児から解放されてノビノビと子育てを楽しめるようになりつつあります。

○継父の変化

印刷工場の工場主と民生委員の支援によって，仕事にも徐々に慣れ，勤務態度も向上してきました。

初期の児童養護施設における面接ではぎこちなかったリュウくんとのやり取りも，徐々にスムーズになってきました。

5 今後の課題

孤立し，さらに経済的に不安定な状態のなかで子育てを行ってきたリュウくんの母親と継父でしたが，さまざまな人たちの支援のなかで，徐々に生活状況を安定させることができてきました。

児童相談所児童福祉司および児童養護施設のＦＳＷは，月に１回の面接に加えて，月に１度，週末にリュウくんを帰宅させる練習をする提案をしました。母親も継父も，不安そうではありましたが，その提案を受け入れました。

もちろん，一朝一夕にリュウくんの帰宅がうまくいくはずはなく，リュウくんが帰宅するとどうしても継父の攻撃性がひき起こされたり，また帰宅後にはリュウくんの児童養護施設内の幼児に対する攻撃性が一時的に増すなどの繰り返しのなかで支援を継続することになります。

ひとつ進歩したと言えるのは，リュウくんがトラブルを起こした際，母親が継父やきょうだいの側ばかりに立たずに，状況を客観的に見極め，トラブルをさばくことができるようになったことです。

女性センターのカウンセラーと地域子育て支援センター相談員の支援のなかで，母親としての強さを取り戻すことができつつあるようです。

（鈴木崇之）

II 「自立支援」に関する基本的な理解

1 「自立支援」という言葉の意味

▷1 自立
①自分で生計を立てること。ひとりだち。②他に属せず自主の地位に立つこと（久松潜一監修『新装改訂 新潮国語辞典――現代語・古語』新潮社，1984年）。

▷2 依存
よりかかって，存在すること（久松潜一監修『新装改訂 新潮国語辞典――現代語・古語』新潮社，1984年）。

▷3 パラサイト・シングル
「学卒後もなお親と同居し，基礎的生活条件を親に依存している未婚者を言う」と定義されている（山田昌弘『パラサイト・シングルの時代』ちくま書房，1999年，11頁）。パラサイトは寄生虫，シングルは独身の意味。

▷4
秋山智久は，「微笑む」ことについて水野源三という詩人のことを紹介している。この人は，ALS（筋萎縮性側索硬化症）の重度障害者で，動かせるところはただ一つまぶただけであった。水野は母親のサポートにより詩を書き始めた。そして彼はいう。「私

図II-1 自立と依存との基本的な関係

1 自立と依存について

　私たちが「**自立**」のことを考えるとき，対極にある言葉として「**依存**」のことを思い浮かべる人も多いでしょう。そこには自立は良いことである，自立はすべきである，また，アルコール依存症，**パラサイト・シングル**などの言葉に含まれるところの依存は良くない，依存はすべきではない，それらが自立や依存に対して多くの人が抱くイメージではないでしょうか。確かに素朴に自立と依存を天秤にかけた場合，望ましい価値としては自立に軍配が上がるでしょう。

　われわれ人間は，成人としてこの世に生まれるのではありません。自分自身では何もできない赤ちゃんとして生まれます。人間となるプロセスのなかで，自立からすれば，一番遠い存在です。すなわち，人間は人間に全面的に依存をしなければ生きていくことができない存在としてこの世に生を受けるのです。1920年にインドで，洞窟から発見された二人の少女は狼に育てられていましたが，人間社会に戻っても二人の少女は，人間よりも犬の方を自分たちの仲間と感じていたと言われています。人間に育てられることにより人間となるのです。人間に育てられなければ，人間にはなれないのです。

　国語的な意味では，「自立」と「依存」との境界はとりあえずあると考えていいでしょう。しかし，生身の人間に自立と依存をあてはめていくと，言語レベルではその境がはっきりしません。自分ではある程度，自立していると思っていても，他者から見るとそのようには見えなかったり，私の思いと周囲の思いとのギャップがあることは珍しいことではありません。

　大雑把な理解として，年齢を重ねるということは，自立度を高め，依存度を低めるプロセスでもあります。その出発点に立っている赤ちゃんは親から一方的にケアしてもらっているかのように外見的には見えます。ところが，親はわが子から"**微笑み**"をもらったり，親として成長していく喜びを得られているのです。赤ちゃんは親に対して十分，精神的な貢献をしているのです。このように個別具体的な場面で，「自立」と「依存」との関係をみると，人が生きるとき，「自立」と「依存」とが明確な線で区切られているというより，図II-1のように，「自立」という面と「依存」という面とが相互に交わって，環境や時間的な流れのなかで変化すると考える方が自然ではないでしょうか。また，自立と依存とが交わる

ところでは，自立的依存や依存的自立という現実的な人の姿が見えるのではないでしょうか。

2 「自立」と「支援」に関する4つの次元

「自立支援」という言葉は，「自立」と「支援」の2つの単語が組み合わさったものであり，素直に読めば，「『自立（すること）』を『支援』すること」と読み取れます。

図Ⅱ-2は，縦軸に「自立度」という状態像，横軸にニーズ（支援の必要）に基づく「支援の提供の程度」を設定し，自立と支援との関係を単純に図式化したものです。

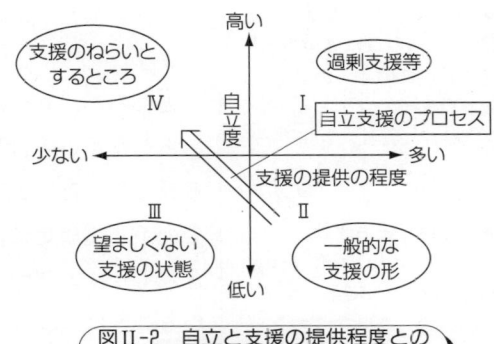

図Ⅱ-2 自立と支援の提供程度との基本的な組み合わせ

①次元Ⅰ：「利用者本人はできるのに，支援の提供をしてしまう」などがあげられます。具体的には，実習生が施設に入った当初，子どもたちのできることとできないこととがよくわからず，その子どもができることまで実習生がやってしまい，職員から注意を受ける場合などが考えられます。これを「過剰支援」と呼ぶこともあります。

②次元Ⅱ：「〜ができないので（〜のニーズがあるので），〜の支援をする」ことで，一般的な支援の形です。できない部分への支援であり，支援の方向としては，自立度と支援の提供の程度が交わる中心点に向かう関わりが基本になります。ただし，障害や難病をもつ子どもたちに対しては，できることの拡充よりもできないことの増加を防ぐことも重要な関わりになってきます。

③次元Ⅲ：「〜ができないのに（〜のニーズがあるにもかかわらず），〜の支援をしない」ということで，職員の不適切な関わりから虐待などの犯罪まで，また，関わる側が本来的には支援が必要であるにもかかわらず，支援の必要がないという判断をして，支援の提供ができていない場合などが考えられます。

④次元Ⅳ：理念的には，「自立支援」の目標とする次元となります。つまり，次元Ⅱの端から中心に，さらには，次元Ⅳの端へと向かうことが自立支援のプロセスとなるとも考えられます。

3 近代的な人間観と自立概念の拡大

以上の次元を貫くものとして，自立支援の前提に，「人は自立すべき存在」「自立することが正しいことであり，善であるという考え方」があります。これは，人間を人間たらしめている近代的な人間像です。佐藤幹夫は人間を人間とさせているものとして，「言語をもつこと，労働（生産活動）をすること，そのことを媒介として他と交流し，社会を営むこと」をあげています。そして，自立した大人になるための支援の結果として経済的自立（自活），身辺自立，精神的自立，社会的自立（時間や約束が守れる）が生まれます。これは障害を

は何もできない。私はただ微笑むだけ」と。微笑んでくれて不快に思う人がいるだろうか。赤ちゃんの微笑みは，側にいる者の気持ちを心地良くしてくれる，柔らかくしてくれる。馬やチンパンジーは歯をむいて笑うけれど，人間は社会的に生きるために，「微笑む」という笑いを人類が進化する歴史の中で獲得してきたのである。
秋山智久・平塚良子・横山穣『人間福祉の哲学』ミネルヴァ書房，2004年，20頁。

▶ 5 西 研・佐藤幹夫『哲学は何の役に立つのか』洋泉社，2004年，92頁。

もたない人たちや障害をもったとしても中軽度の人たちにはある程度当てはまります。

ところが、それには乗らない人たちの一群があります。詩人水野源三をはじめとした重い障害をもった人たちです。知的障害養護学校（現：特別支援学校）教員であった佐藤は、言葉が話せない子ども、足元がおぼつかない子ども、自分の手さえ満足に使えない子どもなどとの日々の関わりのなかで、「彼らはまぎれもなく人間である。この感覚は動かし難い」と言い、教育の現場で行っていることは人間の「幅」を拡げることであると述べています。このことは、アメリカの**自立生活運動**[16]による自立の考え方[17]につながります。口の前に運ばれた牛乳を飲むか飲まないかというのは、その子どもの自己選択という自立であるとの見方を可能にします。

つまり、自立というのは一つの尺度があって、それに当てはまるものは自立、当てはまらないものは自立ではないと考えるのではなく、自立には相当の幅があり、環境やその人の生き方などと絡めて柔軟に考えることが、人として生を受けたすべての人間の自立を考えるときの基本になるのではないでしょうか。

❹ 自立支援のための2つの出発点

◯ 依存することの大切さ

千葉県ではじめて**自立援助ホーム**[18]を立ち上げた高橋克己[19]は、児童養護施設などの職員だった経験も踏まえて、自立援助ホームに来る子どもたちのことを「頼るものがない人たち」と見ています。頼りたくても頼れない歴史を歩んできた子どもたちです。そして、自立を「上手に人に頼る力（施設の子どもたちが苦手とする部分）」と位置づけています[10]。わが子を授かった自立援助ホーム出身の女性が、高橋のところにやってきて、どうやって子どもを育てたらいいかわからないと相談をもちかけます。育てられる経験（保護される体験）が、育てる経験につながっているのです。

施設実習に行った学生たちは、振り返りのなかで、利用者との信頼関係が大切であることをよく口にします。それは信頼関係というものを学生たちが体験していて、知っているから口にできるのです。実習中、学生たちは子どもたちに頼ってきて欲しいと願います。しかし、頼るべき大人たちとの出会いがその子になければ、頼っていいのかどうか、どのように頼ればいいのか、わからない子どもがそこにいます。

直立の姿勢から、後方に倒れ、他者に支えてもらう行為があります。倒れる前にもしかしたら相手が支えてくれないかもしれないと考えたら、怖くて支え手に体を任せて、倒れることはできません。倒れてもちゃんと支えてくれるという安心感が、支え手になったときの原点になるのです。まさに依存と自立というのは、合わせ鏡のような関係にあります。

▷6 西 研・佐藤幹夫『哲学は何の役に立つのか』洋泉社, 2004年, 93頁。
佐藤幹夫『ハンディキャップ論』洋泉社, 2003年, 141～142頁。

▷7 自立生活運動
Independent Living Movement の訳語。
自己決定こそ自立であると考え、2時間かけて自分で服を着るよりも、人の力を借りて10分で服を着て、残りの時間を社会での活動に使った方が自立している、そのために人の手を借りることはかまわないという主張を展開している。
佐藤久夫・北野誠一・三田優子『障害者と地域生活』中央法規出版, 2002年, 12頁。

▷8 自立援助ホーム
⇒ V-7 参照。

▷9 2004年4月に千葉県内にはじめてNPO法人による自立援助ホーム「人力舎」（人は人の力で生きるからというのが命名の由来）が開設された。高橋はそこのホーム責任者（「読売新聞」2005年6月28日）。

▷10 1979年NHKテレビドラマ「車輪の一歩」（『男たちの旅路』）は、社会のなかで障害をもって生きることの意味を問うた作品。いつも周囲に対して遠慮しながら生きているという車いすの青年に対して、警備会社の社員（鶴田浩二）は「障害をもつことは特別な人生を生きている」「社会の常識が君達を縛っている」「もっと他人に迷惑をかけてもいいじゃないか、いやかけるべきだ」と説いている。

介護の世界においても、良質の介護を提供しようとすれば、ケアを受ける体験がとても大切であると言われています。ケアを受ける体験とは依存を体験するということです。介護技術の講習会の、主たる目的は、介護技術を習得するためのものですが、そこではロールプレイでオムツをはいたり、食事を介助してもらう役割を担います。依存の擬似体験といってもいいでしょう。

介護技術の習得は、利用者へのケア提供という経験を積むことによって上達します。そして日常の業務のなかにそのことは組み込まれています。しかしケアを受ける場は、研修など非日常的な場でしか体験できません。ケアを提供するとき、「相手の立場に立って」ということが言われますが、すなわち依存する立場に立つということは、ケアを提供する側より難しいのかもしれません。

◯支え合うことの思想

森岡正博（哲学者）は、「近代社会というのは、自律した個人を基盤として成立しているので、自己決定や個人の自律という話が多い。しかし、これからの社会では他人によって支えられなければならない人が増えてくるので、自主独立（independence）の発想ではなく、むしろ依存（dependence）の発想が問われるのではないか」と、米国での障害者問題の集まりで発言しています。それに対してその集まりに参加していたある女性は、「今求められているのは、自主独立でもなく依存でもない、相互依存（interdependence）である」と述べています。さらにアメリカでのこの体験をもとに、「これからの大人像として、他から支えられてはじめて生活でき、自己決定できること、つまり『他から支えられ、他を支えてゆく』人間が、高齢社会を構成する基本的な人間になるのではないか」と述べています[11]。日本的にいえば、「お互い様」につながる考えといってもいいでしょう。また、「私は一人ではない」という考えに行き着く思想でもあります。

▷11　森岡正博編『「ささえあい」の人間学』法藏館，1994年，15～20頁。

児童期は、対親、対教師、対地域、もっと広く対社会との関係で言えば、「支えられる関係」が主となります。友人同士では「支え、支えられる関係」を経験します。そこでは、自らの人間関係を問い直したり、解決すべき課題に対して取り組む力を獲得することになります。これらは自己決定による自立の源泉となりますが、多くの人の協力や援助があってはじめて身につく能力と言えるでしょう。

自立支援とは、他からの支援を一切受けずに独力で問題を解決することではありません。関係の網の目を使って、SOSを適切に発信できることです。この脈絡から言えば、いじめによる最悪の結末は、まさに「支えられる関係」や「支え、支えられる関係」が遮断された状態の結果と捉えることができるでしょう。

（宮本秀樹）

II 「自立支援」に関する基本的な理解

2 「自立支援」に関する歴史的理解

▶1 リハビリテーションの訳語が,「更生」。リハビリテーションの元々の意味は,「権利・名誉・資格の回復」。リハビリテーションとは,要支援・要介護の高齢者等が手足を動かす機能回復訓練だけを意味するのではない。

▶2 資力
　働ける能力,扶養能力,資産の活用など。

▶3 2005年度より,「生活保護自立支援プログラム」がスタートした。厚生労働省の通知によれば,「自立」を①就労自立,②日常生活自立,③社会生活自立の3つに整理している。これまでの「自立助長」の自立とは,生活保護から脱却することとほぼイコールの関係であったが,この「新しい自立」においては,生活保護を受けながらの自立も守備範囲内であり,自立の範囲が拡大している。

▶4 措置制度
措置制度とは,行政庁が行政処分によりサービス内容・事業者を決定する仕組みのことをさす。社会福祉行政における措置とは,都道府県知事や市町村長(措置権者)が社会福祉の対象者に対して社会福祉サービスを行う行政処分のことをさす。家族の意向を無視して施設に強制的に本人を入所させるということはない

1 保護・救済を踏まえての自立支援

　1949(昭和24)年に成立した身体障害者福祉法は,社会福祉関連の法律において,児童福祉法についで戦後2番目にできた法律です。法案検討の際,法律の性格を保護法とするか更生法とするかが争点の一つとなりました。さまざまな角度から議論された結果,更生法を基本的性格とし,その更生に必要な限度において,保護を行うことになりました。対象となる障害の種類・程度も,職業復帰が期待できない重度障害者は,当初,法の対象から外れていました。その後は,身体的更生や職業的更生を超えて,重度障害者への援護に向け,法は改正を重ねていきましたが,制定時は経済的自立等が可能な人に限定された「自立支援」からの出発となりました。

　1950(昭和25)年に成立した生活保護法は,第1条の法の目的に「自立助長」があげられ,その文言は今日においても変わっていません。自立助長の内容や範囲,方法などについてはさまざまな議論がありますが,簡単に言えば,国民の生存権として,健康で文化的な最低限度の生活を営む権利の保障を国家は行うが(憲法第25条),その人の**資力**に応じた主に経済的自立の必要を述べたものです。

　1951(昭和26)年には,社会福祉を目的とする事業の全分野における共通的基本事項を定めた社会福祉事業法が成立しました。自立と保護との関係を考えるとき,社会福祉事業法から生まれた「**措置制度**」の理解が重要となります。社会福祉事業法は,「公の支配に属さない」民間社会福祉事業への公金支出禁止の規定(憲法第89条)に対して,社会福祉法人をつくり,これを「公の支配」のもとに置き,施設等が福祉サービスを利用者に提供した際,それを措置制度のもとに買い上げる仕組みをつくりました。措置制度とは,行政(公)が福祉サービスの提供等を主導的に決定するシステムであり,戦後50年間,わが国の社会福祉の大きな柱となりました。大雑把な理解ですが,措置制度のもとでの人間観を仕組みから概観すれば,まずは公的なシステムのなかで福祉サービスを必要とする人たちの保護・救済を行い,自立できる人は自立してくださいというものでした。

　現在,障害や高齢に伴う福祉サービスを利用するとき,「契約」の締結が普通のことになりつつありますが,「契約」の前提には,福祉サービスの提供を

受ける側と提供する側との対等・平等の関係が存在していなければなりません。しかし，措置の法的な性質として，行政庁が一方的に決定を行うことなので，措置制度からは契約の土壌は育たないのです。

今でこそ地域福祉や在宅サービスなどの言葉が普通に語られる時代になっていますが，日本の社会福祉はこの措置制度を背景として，在宅福祉よりも施設福祉，いわゆる"箱物づくり"から出発し，それを大きく展開してきた歴史があります。それは障害者福祉，高齢者福祉，児童福祉の各領域ともそうでした。

施設福祉の発想として，これまでは「自立支援」よりも「保護・救済」が重視されてきたと言えるでしょう。入所施設は，そのなかで生活ニーズのほとんどをまかなえる機能を施設にもたせてきた歴史があり，保護・救済が中心的機能であったことは，仕組み上の限界でもありました。また，保護者も保護・救済の役割を施設に求めてきた背景があったこともそれを後押ししています。

京極高宣は，社会福祉の基本理念は「自立支援」であるべきだと主張し，アメリカの障害者**自立生活運動**の日本への影響を受けて，「『障害者もできることは自分でやり，できないことはまわりの支援でやるべき』という『個の自立』への支援を障害者に限らず，高齢者福祉，児童福祉，貧困対策などすべての社会福祉の基本理念とすべきである」と述べています。さらには「個の自立」をもっと推し進めて，たとえ自分でできることでも，時間がかかり過ぎて，社会参加等に制限が加わるのであれば，それを他の人に頼むことも「個の自立」と位置づけることも可能です。「できることを人に頼むこと」，一見すれば，依存のような印象を受けますが，自立のあり方の一つとして考えられるのです。

2 「保護・救済」から「自立支援」へ

「個の自立」や「自立支援」という理念を実現するためには，福祉サービス提供体制の関係上，「公の支配」という規制を緩和する必要がありました。

1995年に社会保障制度審議会が「社会保障制度体制の構築――安心して暮らせる21世紀の社会を目指して」という勧告をまとめました。同勧告は，社会福祉の理念が，「保護・救済」から「自立支援」へ転換する契機の一つであったと京極は述べています。1995年というのは，1990年の老人福祉法等福祉関係八法改正と2000年の社会福祉法の中間点にあたります。

1990年の老人福祉法等福祉関係八法改正においては，措置制度は存続されましたが，在宅福祉サービスの法定化や身体障害者福祉関係の市町村への一元化がなされました。「公の支配」が緩み始める契機と読み取ることができます。そして，1995年の上記勧告を経て，2000年の社会福祉法の成立や介護保険法の施行に伴い，措置制度そのものが原則廃止となり，本格的に「契約」の時代に突入しました。また，2006年4月から障害者自立支援法が施行されていますが，これも福祉サービスの利用の際には，「契約」が必要になっています。

が，基本的に施設をどこにするかといった選択権は家族や本人に保障されないシステムになっている。

▶5 小笠原浩一・武川正吾編『福祉国家の変貌』東信堂，2002年，95頁。

▶6 自立生活運動
⇒ II-1 参照。

▶7 京極高宣「今，求められている自立支援」全国社会福祉協議会『月刊福祉』2006年7月号，12～13頁。

▶8 京極高宣「今，求められている自立支援」全国社会福祉協議会『月刊福祉』2006年7月号，14頁。

小笠原浩一は，1990年代を「3つの分権」という視点で捉えています。第1の分権を政府間分権というもので，国と地方自治体との権限の配分関係の見直しです。第2の分権は，NPOや社会福祉法人以外の法人など民間企業の参入が許される，福祉サービス供給における官から民への権限のシフトです。第3の分権は福祉サービスの実施における個人の決定権を重視する個人への分権です。つまり，自立支援という理念を実現するために，「公の支配」を解いていくことが必要であり，その結果として，契約の当事者である個人がむきだしになる時代に入ったと捉えることができるでしょう。対等な関係を前提とする契約の当事者になるということは，厳しさと責任が問われるということです。契約の時代に入るということは，トラブルが発生したとき，原則的には，福祉サービスに関係する当事者で，問題を解決してくださいということが出発点になってきます。当事者間の問題処理能力が問われるのです。

契約時代の訪れに伴い，措置制度の時代とは異なる不都合が生じる可能性が大となります。したがって，ある一定の人達を守る権利保障の仕組み（**日常生活自立支援事業，成年後見制度，苦情解決制度**など）が必要となってきます。そして，最終的なセーフティネットは，訴訟（裁判）となります。

介護保険法にしても，障害者自立支援法にしても，特徴の一つに地域の限られた社会資源の活用ができやすくするための「規制緩和」があげられます。「規制緩和」ということは，事業参入に際して，福祉サービスの提供者に対して垣根を低くすることであるし，より市場経済化していくことです。規制というのは，言葉を変えれば，ある種の「保護」です。「規制緩和」というのは，規制を外していくこと，すなわち，保護が削られていくことでもあります。介護保険法も障害者自立支援法も基本的な考え方は，利用者に対する「自立支援」ですが，「自立支援」によって得られる人間としての尊厳とは別に自己責任やリスクを分担しなければいけないのです。これが「個の自立」につながるという考え方になります。

③ 児童福祉における自立支援

以前は，高齢者というのは介護サービスを受ける側として位置づけられていました。しかし，介護保険法においては，その主たる目的を「保護」から「自立支援」に大きく方向転換しました。高齢者を介護サービスを一方的に受ける側から，同時に65歳以上になっても保険料を負担する支え手にもしています。相互に「支え合う」ことにより，自立支援を実現しようという姿勢です。加齢に伴う生活障害があっても，自立した生活を目指し，その目的を達成するために必要に応じて保護の提供を受けると理解していいでしょう。

児童の場合，発達期という人が大きく変化する時期のなかで総合的な生活力を獲得しなければいけません。自立と保護，自立と依存との関係においても述

▷9 小笠原浩一・武川正吾編 『福祉国家の変貌』東信堂，2002年，170頁。

▷10 日常生活自立支援事業
地域福祉権利擁護事業が名称変更され，2007年4月より，実施されている事業。知的判断能力が不十分な人に対して，自立した生活を営むことを目的に，公共料金・家賃の支払い，預金通帳等の書類預かりなど，福祉サービスの利用援助等を行う。

▷11 成年後見制度
知的な判断能力に欠く認知症や知的障害者のために第三者による財産管理，日常生活における金銭管理，さまざまな手続きの代行などの援助等を行う。

▷12 苦情解決制度
2000（平成12）年の社会福祉法に新たに規定された制度。施設経営者が，利用者や家族の苦情に対し，適切に対応し，その解決に努めなければならないとした。苦情解決のためには運営適正化委員会の調整，協力義務なども含まれる。
⇒ Ⅶ-4 参照。

▷13 ⇒ Ⅱ-1 参照。

べましたように，依存や保護の体験が自立の土壌づくりには必要不可欠なものになります。さらに児童は，将来の社会の支え手としては期待されていますが，高齢者と違って，児童が現役の支え手になることはできません。この2点は児童の自立支援を考えるときの重要な留意点です。

児童福祉施策レベルにおける「保護」と「自立支援」との関係ですが，1997年の児童福祉法改正において児童養護施設，児童自立支援施設，母子生活支援施設が保護の場だけでなく，児童一人ひとりの自立を支援する場として位置づけられました。また，2004年の児童福祉法改正においては，乳児院，児童養護施設，児童自立支援施設，母子生活支援施設，情緒障害児短期治療施設について，退所児童のアフターケアが本来業務として位置づけられました。さらに個の自立と関連する支援体制の分権化の視点でいえば，市町村が児童に関する相談の一義的な窓口として位置づけられたことも着目すべき点です。

児童を保護するというとき，それはある特定の児童が何らかの事情で保護が欠けているので，一時保護所に緊急避難させる，施設において保護を要しない状態になるまで，その子どもを預かるといった，ある程度具体的なイメージが湧くでしょう。つまり，"今，ここで"という緊急の対応が求められるのが特徴です。事例によっては時間的な猶予がある保護もありますが，一般的には，適切な保護という対処がすぐに求められる性質があります。虐待死やいじめによる自殺事件などを連想すれば，そのことは容易に理解できるでしょう。

一方，自立支援の目的の一つである，児童を次世代の大人にするといっても，日常生活で自活できること，対人関係能力を獲得すること，教育を受けること，働き手になるための知識・技術を身につけることなど社会が用意している制度・装置は多岐にわたっています。自立支援は，長期かつ継続的な関わりののちに，結果が出てきます。たとえば，自立支援との絡みで言われる**ニート**の問題もしかりです。突然，ニートになったのではなく，その人と周囲との関わりの積み重ねのなかで，ニートという状態が誕生すると理解すべきでしょう。

障害者施設に実習に行った学生が，日常的なケア場面で，利用者のサポートをしようとしたら，「自立支援」の観点から介助しないようにと指導を受けています。これは，児童ではなく，障害者領域での話ですが，「保護」と「自立支援」との関係が現場では混乱している面もあるでしょう。2006年10月千葉県では「障害のある人もない人も共に暮らしやすい千葉県条例」が制定されました。教育・雇用・福祉などさまざまな分野にわたる約800の事例から差別の定義をつくりました。

「自立支援」にふくらみと奥行きをもたせようとすれば，上記条例制定過程のように現場からの事例を蓄積することが，自立支援の内容と方法の確立につながり，ひいては，現場の混乱を解決する元になると思われます。

(宮本秀樹)

▷14 ⇒ II-1 参照。

▷15 ニート (Not in Education, Employment or Training)
わが国では，厚生労働省と内閣府の2つの定義が混在している。厚生労働省の定義は，「非労働力人口のうち，年齢15歳～34歳，通学・家事もしていない者，学籍はあるが，実際は学校に行っていない者，既婚者で家事をしていない者」。
ニートに関しては VI-3 に詳述。

II 「自立支援」に関する基本的な理解

3 事例を通して理解する①
児童養護施設における自立支援

▷1 ADHD（注意欠陥多動性障害）
多動性，不注意，衝動性を症状の特徴とする発達障害のひとつ。その症状によりさまざまなタイプがある。

▷2 愛着関係
ジョン・ボウルビィ（Bowlby, J. M.）の愛着理論による。子どもは，他者を求め他者に接近しようとする行動（愛着行動）をとり，それを受けとめてくれるある特定の存在に対して愛着を示すようになる。やがてその存在によって自分や世界に対する信頼感を獲得することができるようになる。

1 事例の概要

図II-3は，離婚母子家庭で，育てにくい子として母親から身体的虐待を受け，児童養護施設に入所した小学校2年生の男の子（シンゴ）について，施設入所から家庭引き取りまでの支援経過をまとめたものです。入所時，シンゴくんは児童相談所から **ADHD**[1] という発達障害を抱えていると診断されていました。

2 支援経過

○職員との関係構築（前期）

シンゴくんは施設に入所してすぐ，職員に対して挑発的な態度や暴言などの試し行動をとるようになりました。これは虐待再現行動と呼ばれ，虐待的な環境で育てられ，本来親との間でつくられるべき**愛着関係**[2]が形成されてこなかった子どもが，新たに大人との関係をつくろうとする時に多く見られる行動です。

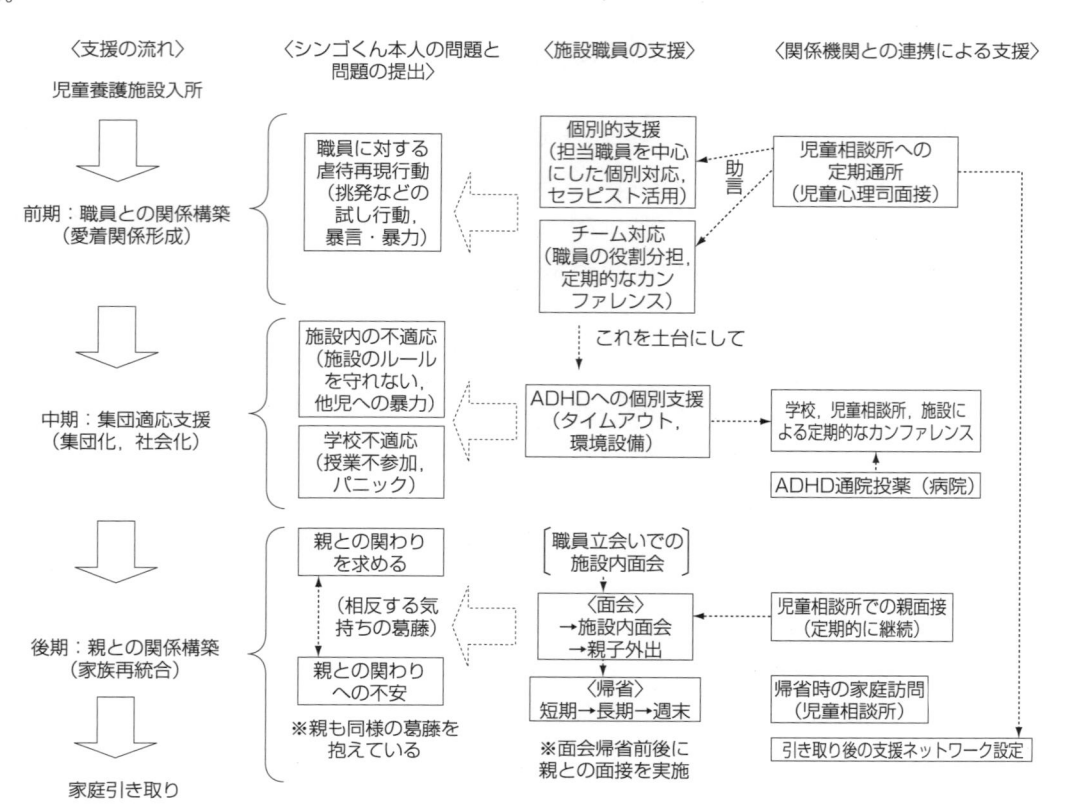

図II-3 児童養護施設におけるシンゴくんへの支援経過

〈支援の流れ〉／〈シンゴくん本人の問題と問題の提出〉／〈施設職員の支援〉／〈関係機関との連携による支援〉

児童養護施設入所
↓
前期：職員との関係構築（愛着関係形成）
- 職員に対する虐待再現行動（挑発などの試し行動，暴言・暴力）
- 個別的支援（担当職員を中心にした個別対応，セラピスト活用）
- チーム対応（職員の役割分担，定期的なカンファレンス）
- 児童相談所への定期通所（児童心理司面接）／助言

これを土台にして
↓
中期：集団適応支援（集団化，社会化）
- 施設内の不適応（施設のルールを守れない，他児への暴力）
- 学校不適応（授業不参加，パニック）
- ADHDへの個別支援（タイムアウト，環境設備）
- 学校，児童相談所，施設による定期的なカンファレンス
- ADHD通院投薬（病院）

↓
後期：親との関係構築（家族再統合）
- 親との関わりを求める／（相反する気持ちの葛藤）／親との関わりへの不安
- ※親も同様の葛藤を抱えている
- ［職員立会いでの施設内面会］〈面会〉→施設内面会→親子外出／〈帰省〉短期→長期→週末
- ※面会帰省前後に親との面接を実施
- 児童相談所での親面接（定期的に継続）
- 帰省時の家庭訪問（児童相談所）
- 引き取り後の支援ネットワーク設定

↓
家庭引き取り

ここでは，担当職員との1対1の時間を意図的に生活に盛り込むなど，個別的な関わりを重視しました。また，このような対応によって担当職員が虐待的な関係に巻き込まれてしまうのを防ぐために，職員間で定期的にカンファレンスを開き，それぞれの役割を確認しながらチームとして担当職員を支えました。担当職員が職員集団に支えられながら，シンゴくんをまるごと受けとめていくことにより，シンゴくんは担当職員に対して少しずつ愛着を寄せていくようになりました。

○**集団適応，学校適応（中期）**

担当職員との関係が落ち着いてくるなかで，施設内では集団のルールが守れなかったり，カッとなると他の子に暴力をふるったりするという問題が顕著となり，学校では，先生から注意を受けたり，他の子とトラブルになったりすると興奮状態に陥り，なかなかそれが収まらないという問題が起きてきました。

彼は虐待の影響により，人と関係をつくることが苦手です。加えてADHDであることが，集団や学校への適応をさらに難しくしていました。施設では，前期の個別的支援を土台にしながら，それを学校と共有するために定期的にカンファレンスを開き，またADHDへの具体的支援として病院への通院や，**タイムアウト**[3]，**環境整備**[4]などの支援技術を実践しました。彼の行動を矯正するのではなく，被虐待体験とADHDという彼の特性を理解し，支援者が適切に関わることによって，暴力やパニックを回避することができ，彼自身がうまくいった体験を積むことで少しずつ適応手段を学んでいくことができました。

○**家族再統合**[5]**（後期）**

入所後1年半が経過しました。施設ではこれまで，職員立会いのもとで母親との面会を定期的に実施してきました。シンゴくんは面会を楽しみにしながらも，実際の面会場面では母親にうまく甘えられないという葛藤を抱えていました。しかし，施設での生活が安定してきた頃からシンゴくんは自然に母親に甘えられるようになり，「家に帰りたい」という思いも口にするようになりました。

児童相談所との協議のうえ，段階的に母子で過ごす時間を増やし，場所も施設内から外出，さらには家への帰省という形で，ステップアップしていきました。ここで大切なのは，児童相談所と協力してその都度シンゴくんの気持ちを確認し，問題があったらすぐにストップするという体制をとったことと，同時に母親にも児童相談所に通ってもらい，シンゴくんとの関わりを振り返ってもらうという支援を行ったことです。その後，約1年かけて母子関係を修復し，シンゴくんは家庭引き取りとなりました。

○**シンゴくんにとっての自立支援**

これまで見てきたように，児童養護施設におけるシンゴくんの支援は，「育ち」や「育ちなおし」への支援であり，支援の一つひとつが次の支援を行うための土台となることが，大切な意味をもっています。

（児玉　亮）

▷3　タイムアウト
子どもが興奮して手がつけられなくなったときに，あらかじめ決めておいた隔離されたスペースに連れていき，一定時間過ごさせて落ち着かせる，という手法。

▷4　環境整備
①視覚・聴覚刺激の少ない環境をつくる，②いつも使う物の置き場所を決めたり，あらかじめスケジュールを決めるなどの枠組みをつくる，③アラームや声かけなどにより行動するきっかけをつくるなど，障害の特性に合わせて環境を整備すること。

▷5　家族再統合
⇒I-4参照。

II 「自立支援」に関する基本的な理解

4 事例を通して理解する②
児童自立支援施設における自立支援

○青年を支えた家族のきずな

　24歳の青年と，彼が働く居酒屋で久しぶりに会った。「おれの人生がドラマですよ」と，教護院を出てからの10年間を振り返って語る。中学2年のとき，私の勤務していた教護院に入所。中学卒業と同時に家庭に引き取られ，県立高校に進学。しかし，不良交友は止まらず，「首の皮一枚でつながっています」と，年賀状に書いてきた高校も10か月で退学になった。軌を一にして4歳上の兄が少年院へ。女手ひとつで育ててきた母を助けたのは，2歳上の姉だった。兄と弟の使ったシンナーを泣きながら台所で流した，という。高校中退後も落ち着かず，家裁や警察の指導を受けることも数回。親の思いが届かなかった10代。2年前，組を抜けた。正業に就いて社会生活を始めたばかりだが，「同年代との会話がとても新鮮」と語る。兄は建築業で汗を流す。青年は母と二人暮らし。「子どもに支えてもらっている。育ててよかった」という母の声が電話から聞こえた。子どもはいつか立ち直る時が来る。そんな親の思い，家族のきずなが青年の支えになったのだと心から思う。心地よい酔いで外気に触れ，青年とまたの再会を約束した。

（朝日新聞「声」，2000年12月21日）

○ツッパリ少年が今は社会で活躍

　梅雨空の下，31歳の青年と16年ぶりに再会した。外資系メーカーで働くその姿は自信にあふれ，16年前と比べ表情もとても穏やかになっていた。彼と出会ったのは，彼が中学3年生の時のことだった。彼は，非行少年として，児童相談所の措置で教護院に入所することになり，当時，院の職員として寮長・寮母をしていた私たち夫婦の寮舎で生活することになった。中学卒業後も，生活が荒れて少年院に入る時もあったが，とび職，トラック運転手などの職を重ねるうちに成長していった。大卒がほとんどという今の職場で，中卒での採用内示を受けた時，思わず「本当に僕でいいのか」と面接官に尋ねたという。面接官は，彼の努力と人柄，将来性を見込んでくれたのだと思う。彼は母子家庭で育ったが，「親を責めることで，自分の行為を正当化したくなかった」と話してくれた。奥さんと子供の理解もあり，来年には海外に派遣される。若い人の飛翔を目の当たりにして，教育や福祉の力を改めて感じた。「昔は『ツッパリ』と，普通の子との境界がはっきりしていましたね」。笑いながら語る青年の目は，輝いていた。

（読売新聞「気流」，2003年7月7日）

Ⅱ-4 事例を通して理解する② 児童自立支援施設における自立支援

　二人とも，かつて筆者が教護院（現・児童自立支援施設）で担当した青年です。ひと昔前の子だったから，このように周囲の者に感謝の言葉を発することができるのでしょうか。今の子にはとても望めないことなのでしょうか。新聞の読者欄への私の投稿例から考えてみたいと思います。

　かつては「ワル」だった彼らも，児童相談所の説得で入所しました。それでも，前者の青年は予定時間を2時間もオーバーし，不承不承の入所。そのとき，私は彼に「天気がよいので君の布団を干して待っていた」と，歓迎のエールを送ったことを思い出します。学力も優秀だった彼は，体力の回復とともに内に秘めていた力を学園生活でどんどん発揮して，寮集団のリーダーにも成長し，周囲から一目置かれる存在になりました。県立高校の入試は5番以内で合格。その後の挫折はいっぱいありましたが，まだ若い。取り返しはできるのだと思います。

　後者の青年は，中学校の副番長でした。額にはそり込みが入り，目つきも鋭く，見るからに「ワル」でした。一年間の施設生活で体質改善したものの，退園直後に車の窃盗で少年院送致。少年院からの手紙には，担当寮長へのわび文が綴られていました。少年院を仮退院するとき，母親は引き取りを拒否。幼いころに離婚していた父親に引き取られます。その後，職場を数回異動し，先輩から声をかけられたところが外資系メーカーの研究職でした。就職直後，「バカ！　アホ！」と先輩からのいじめに遭う。「文句を言う奴も，人間としては認められないが，仕事ができる奴だった。何を言われてもついていくだけだった。実力を見せるしかない。口で何を言われても，仕事を盗もうと思った」。就職面接は4回に及びます。「本当に僕でいいのか」と聞くと，「立ち上げの時期にぜひほしい人材だ」と言われます。大学卒が多い職種だが，今は新任者研修を担当し，英会話も駆使しています。日本の企業では考えられない，外資系ならではの登用だと痛感します。

　かつて，児童養護施設出身者のアフターケアの担当者から「いつまでも自分の不遇を親のせいにしたり，施設で生活する事実を乗り越えられない子は，なかなか自立できない」と聞いたことがあります。自分の劣悪な環境を受け止め，そこから歩み始める。そこには，「価値ある人物との出会い」が自立の支えになるのだと思います。「居場所」とは単なる物理的な空間ではなく，喜怒哀楽を十分に気兼ねなく表出できる，安心できる場です。安心できる場があって，はじめて人間はそこで何かをすることができます。将来に向けて努力を積み重ねていくことができるのだと思います。「帰属性は，そこが自分にとって受けとめ手のいる場所であると感じたときに生まれるものです。また受けとめられているという感覚が深ければ深いほど，帰属性は確かなものになるのです。もちろん受けとめ手は特定の人であるだけでなく，その人を含んだ場でもある」のです。

（小林英義）

▷1　E. H. エリクソン，小此木啓吾訳『自我同一性——アイデンティティとライフ・サイクル』誠信書房，1973年。

▷2　芹沢俊介『家族という暴力』春秋社，2004年。

Ⅲ 児童福祉施設におけるそだちと自立支援

1 児童福祉施設で生活するということ①
児童福祉施設とは

1 児童養護施設を卒園して

○施設で暮らす子どもの気持ち

　「卒園して生活の重みを感じました。簡単に言うと『すべて自分の力でやらなければいけない』ということです。学園にいた時は，くだらないことでも文句を言っていた時のほうが何倍も楽でした。そんななかで，自分も夢をもって頑張っていくのは，かなりつらいことです。現実を突きつけられて，泣きたくなることさえあります。そう思うと，学園での生活が懐かしくなってきます。どんなに不満があったとしても住・食については困ることはありません。学園のいいところだけ見ると，なんて楽でいいところなんだと，ずるい考えをしてしまうこともあります。
　結局，生活している時は嫌なところばかり見えていて，こんなところ早く出たいと思うのに，世の中に出てつらいと思うと，学園の生活のほうが良いと思ってしまうのです」[1]
　これは，ある児童養護施設を卒園した子どもの作文です。施設で暮らす子どもたちもこの作文に書かれているように，社会に出て自立することの大変さを率直に語っています。そして，いまでは，児童養護施設は児童の「保護・養育」から「自立支援」に移行しています。

○児童養護施設と「自立支援」の方向

　児童養護施設は「自立の支援とは，施設内において入所児童の自立に向けた指導を行うことの他，入所児童の家庭環境の調整や退所後も必要に応じて助言等を行うこと等を通じ，入所児童の家庭復帰や社会的自立を支援すること」を目的としています。[2]
　このような方向が提示されたことから，施設入所中から退所に向けた支援（リービングケア），家庭復帰（**家族再統合プログラム**[3]）のための支援，もしくは，施設退所後，おおむね1年の児童に対する支援として「児童養護施設等退所児童自立定着指導事業」（1997年）なども実施されてきています。
　ここでは，児童養護施設の例だけをあげていますが，児童福祉施設全体の新たな方向として「自立支援の方向性」が具体化されています。

2 児童福祉施設とは

　児童福祉施設は児童および保護者等に適切な環境を提供することを目的としています。そして，それだけではなく，児童の養育・保護・訓練もしくは育成

▷1 「子どもが語る施設の暮らし」編集委員会編『子どもが語る施設の暮らし』明石書店，1999年，187-188頁。

▷2 「児童養護施設等における児童福祉法等の一部を改正する法律の施行に係わる留意点について」1998年2月24日付厚生労働省児童家庭局長通知。

▷3　家族再統合プログラム
児童が一時保護あるいは児童養護施設等に措置され，親子分離がなされた後も，児童相談所が保護者・地域と調整を行ったりして，家庭復帰に向けて行う支援，もしくはプログラム。しかし，必ずしも家庭に帰れない児童に対しても家庭的養護の方向を考えていく。

III-1 児童福祉施設で生活するということ①

に重点を置きサービスを提供することを目的としている施設でもあります。どのような施設があるか，設置目的と生活形態から見ていきましょう（表III-1）。

表III-1　児童福祉施設の類型（設置目的と生活形態の関係）

	入所施設	通所施設・通所機能	利用施設
養護系施設	乳児院 母子生活支援施設 児童養護施設 情緒障害児短期治療施設 児童自立支援施設	情緒障害児短期治療施設＊ 児童自立支援施設＊	
障害児系施設	知的障害児施設 自閉症児施設 盲児施設 ろうあ児施設 肢体不自由児施設 肢体不自由児療護施設 重症心身障害児施設	知的障害児通園施設 難聴幼児通園施設 肢体不自由児通園施設 肢体不自由児施設＊	
育成系施設		保育所	児童館 児童遊園 児童家庭支援センター
保健系施設	助産施設		

（注）＊は通所機能を有するもの。
出：山縣文治「第4章　児童福祉の実施体制」松原康雄・山縣文治編『新社会福祉士養成テキストブック⑧児童福祉論』ミネルヴァ書房，2007年，81頁。

3　児童福祉施設の措置と契約

児童福祉施設は行政機関により，措置決定がなされてから利用できるものと，児童，保護者の意思によって「利用契約」という形態をとるものとに分けられています。そして，入所，通所，医療法に基づく規定の設備等が必ず置かれていなければならない施設と規定上はそれを必要としない施設とに区分されます。

4　児童福祉施設の設置主体

○国が設置主体となる施設

厚生労働省設置法により設置されている施設は国立児童自立支援施設と国立知的障害児施設があり，そして，それぞれに専門職員の養成機関が設置されています。ならびに独立法人国立病院機構などに付設された重症心身障害児施設などがあります。

○都道府県が設置主体となる施設

各県に必置しなければならないものとして，児童自立支援施設があります。それ以外でも，都道府県や指定都市，中核市などを設置主体とする施設がありますが，近年は「公設民営化」の流れのなかで，運営を社会福祉事業団や社会福祉法人，民間企業に運営を委託する方向へ進んできています。

○社会福祉法人として認可された施設

日本の児童福祉実践の歴史は，多くの民間篤志家によって支えられてきたといっても過言ではありません。しかし，その一方で，利用者である子どもたちの人権を踏みにじる行為が施設内で起きていたことも事実です。現在はその決定権者である厚生労働省により，社会福祉法人として，厳しい規定をクリアして認可を受けなければなりません。それでも十分ではないことから，利用者の**苦情解決制度**▼4，**第三者評価**▼5，**情報開示**▼6など施設運営のサービス向上と透明性が求められています。

（小木曽宏）

▷4　苦情解決制度
⇒ II-2，VII-4　参照。

▷5　第三者評価
第三者評価事業として位置づけられている。事業者の提供するサービスの質を当事者以外の者が，専門的，客観的立場から公正に評価し，利用者，家族に対する福祉サービスの質の向上を図ること。

▷6　情報開示
情報公開法や情報公開条例などによって国や地方自治体が負っている義務。社会福祉法では社会福祉事業経営者に情報提供の努力義務が課せられている。具体的に開示請求があった場合には「説明責任」が発生する。

III 児童福祉施設におけるそだちと自立支援

2 児童福祉施設で生活するということ②
児童福祉施設の目的と機能を理解するために

1 児童福祉施設で暮らす子どもたちの理解

「児童の権利に関する条約」第3条第1項には「児童に関するすべての措置をとるに当たっては，公的若しくは私的な社会福祉施設，裁判所，行政当局又は立法機関のいずれによって行われるものであっても，児童の最善の利益が主として考慮されるものとする」と記されています。日本も1994年にこの条約を批准しています。児童福祉施設に入所する子どもたちは，今まで生活してきた，家庭，学校，地域から離れ，「新たな生活の場」を築かなければなりません。そして最も大きなことは「新たな人間関係を築く」ことです。大人でも大変なことを，子どもたちは施設に入所するときから改めて始めなければなりません。

そこで，そういう子どもたちに対して児童福祉施設は，子どもたち個々の状況に合わせた支援が提供できなければなりません。そして，子どもの権利保障と最善の利益を支援する側が常に考えなければならないということです。しかし，実際にはそのような状況には未だ到達できない現実があります。つまり，「児童福祉の理念・目標」は明確に示されたわけですが，児童福祉施設の状況がそれに近づいているかどうかということです。

2 子どもの理解と支援のために──児童養護施設を例として

目的と関わることとして，児童福祉施設の職員が子どもたちの指導上，留意していることとは何かを提示しておきます（表Ⅲ-2）。

この表Ⅲ-2から見ると，「心の安定」を上位にあげていることが共通します。

表Ⅲ-2　施設で特に指導上留意している事項（重複回答）

	心の安定	友人との関係	家族との関係	学習の興味・関心	しつけ	心理的対応	社会規範	職員との関係
児童養護施設 （総数30,416件）	19,699 64.8%	10,522 34.6%	15,242 50.1%	10,919 35.9%	13,807 32.8%	4,785 15.7%	5,561 18.3%	8,177 26.9%
情緒障害児短期治療施設（総数768件）	471 61.3%	454 59.1%	507 66.0%	204 26.6%	219 28.5%	493 64.2%	157 20.4%	279 36.3%
児童自立支援施設 （総数1,657件）	1,012件 61.1%	768件 46.3%	922件 55.6%	536件 32.3%	621件 37.7%	175件 10.6%	880件 53.1%	483件 29.1%
母子生活支援施設 （総数7,089件）	3,192件 45.0%	2,203件 31.1%	2,350件 33.1%	1,722件 24.3%	2,673件 37.7%	517件 7.3%	650件 9.2%	811件 11.4%

出所：厚生労働省・児童家庭局「児童養護施設入所児童等調査結果の概要」2004年。

里親は実親との関係継続に配慮が必要です。児童養護施設や情緒障害児短期治療施設，児童自立支援施設では「家族との関係」づくりが入所児童の「心の安定」とも関わります。しかし，実際には，家族と「交流なし」や「帰省」できない子どもたちも多くいるのです（表Ⅲ-3）。

表Ⅲ-3 家族との交流関係別児童数

	総数	交流あり 帰省	交流あり 面会	交流あり 電話手紙・連絡	交流なし	不詳
里親委託児	2,454 100.0%	162 6.6%	263 10.7%	140 5.7%	1,858 75.7%	31 1.3%
養護施設児	30,416 100.0%	15,706 51.6%	5,419 17.8%	4,012 13.2%	5,057 16.6%	222 0.7%
情緒障害児	768 100.0%	556 72.4%	106 13.8%	31 4.0%	55 7.2%	20 2.6%
自立施設児	1,657 100.0%	797 48.1%	323 19.5%	157 9.5%	191 11.5%	189 11.4%
乳児院児	3,023 100.0%	455 15.1%	1,460 48.3%	251 8.3%	708 23.4%	149 4.9%

出所：厚生労働省・児童家庭局「児童養護施設入所児童等調査結果の概要」2004年。

3 乳児院の目的と機能

乳児院や児童養護施設に入所する児童とは「養護に欠ける児童」と一応，定義できます。しかし「養護に欠ける」とはどういうことでしょうか。「養護に欠ける」とは主に保護者の側に，養護できない状況があるということです。そこに，主に保護者に代わって「代替的養護を保障する施設」としての目的があります。

乳児院とは「乳児（保護上，安定した生活環境の確保その他の理由により特に必要のある場合には，幼児を含む。）を入院させて，これを養育し，あわせて退院した者について相談その他の援助を行うことを目的」（児童福祉法第37条）とした施設です。

入所理由を列記してみますと「父または母の精神疾患」14.9％，「両親の未婚・離婚」が16.2％となっています。このことからも入所新生児，乳児への発達や成長の影響が懸念されます。実際に障害を有するとされる乳幼児は全体の30.4％に達するという報告もされています。乳児院は以前，満2歳をもって措置解除となっていましたが，個々の発達状況に合わせて，退所もしくは措置変更が考えられるようになりました。そして，1999年度から家庭復帰後の支援を行う**家庭支援専門相談員**も配置されるようになりました。

▷1 ⇒ Ⅲ-3 参照。

▷2 家庭支援専門相談員
⇒ Ⅰ-6 参照。

4 児童養護施設の目的と機能

児童養護施設は児童福祉法第41条には「保護者のいない児童，虐待されている児童その他環境上養護を要する児童を入所させて，これを養育」するとされています。「社会福祉施設等調査結果の概況」（厚生労働省大臣官房統計（2005年度））によれば，児童養護施設入所総数は，3万830人と報告されています。5年前の前回調査（2万8,913人）より，増加しています。少子化傾向とは反対に児童養護施設入所児童は増加しています。

その背景には全国の児童相談所の児童虐待通告件数，相談処理件数の増加と関連しています。たとえば児童養護施設の養護問題発生要因のなかから，一般的に「児童虐待要因」とされる「父母の放任・怠惰」「父又は母の虐待・酷使」

III　児童福祉施設におけるそだちと自立支援

表III-4　児童養護施設入所理由別割合

	平成10年	平成15年
父母の放任・怠惰	8.6%	11.7%
父又は母の虐待・酷使	5.7%	11.1%
遺棄・養育拒否	4.9%	4.6%
合計	19.2%	27.4%

出所：「養護施設入所児童等調査結果の概要」平成15年度統計より

「遺棄・養育拒否」を5年前の統計と比較すると表III-4のようになります。

○小規模化に向かう課題

地域小規模児童養護施設やファミリーグループホームは「家庭的養育」環境のなかで，できるだけ小集団で情緒的安定を図るとともに，適切な養育による「家族モデル」を子どもたちがつくっていけるようにという目的で実践されてきています。

児童養護施設などでは確かに小規模化に向かっていますが，やはり主流は集団生活が基本です。家庭でもその家のきまりはありますが，児童養護施設は集団生活としてのきまりによって日課があります。家庭養育とは大きく異なります。起床から始まり，食事時間や就寝時間，入浴時間も決まっています。部屋割も最近は中学・高校生は1人部屋か2人部屋になってきていますが，複数の子どもたちが同室で暮らします。確かに，それはデメリットばかりではなく，実のきょうだいのように年長の児童が自然に年下の子どもの世話をしたり，年長の児童が良きモデルとなることも多く，それは現代の少子化家族にはない集団生活のメリットでもあります。しかし，児童福祉施設最低基準により，実際には職員の配置が十分行われていない現実もあります。今後，児童の個別対応が必要になってきますが，児童自立支援施設，知的障害児施設，情緒障害児短期治療施設などは，その児童の状況に合わせて，セラピストや児童精神科医師が関わることが必要になってきています。

○リービングケア・アフターケア（施設退所後の課題）

「虐待を受けた子どもたち」に対する特別なケアや自立支援の必要性から，新たな施策が実施されることになりました。そこで1997年の児童福祉法改正では，退所後の児童に対しても「相談やその他の自立のための援助を行うこと」も目的と明記されました。

しかし，現実的には，18歳以上でまだ援助が必要な状況にある子どもたちや高校を退学した場合や，中学卒業後に就職して退所した児童の支援は，自立援助ホームが担っていました。まだ自立援助ホームは全国に数十か所しかありませんでした。そこで，1997年の法律改正で「児童自立生活支援事業」として義務教育を終了した者に対して，日常生活の援助や生活指導，就労支援を行い，措置解除された児童に対しても相談や援助ができる（児童福祉法第6条の2）として法定化されました。

▶3　措置解除
児童養護施設等で支援目的が達成されたと判断され，措置消滅となる，行政庁が行う行為。

5　児童自立支援施設の目的と機能

児童自立支援施設は児童福祉法第44条に規定されているように，「不良行為をなし，又はなすおそれのある児童及び家庭環境その他の環境上の理由により生活指導等を要する児童」を入所，通所によって指導する施設です。そして，

児童養護施設と同じく退所した児童に対しても援助を行うことを目的とします。

統計資料から見ていきますと入所児童数は1,651人（男1,136人，女515人：2003年度）となっています。しかし，前回調査（1,920人：1998年度）からすると減少傾向にあります。▷4

◯ **生活指導**

児童自立支援施設における生活指導は，明治時代の「**感化教育**」▷5に始まり，「**小舎夫婦制**」▷6を基本としています。感化院時代から長く一組の夫婦形態によって寮舎運営が行われてきました。しかし，労働環境，社会情勢から「交替制」勤務形態に移行してきています。しかし，そのような状況にあっても，今も「小舎制」は維持されています。施設の生活としては，全国の施設58か所（2007年4月現在）で，それぞれの「日課」は異なります。しかし，児童福祉施設であることから，児童養護施設と同じように，児童の主体性を基本として営まれています。実際，起床から始まり，朝食準備，院内学校（学級）への登校，学校では学科指導，クラブ活動などが行われています。帰寮後は，寮日課となり，作業，学業補習，レクリエーションなどが行われます。

◯ **学習指導**

1998年の児童福祉法改正で「学校教育」導入が新たに加えられましたが，かつての教護院教育が「就学猶予」「準ずる教育」の状況で，学校教育では実践できない「教護院教育」かつては「感化教育」に遡る独自の教育が行われていました。具体的には退所後の就労に即した実習を含む個別指導も行われてきました。そして，野球や剣道，卓球など体育教科は普通学校以上に練習時間をとり，職員が毎日，児童と汗を流すことを基本としてきました。

◯ **作業指導（職業指導）**

感化院，教護院，そして児童自立支援施設の理念として，古くから「人は土を耕し，土は人を耕す」「流汗悟道」という言葉が伝わっています。これは「自然は人を耕す」ということに通じます。季節によって田んぼつくりや畑を耕し，種を蒔き，米，作物を収穫する。命の糧を自ら得る体験は，飽食の時代では得られない貴重な体験であり，教育であるということです。児童自立支援施設の作業指導は大切な教育の柱であると言えるでしょう。

そして，もう一つ，この他にも木工，印刷作業など積極的に取り組んでいる施設もあります。かつては，高校進学率も低く，中卒後の職業指導として作業指導が位置づけられていました。最近は外部ボランティアによる茶道や陶芸指導，資格取得（パソコン検定，ホームヘルパー資格取得など）も盛んに行われるようになっています。

（小木曽宏）

▷4 「養護施設入所児童等の調査結果の概要」平成15年度統計より。

▷5　感化教育
留岡幸助が，犯罪を抑止するには，少年時代の教育が必要だとして，感化教育事業を感化院から始めたことに起因する。1900（明治33）年感化法が制定された。

▷6　小舎夫婦制
感化院の時代より「擬似家族的」な環境で営まれていた形態。寮長，寮母が親代わりとなり，子どもたちと寝食をともにしながら，子どもたちの更生，自立を支援している。

III 児童福祉施設におけるそだちと自立支援

3 乳児院におけるそだちと自立支援

1 乳児院とは

　乳児院とは，家族に代わって乳児を24時間365日預かり，見守り育てるほか，家庭に引き取られた後もフォローを行うことを目的とした施設（児童福祉法第37条）です。2004年の児童福祉法改正後は，乳児だけでなく，必要な場合は就学前の幼児も対象となりました。

　乳児院は，社会荒廃と物資不足で世の中が混乱していた敗戦後，数多くの結核，栄養失調，感染症にかかった乳幼児を抱え，"生命と安全の確保"を最大の課題にスタートしました。職員数は乳児3人に1人（現在は乳児1.7人に1人）で，24時間体制でみると，約10人前後の乳幼児に職員1人の割合でした。

　また，当時のスタッフ構成は看護師が中心で，乳児院は病院の役割を代行していた状態にあり，その後病院へと発展した施設も多くあります。

　乳児院では，今現在でも病虚弱児，障害児が少なくはありません。しかしながら今日では，保育士・看護師・栄養士・家庭支援専門相談員など専門のスタッフが日々これらのことに配慮しながら，個別に支援計画を立てて，一人ひとりの心と身体が元気に育つよう見守っています。

2 入退所の理由から見た現状

　次に入所理由や退所の状況から，乳児院の現在を見てみましょう。

　入所理由（表III-5）は，両親の未婚・離婚，父母の精神疾患等，虐待・放任などさまざまですが，これらのうち複数の要因が重なることも少なくありません。このようにさまざまな事情を含んだ家庭環境において，適切な養育ができないと児童相談所が判断し，家族もそれを認めた場合，乳児院への入所が決定します。

　そして，こうして入所してきた子どもの退所理由の約7割が親または親戚による家庭引取り，里親委託，養子縁組によるもの，残りの3割が児童養護施設もしくはその他の施設への措置変更となっています。

　このような現状のもと，自立支援を考えるとき，子どもの精神的基盤である（親だけに限らない）保護者，家族の存在は重要な意味をもちます。早期家庭復帰への支援に限らず，さまざまな形での保護者や家族とのつながりを支援していくことは，自立支援の一環として必要

表III-5　施設入所理由の主なもの（％）

発生理由	％
父・母の死亡	1.1
父・母の行方不明	6.0
養育拒否	7.7
両親の未婚・離婚	16.2
父母の虐待・放任	10.6
父・母の拘禁	4.5
父・母の就労	7.2
破産等の経済的理由	7.7
父・母の入院	5.4
父母の精神疾患等	14.9

（注）児童養護施設入所児童等調査結果より抜粋。
出所：厚生労働省雇用均等・児童家庭局「児童養護施設入所児童等調査結果の報告」2004年。

不可欠なのです。このような役割を担う職種として，1999年度から**家庭支援専門相談員**が配置されるようになりました。

また，前述したように必要な場合は就学前の幼児を養育することも認められ，形式的な年齢制限が，家庭復帰や措置変更などに伴う不必要な負担を子どもにもたらすことが減り，さまざまなケースの実情に応じて柔軟に自立支援が展開できるようになりました。2006年現在，北海道から沖縄まで全国で121施設，そこで暮らす子どもの数は約3,000名になります。

③ 乳児院での生活と自立支援

ある乳児院の一日の流れから実際の子どもの生活を見てみましょう（表Ⅲ-6）。改めて，普通の生活であることに気づきます。乳児院は，子どもにとって，安心，安全で清潔な場所であること，十分な栄養を摂取し，ゆっくり眠れること，個々の発達に応じて興味・関心を満たす遊び（探索活動）を満足いくよう楽しめること，そしてこれらの環境に細やかな配慮を施し，深い愛情をもって見守る大人（保育者）の存在があることなどの条件を備えた生活の場です。いわば，あたたかく見守られながら，のびのびと育つことができる家なのです。

乳児院での生活は，①身体の健康，②知能と心（精神）の育ち，③これらの基盤になる心の健康（精神保健）の3領域からとらえることができます。現在，①②の領域はかなり改善された状態であることから，ここでは，③心の健康について，自立支援との関係からふれておきたいと思います。

心が健康な状態にある子どもは，しっかり泣いたり笑ったり怒ったりしながら自己主張し，好奇心旺盛に遊びを通して外界の情報を獲得します。このように，一人ひとりの子どもがもつ力を最大限に発揮するには，子ども自身が自分への安心感＝自信をもつことが必要です。この自信はどのように子どものなかに培われるのか，さかのぼると乳児期の「対人への信頼」（**愛着**形成）という最初の発達課題にたどり着きます。子どもが信頼できる大人との深い愛着関係を結ぶことは，外界へと自信をもって踏み出す第一歩なのです。

乳児院の子どもは皆，最初の愛着の対象である親との分離を経験しています。また虐待などの不適切な関わりによって，分離前から愛着形成が阻害されてきた子どももいます。乳児院の生活において，発達保障という観点からも，子どもが信頼できる大人と深い愛着関係を形成できる環境を保障することが，自立支援には不可欠なのです。

▷1　**家庭支援専門相談員**
2004年度予算から常勤配置が可能となった。
⇒ Ⅰ-6 参照。

▷2　**愛着**
⇒ Ⅲ-4 参照。

表Ⅲ-6　乳児院の一日の流れ

日課		5	6	7	8	9	10	11	12	13	14	15	16	17	18	19	20
	年長児		起床	朝食／排泄指導／体温測定／着替え	朝掃除礼	保育遊び	外出散歩	遊び	昼食／午睡	病児検温	おやつ	保育遊び	入浴／外出散歩	着替え	夕食	自由遊び	就眠
	乳児	授乳	起床	離乳食		外気浴自由遊び	授乳／離乳食		午睡	新生児沐浴		自由遊び	入浴	離乳食		授乳	就眠

Ⅲ 児童福祉施設におけるそだちと自立支援

❹ 事例「乳児院における母子支援ケース――カオリちゃん（生後3か月）」

◯ ケースの概要

　未婚母子。母親は複雑な家庭環境に育ち，妊娠中も自分の親族は頼れず，生活も就労も不安定でした。周囲に，養育についての支援も期待できないことから，出生後，施設を利用せざるを得ない状況で出産に至りました。

　積極的な出産ではなく，母親自身もわが子を受け入れられるか不安を抱いていたものの，実際に生まれた子どもを腕に抱いて授乳し，一緒に過ごすうちに，母親の子どもに対する心境に明らかな変化がみられるようになりました。

　産院より退院と同時に施設入所となりましたが，入所時，母親は就労先を見つけて住居を確保し，生活基盤が整えば引き取って自分で育てたいという養育への積極的な意向を示していました。

◯ 入所後の経過

　母親は「体力が回復し仕事が見つかるまでは，毎日施設に通い，できるだけカオリに母乳を与え一緒にいたい」との希望で，入所翌日からほぼ毎日の面会となりました。子どもと離れることで想いはさらに深まった様子で，ずっとカオリちゃんを抱いて顔を見つめていました。

　母親には職員がついて丁寧に育児指導を行い，面会時はカオリちゃんの世話を全てしながら，家庭で過ごすような雰囲気を心がけました。体調がほぼ回復すると，「早く一緒に暮らすためには，今はゆっくりしていられない」と，すぐに仕事と母子で暮らせる家を探しはじめました。入居は少し先となるものの，住居の目途も比較的早くたち，仕事はパート就労となりました。

　3か月が経過。仕事は順調に続いています。休日は必ず面会に来ており，1日を一緒に過ごし，散歩や外出も楽しめるようになりました。施設ではなるべく融通を利かせ，母子の時間が家庭で過ごすのと同じような雰囲気となるよう配慮しています。また，しばらくすると母親から生活訓練室での宿泊を希望したため，実際に帰宅したときのように，母親がカオリちゃんに添い寝をして一晩を過ごす経験をしてもらいました。新しい住居に転居後は，準備が整えば家庭訪問し，育児環境を確認した後，帰宅外泊に移行していく予定です。

◯ 事例から読みとれる課題

・この事例を通して，施設がもつさまざまな役割について考えてみましょう。
・子どもにとって，また訪れる親にとって，保育者の関わりはどのようであることが望ましいでしょうか。

◯ 課題の解説

　事例に限らず，入所ケース各々の自立支援を考える前提として，乳幼児期（特に3歳くらいまで）の子どもがたどる発達の道すじを理解しておく必要があります。発達の道すじとは，子どもが大人とのやり取りを通して信頼関係と絆

（愛着形成）をどのように深めていくのか，信頼や絆の深さを原動力にした心や身体の成長の様子，成長とともにさらにさまざまな能力を獲得していく段階，であるといえます。

　では，この発達の道すじの理解を基本に，自立支援の観点から，事例を考えてみましょう。事例は，引き取り意思のある親の存在がはっきりとしているケースです。支援のあり方として，大きくは①子ども自身への支援，②子どもの成長を通した親への支援，③親子関係への支援の3つが考えられます。これらはどれも支援に必要な視点ですが，ケースの状況によってポイントをとらえ，支援の比重のバランスを考えることが大切です。

【発達と愛着】

　事例では，まず子ども自身を中心に考えると，成長発達の基盤となる愛着関係をできる限り早期から母親との間に築くことができるよう，一緒に過ごす時間を可能な限り確保していくことが，大切な支援となります。

　また，過ごす時間のなかで，授乳，沐浴，オムツの交換等，さまざまな育児行動を通して，子どもとの間に愛着が深まっていく過程を母にも実感してもらうことが，親自身の母性や親としての自覚を育てていくことにつながります。

　このように子どもの成長を通した親への支援が必要な背景には，複雑な生育歴をもつ親のなかに，子ども時代の必要な時に信頼できる大人との愛着がうまく築けないまま現在に至っているケースが意外に多いという事実があります。親の成長を支えるには，支援する職員が一緒に子どもの成長を感じ，喜びを共感しながら，自らがモデルとなり，子どもの成長段階を踏まえた親としての関わり方を知ってもらうこと（親育て）も必要です。

【親子支援】

　さらに親子関係への支援とは，親としてのさまざまな想い，子どもなりの複雑な想いを徐々に交わしあえるよう手助けし，その想いが形になるよう後押ししていくことです。施設という環境は管理上の問題もあり，"当たり前のこと"が意外に難しく，制限があって困難なこともあります。方法の一つとして，親との外出や帰宅外泊も積極的に考えてよいでしょう。

　事例では，母の"自分で育てたい"という意志に沿って，親子の関係性を重視し，支援しています。乳幼児の場合，自立支援とは，人として成長を遂げる土台を築くことへの支援に他なりません。その土台に何が必要か，親が子どもにとって一番の愛着の対象になり得る存在なら，そうあることができるよう支援することが子どもにとって大きな意味をもちます。

　このように，子どもの成長過程全体を見通した長期的視野で，背景となる家族，親との関係も含めた子どもの"今"の意味をとらえること，そして"今"から今後を見通して次のステップへつなぐことが，自立支援において大切なのです。

（宮本由紀）

Ⅲ　児童福祉施設におけるそだちと自立支援

4　児童養護施設の役割

1　児童養護施設が目指すもの

　児童養護施設には，虐待や親の病気，親の失踪など，さまざまな事情を抱えた子どもたちが生活をしています。ケアワーカーは，「子どもたちが安定した日常生活を送ること」を大切にして毎日の援助を行っています。なぜならば，子どもたちは児童養護施設に来るまで，「毎日が安全に過ぎていくこと」が，当たり前の事ではなかった場合が多いからです。想像を絶するような過酷な状況を生き抜いてきた子どもたちも少なくありません。安全で，安定した日常生活を継続して送る事で，子どもは徐々に癒されていくのです。ここでは「生活」それ自体が治療的な効果をもちます。施設での生活に慣れてくると，子どもたちはいろいろな方法で心の傷を表現するようになります。児童養護施設では心に傷をもつ子どもたちの自立を支援するためにさまざまな取り組みをしています。

◯子どもの抱える心の傷

　児童虐待は年々増加し，今や大きな社会問題の一つとなっています。児童養護施設でも，虐待をうけて入園してくる子どもの数は年々増えています。虐待を受けた子どもたちは，その家庭において「この世は安全であること」「生きることは楽しいこと」を実感するよりも先に，日々の生活のなかで傷つけられてきました。子どもは，生まれた時には無力で，一人で生きていくことはできない完全に他に依存した存在です。お腹がすいた，おむつがぬれて気持ち悪い，気分が悪い，といった時には泣くことでそのことを表現します。すると誰かがその気持ち（不快）をうけとめて，心地よい状態（快）にしてくれるのです（たとえば，泣く→抱いて目をあわせながらあやす　お腹がすく→ミルクをくれるなど）。その誰か（一般的には親やそれに代わる養育者）との関係を通して，基本的な信頼感や**愛着**というものが育っていきます。虐待を受けた子どもたちは，本来なら安全であるはずの「家庭」で不適切な扱いを受ける事で，心に深い傷を負ってしまうのです。子どもの愛着は健全に形成されず，**無差別的愛着傾向**や**虐待的人間関係の再現傾向**といった歪んだ対人関係パターンをもつことになります。このことは成長後も，「怒りが爆発する」「嫌なことを嫌と言えない」など，感情調整の問題や，過食・拒食を繰り返す，リストカットがみられるなどの情緒問題にも大きく影響するのです。その他にも，心の傷からあらわれる問

▷1　愛着
ボウルビィ（Bowlby, J. M.）が提唱した概念。特定の人と人との間に形成される心理的な結びつき（参考文献：J. ボウルビィ，黒田実朗他訳『母子関係の理論　①愛着行動』岩崎学術出版社）。

▷2　無差別的愛着傾向
誰にでもべたべたしたかと思うと，急によそよそしくなるなど不安定な愛着の状態。

▷3　虐待的人間関係の再現傾向
虐待された子どもが大人をわざと怒らせているのではないかという言動をして，また，虐待される関係をつくり出してしまうこと。

題はさまざまにあります（逸脱行動・反社会的行動・暴力的行動・自己中心的行動・爆発的なかんしゃくやパニック，**フラッシュバック**，無気力など）。

　児童養護施設には，入園の理由が「虐待」ではなくても，入園後，ケアワーカーが，子どもたちとの会話のなかから虐待の事実を発見する事が少なくありません。たとえ虐待されていなくても，家族と離れて暮らさなければならない事は子どもの心に傷を残します。つまり，入園の理由にかかわらず，子どもたちはそれぞれに傷を抱えているのです。

▷4　フラッシュバック
虐待された場面が，まさにその時の感覚でよみがえってくること。

> **事例　叩くけれども大好きなお母さん**
> 　小学校3年生のサオリは，身体的虐待で保護された。サオリの母親は，ホステスとして働いていた。夜働き，昼間は寝ている母親はサオリに食事を用意せず寝てしまう事が多かった。お腹の空いたサオリが，冷蔵庫から何かを出して食べると，疲れて苛々していた母親は怒って，「こっそり食べ物をあさるなんて，いやしい子！」と叩いていた。ある時，ケアワーカーがサオリに「あなたはどうしてこの学園に来ることになったのかな？」と尋ねると，サオリは恥ずかしそうに「私ね，食べ物を盗っていたの……だから……」と答えた。驚いたケアワーカーが「違うよ，サオリちゃんが悪いのではないよ，サオリちゃんのお母さんがサオリちゃんの面倒をきちんと見られなかったからだよ」と話すと「ちがう！　お母さんは悪くない。私が悪いの」とケアワーカーを睨みつけた。

　ある実習生が「子どもって，虐待されても『親と一緒に暮らしたい』って言うのですか？」と驚いていました。子どもにとって親は絶対的な存在です。子どもは，無条件に親を愛して，求めているのです。大好きな親が怒る，叩く，そして一緒に暮らすことができずに，自分は家庭から追い出される（子どもはそのように感じる場合が多いのです）。そんな事になったのは，「自分が悪い子だったからだ」としか感じられない子どもは少なくありません。それだけに，成長してからは，「理由もなく叩かれていたのかも」と事実を客観的にみる事ができるようになり，親との関係に葛藤するのです。

> **事例　低い自己肯定感（観）「生まれてこなければよかった」**
> 　放任されて育った小学校4年生の男の子。幼児期に大切にされた思い出がない。高学年になってから，学校の課題にも立ち向かうことができない。宿題を前にタオルケットにくるまり，「生まなきゃよかったのに……死にたい」とつぶやき続けた。ケアワーカーが「そんなこと言わないで。私はあなたをとても大切に思っているのに」と言うと「嘘だ！」と泣き出してしまった。

　みなさんはどんな時に大切にされたと感じるでしょうか。大学生にこの質問をすると，頭をなでられた時，お母さんに褒められた時，彼氏といる時，おじ

▷5　自己肯定観と自己肯定感
浅井春夫はこれを「自らを肯定的にとらえる事が出来る観点を獲得していること」を自己肯定観，「自らの良いところも悪いところも含めて丸ごと捉えたときに，肯定的に自己を受け入れている感情」を自己肯定感と説明。浅井春夫『子どもの性的発達論』十月舎，2005年。

III　児童福祉施設におけるそだちと自立支援

いちゃんと握手をした時など，たくさんの大切にされた話が出てきたそうです。児童養護施設の子どもたちに同じ質問をしてみました。ある施設では子どもたちは，何も答える事ができなかったそうです。子どもたちは「大切」ってどういうこと？　ときょとんとしています。意味はわかっているのですが，大切にされた実感がないので，「大切」にされた「体験」を語る事ができないのです。

　自分のことを肯定的に見る視点をもてていることを自己肯定観といいます。子ども（特に小さな子ども）は親が悪いのかもしれないとは考えません。すべての悪いことは自分がだめな子だから起こっていると考えるのです。大切にされた経験が少なく，自分が悪い子だと信じ込んでいるのですから，自分自身を肯定的にみる事ができなくて当然なのです。

> **事例　境界感覚の欠如**[16]
> 幼児期に虐待され，就学前に保護された小学校6年生の女の子。施設生活が長く，一人で入浴するのが怖いと思っている。いつもは，必ず誰かと入っていたが，ある日一人で入浴しなくてはならなくなり，担当のケアワーカーに入浴の介助を頼んでくる。忙しいから一人で入るように言われて，実習初日の初めて会った女子学生に「ねぇ，お姉さんがお風呂みて」と頼んだ。

　境界とはなんでしょうか。たとえば，友達と話している時，「この人，距離が近いな……離れてほしいな」と思う事があります。人はそれぞれ，自分が「安全」と感じる人との距離があります。虐待をされてきた子どもは，叩かれる，きちんと世話をされない，などのことでその境界を侵され続けてきました。その結果，「自分という感覚」が壊されて，自分と他人の境界が曖昧になってしまい，人との適切な距離がつくれない場合があります。身体的にも，心理的にも，他人が自分の領域に侵入してくる事に抵抗がなくなってしまうのです。

　児童養護施設は生活の場です。そこには多くの職員やボランティアが関わっています。子どもたちは多くの人間に接し，多くの大人に日常の全般（入浴，着替えなどのプライベートな部分に至るまで）を援助してもらうことになります。施設は，少人数でケアする形態（**小舎制**[17]，**グループホーム**[18]）が少なく，多くは大人数で生活しています（**大舎制**[19]）。そんななかで，入浴や居室で一人になれる空間を保障する事は困難です。子どもたちのなかには，自分の家庭でも「個人的な空間」を侵害され，社会的養護のなかでも多くの他人（他の入所児童や職員，ボランティア，実習生など）がプライベートな空間に入り込むという経験をしています。そんななかで，「一人でいられる力」を育てるのは困難です。虐待をされた子どもは特にこの境界感覚が希薄です。「家庭的な生活」といっても，さまざまな体験をした子どもたちが共同生活をしている場です。「家庭的な雰囲気」をもつことは大切ですが，生活をしているのは他人同士なのですから，

▷6　境界
身体的なものだけではなく，心理的，性的なものも含めた境界線。虐待をされた子どもは，たとえば，プライバシーを守る権利や，他者との間の心理的・もしくは身体的に離れていられるという意識が希薄になっていると考えられる。

▷7　小舎制
⇒ I-6 参照。

▷8　グループホーム
地域のなかの一般住宅で6名程度の子どもとケアワーカーが生活する形式。
⇒ V-4 参照。

▷9　大舎制
寄宿舎のような建物で大人数の子どもが生活する形式。

ケアワーカーは専門家としてあらゆる事に気をつけ，意識する必要があるのです。

　思春期になるとこの境界感覚の欠如が性的な問題を引き起こす原因になったりします。「一人でいられる力」が弱く，自己肯定感（観）が低いと，性的な関係であっても，求められ，必要とされることが嬉しく，安易に性的な関係を結びやすい傾向があるといわれています。実際に，現場では性の問題が大きな課題になっています。

❷　児童養護施設の役割

◯自立支援と心のケア

　児童養護施設に入園してくる子どもたちの入園理由は，児童福祉法が制定された頃と比べ，ずいぶん変化しました。両親ともに不在（死別）の孤児は減り，児童虐待を理由としての利用が増加しました。それにつれて，施設の機能も「家庭の代替機能」から，「自立支援」へと移ってきました。「自分はいったいいつになったら，家に帰れるのだろうか」と先の見通しもなく，納得できない生活を続けていく事は，子どもにとってつらいことです。

　1997年，児童福祉法の改正が行われました。ここで，児童養護施設の自立支援の理念が明確にうちだされました。児童養護施設では，子どもが入園中の援助を「自立支援」という視点に立って行う事が期待されています。単なる生活の支援ではなく，それぞれの子どもたちの背景を考えたうえで，自立のための支援計画を立てていくことが求められているのです。

　もう一つの重要な仕事は，子どもたちの心のケアです。子どもたちの自立を目指すためには，まず，子どもが自分自身や自分の人生を肯定的に考える事ができるようになる事が不可欠です。そのためにも日常生活のなかでの支援を通して，自分は愛され大切にされる存在なのだという事を実感し，生きる力を獲得していく必要があるのです。

◯日常の業務

　児童養護施設には，さまざまな日常の業務があります（表Ⅲ-7）。しかし，それらは単純に親代わりをするということでも，家事をするということでもありません。ケアワーカーは専門家として自立支援と心のケアという視点に立ち，子どもたちにより そいながら援助を行っていく必要があるのです。

（髙山由美子）

参考文献

　西澤　哲『CAテキストブックスNo.10　子どもの虐待と被虐待児への臨床心理的アプローチ』社会福祉法人　子どもの虐待防止センター，1997年。
　加藤尚子『CAテキストブックスNo.7　子どもの愛着』社会福祉法人　子どもの虐待防止センター，2006年。
　浅井春夫『子どもの性的発達論』十月舎，2005年。
　ヘネシー澄子『子を愛せない母　母を拒否する子』Gakken，2004年。
　"人間と性"教育研究協議会　児童養護施設サークル編『子どもたちと育みあうセクシュアリティ』クリエイツかもがわ，2005年。
　『児童養護』Vol 28 No.1　1997年。
　シェリルL.カーブ・トレイシーL.バトラー，坂井聖二訳『虐待を受けた子どもの治療戦略』明石書店，1997年。

表Ⅲ-7　児童養護施設職員の日常業務

生活援助（養育）	生活援助（家事）	家庭支援	記録	連携・その他
日常生活指導 学習指導（進路） 遊び 心理・精神の把握 学校関係（保護者会など） 健康管理（通院）	環境整備（掃除） 衣類管理（洗濯） 居室管理 買い物 備品管理 金銭管理	面接 相談援助 ペアレントトレーニング 面会・外泊の調整	記録 ケース管理 書類管理 自立支援計画の策定と評価	連携（児童相談所，精神科医，心理職，学校など） 実習指導 アフターケア ボランティア 施設全体の仕事（園全体の行事分担や，職務分担など）

III 児童福祉施設におけるそだちと自立支援

5 児童養護施設におけるそだちと自立支援

1 生活援助の実際

○アセスメント

具体的な支援をはじめる前に大切なのが**アセスメント**です。これは生活援助のすべての基本になるといってもいいでしょう。ここでは子どもの心のケアや自立にどのような援助が必要かを考えていきます。

施設に来るまでにどのような生活をしていたのか。食事はどうしていたのか（誰がつくって，誰とどこで食べていたのか）。どのように寝ていたのか（布団は畳んでいたのか，敷きっぱなしだったのか，誰と寝ていたのか）。どのような時に叱られたか。叱られた理由をどう感じているのか。褒められた事はあるのか。これらの子どもの生活歴を，会話のなかから聞きとり，子どもの生活の様子を観察しながら見極めていきます。

> **事例　好き嫌い**
> 小学校4年生のカオル。入園時，ケアワーカーの「嫌いなものは何？」の質問に，「嫌いなものはないよ，ネギだけ」と自信たっぷりに答えた。しかし，日数がたつにつれて次から次に彼女の嫌いなものは増えていった。食事の度に悪態をついて，食べないカオルに「ネギだけって言ったじゃない」とカオルを責めていたケアワーカーであったが，ある時，施設に来る前のカオルの食生活について尋ねてみた。「ほとんどコンビニのおにぎりか一番安い海苔弁だった。食べない事も多かった。ここに来てから食べた事がないものばかりが出るから，味がわからないの」。カオルは嘘をついていたわけではなかったのである。その後ケアワーカーは，食事の前に「これは食べたことがある？　おいしいからちょっと食べてみてごらん」と声のかけ方を工夫し，責めることなく食事を促すことができるようになった。

子どもたちの問題とされる行動の多くは，「そうせねばならない」理由があります。その理由は彼らの過去の体験に密接に関係しています。その事に気づかずに，「健全な大人になるために……」と「しつけ」をしても根本的な解決にはなりません。子どもの行動を理解したうえで，支援計画を立てていきます。そのため，アセスメントは重要なプロセスとなります。ケアワーカーは，子ど

▷1　アセスメント
子どもの成育歴や生活歴，親や支援体制のことなど情報を集めて，それぞれの課題やニーズをさぐっていくこと。

もの生活歴を理解し、その子にとって「安定した生活」を提供するために何をすべきかを知るのです。そうして提供される生活が治療的な効果をもつのです。

◯支援計画の作成

アセスメントの次は、自立にむけた支援計画を作成・実施していくことになります。日常生活場面を通して子どもの年齢や個々の背景に合わせた自立を目指しますが、これは単なる「しつけ」ではありません。『児童自立支援ハンドブック』には「自立支援とは、児童が社会人として自立して生活していくための総合的な生活力を育てることであり、基本的生活習慣の習得や職業指導だけを意味するものではない。自立とは孤立ではなく、必要な場合に他者や社会に援助を求めることは自立の不可欠の要素であるから、依存を排除しているものでもない。むしろ発達期における充分な依存体験によって育まれた他者と自己への基本的信頼感は、社会に向かって巣立っていくための基礎となるものである」[2]とあります。

実際に、自立するために身につけなくてはならないことは、調理技術や、掃除や洗濯の技術など、「一人でできるようになること」というイメージがあります。その事も大変重要ですが、子どもたちにとってより重要なのは、「困った時に誰かを頼る、助けを求める」ための技術です。子どもたちは、過去の経験から、大人を信用することに不安を抱いている場合があります。そのため、日々の生活のなかで「世話をしてもらう喜び」や「世話をされ、心地よい感覚」を体験し、大切にされているということを感じることはとても重要です。生活を通して「大人を信じること」「大人に依存できること」を体験し、「生活」自体に肯定的なイメージをもつことが、子どもが自立した時にいきてくるのです。そのためにも、個々の子どもの状態をよく見極めて、支援計画を立てていかなくてはなりません。その支援計画をもとに、日々の生活援助を送っていきます。

◯食事場面

食事というのは家族がそろい、いろいろな話題を楽しみ、親密さを味わうことのできる時間といえます。児童養護施設の食卓には、食に関するさまざまな体験をしてきた子どもたちが集まります。決まった時間に食事をしていなかった子ども、おやつばかり食べていた子ども、座って食事を食べる習慣のない子ども、食事が罰として使われた経験（食べさせてもらえないなど）をもつ子ども。子どものもつ心の傷が、過食・拒食・偏食などの形であらわれる事もあります。そんな子どもたちが食卓にあつまり、食事をするのですから、トラブルなくみんなで会話を楽しみながら……といったものからかけ離れた光景になる事はいうまでもないでしょう。

ここでは、ケアワーカーはまず、食事時間が楽しく、安全なものになるように工夫する必要があります。アセスメントの結果より、子ども同士が刺激しあ

▷2 厚生省児童家庭局家庭福祉課監修『児童自立支援ハンドブック』1998年。

わないような席順を選びます。また、子どもの状況にあわせて食事の量を調整する必要があります。特に食事に関しての虐待を受けていた子どもには配慮が必要です。ここでは、「食事を楽しむことができるようになること」がその基本にあります。もちろん、テーブルマナーや好き嫌いなく食べられるようにケアワーカーが見本となって示していく姿勢も重要です。

○住環境

生活のなかで大切にされていると感じられることは、子どもが自己肯定感（観）を取り戻していくためには大切です。そのためにも、日々の生活を意識的に送っていく事に大きな治療的な効果があります。家事は一見、雑用のように思われがちですが、重要な仕事の一つなのです。

たとえば掃除は、生活をする空間を清潔で快適に保つこと、また、清潔に保つためにケアワーカーが掃除をしているのを見ることによって、自分が体験してきたものとは違う生活形態を学ぶことができます。子どもに掃除する習慣を身につけさせることも重要です。

また洗濯に関連して、子どもの好みにあった衣類を用意することも重要です。ただ与えるだけではなく、子どもの意思も尊重して自分で洋服を選ぶことで、子どもの自己決定力を育てることができます。洗濯していつも清潔なものを用意し、TPO にあった衣類を選ぶことを教えていきます。自立が近い子ども、思春期以上の子どもは自分で洗濯できるようになることも重要です。

▶3　TPO
時（time）・場所（place）・場合（occasion）。またその3つの条件。

子どもたちはいずれ、家庭や地域のなかでそれぞれの自立をしなくてはいけません。日々の生活のなかで行われるさまざまな家事業務の一つひとつが、自立後に必要な要素を含んでいます。ケアワーカーはそのことを意識してそれらの業務を意図的に行っていく必要があるのです。

○しつけと受容

実習生からの質問で多いのは、「子どもをどのように叱ったらよいかわからない」というものです。児童養護施設で暮らす子どもたちは自己肯定感（観）が低く自信がないため、当たり前のことができた時にも「よくできたね、すごいね」と褒めてあげることが大切です。子どもには「正当に褒めてもらう権利」があります。一方で、子どもたちが間違ったことをした時には「正当に叱られる権利」もあるのです。子どもをありのままに受け入れる（受容）とは、子どもの行動をそのまま受け入れてしまうこと（容認）ではありません。問題行動を繰り返している子どもがいるとします。その子どもは、「きちんと叱ってほしい」と感じているのに、ケアワーカーは「受容しよう」と問題行動までも受け入れてしまったら、子どもの「叱ってほしい」という気持ちを無視することになります。すると、子どもはますます問題行動をエスカレートさせ、その結果、子どもが傷つくことになるのです。子どもが問題行動をおこした時、その行動の背景にある子どもの気持ちを理解することは重要ですが、子どもの

▶4　受容
ソーシャルワーカーの基本原則である、バイステックの七原則の一つ。クライエントを尊重し、ありのままの状態を理解し受け入れること。

問題とされる行動をきちんと叱ってあげることも大切なのです。

○性（生）教育

未成年の子どもによる凶悪事件や携帯を利用した女子中・高生の援助交際など，現代は子どもたちの性や生（生命）についての価値観が変わりつつあります。児童養護施設の子どもたちは自己肯定感（観）が低い，性的虐待を受けてきたなど，性についてもたくさんの課題を抱えています。性教育は，子どもの自己肯定感（観）を育て，自己決定力を高めることにより，安易に性的関係を結んでしまうことや，望まない妊娠・性感染症を防止するためにも重要です。毎日の生活のなかでも，誕生日を「大切なあなたが生まれた日」としてお祝いすること，子どもの成長をアルバムに記録することなどを通して，自分が大切にされている（されてきた）ことを伝える機会とすることができます。性教育は子どもの**エンパワメント**の実践という意味でも重要な支援の一つといえます。

② 子どもの不適切行動における他機関との連携

子どもたちは，言葉では表現することのできない怒りや悲しみなどの気持ちを，さまざまな形（行動）で示してきます（表Ⅲ-8）。なかには抱えている心の傷が深く，激しい行動化のために日常生活がたちゆかなくなってしまう子どももいます。その際には，臨床心理士・精神科医などと連携する必要があります。

③ 親へのアプローチ

2004年度から早期の家庭復帰を目指すために，入園から退園・アフターケアまでの総合的な家庭調整を行う「**家庭支援専門相談員**」が配置されました。自立支援のためにさまざまな援助が行われるなかで，親への支援が置き去りにされている現状を改善するための施策といえるでしょう。子どもにはさまざまな支援が実施されている一方で，理解も支援もなく，自分の心の傷や子どもに対する罪悪感に苦しんでいる親は少なくありません。家族再統合のためには，親との信頼関係を形成し，親業の強化を図ることと，地域での支援体制をつくることが重要です。

一方で，傷ついた親自身の心のケアをどのように行っていくかは大きな課題となっています。その場合には，自立支援＝家庭復帰だけではない，それぞれの家庭にあった自立の形を探っていく事も重要となってきます。

（髙山由美子）

▷5　エンパワメント
自分のことを自分で決定し，判断できるようになるなどクライエント自身が力をつけること。
⇒Ⅶ-5 参照。

▷6　家庭支援専門相談員
⇒Ⅰ-6 参照。

参考文献
アルバート E. トリーシュマン・ジェームズ K. ウィテカー・ラリー K. ブレンドロー，西澤 哲訳『生活の中の治療』中央法規出版，1992年。
社会福祉法人東京都社会福祉協議会児童部会　リービングケア委員会『Leaving Care 児童養護施設職員のための自立支援ハンドブック』社会福祉法人東京都社会福祉協議会児童部会リービングケア委員会，2005年。
堤　賢・髙橋利一・西澤　哲「被虐待児調査研究──養護施設における子どもの入所以前の経験と施設での生活状況に関する調査研究」『日本社会事業大学社会事業研究所年報』1996年。

表Ⅲ-8　児童養護施設の子どもが示す不適応行動

反社会的行動	非社会的不適応行動
逸脱行動 　無断外出・シンナー・飲酒・万引き・性的行動化など 暴力的行動 　子ども，職員への身体的暴力・職員への反抗的態度・学校での授業妨害など 意欲喪失 　学力不振・勉学意欲がないなど	親密な人間関係の障がい 自己中心的傾向 　パニック・落ち着きがない 身体症状化 　原因のはっきりしない不調の訴え・無気力・心因性嘔吐 偽成熟性 　年齢の割に早熟・大人の顔色を窺う・理由のわからない不安やおびえを示すなど

出所：第50回全国養護施設長研究協議会東京都実行委員会編「研究報告結果」東京都社会福祉協議会出版，1996年より作成。

III 児童福祉施設におけるそだちと自立支援

6 児童養護施設における心理的ケア

▷1 愛着
⇒ III-4 参照。

▷2 安定した愛着のもたらす機能としては、自己調節の能力を発達させ衝動や情動を効果的に調整する、自己価値の感覚をつくりあげる、道徳的な枠組みを確立する、などがある（T. M. リヴィー・M. オーランズ、藤岡孝志・ATH研究会訳『愛着障害と修復的愛着療法』ミネルヴァ書房、2005年、2-3頁）。

1 愛着関係・信頼関係を築くことを重視したケア

　子どもが成長・発達していくうえで、育ててくれる養育者（親やそれに代わる身近な大人）との間に愛着関係を築いていくことが重要です。愛着関係は、健康な情緒発達をしていくために不可欠な要素を子どものなかにつくりあげます。安定した愛着関係をもつことができた子どもは、基本的信頼感を形成することができ、さまざまな側面でよりよく暮らしていくことができます。

　児童養護施設に入園している子どもたちは、何らかの家庭の理由によって親や家族と離れて生活しています。親や家族と離れて暮らすことは、不安感、孤独感、見捨てられ感など、子どもの心に多くの傷つきをもたらすだけでなく、愛着関係形成における危機的な状況といえます。親との間で継続的に安定した愛着関係を築く機会を失ってしまった子どもたちは、ケアワーカー（保育士など）という代理養育者との暮らしのなかで愛着関係や信頼関係を築いていきます。温かい食事を用意して一緒に楽しく食事をする、夜一人で寝るのが怖い子に添い寝をする、抱っこする、洗濯をして清潔な洋服を用意してあげるなど、養育者からの愛情豊かな細やかな"お世話"を経験することで、自分という存在は愛され大切にされるべき存在なのだと確認することができ、傷ついた子どもたちの心は少しずつ癒されていきます。さらに、子どもがパニック状態に陥った時やトラブルを起こした時など、危機的な場面でしっかりと時間をかけて子どもと関わることで愛着関係は深まっていきます。また、親の存在は子どもにとってかけがえのないものですから、離れて暮らしながらも親子の間に愛着関係や信頼関係を築いていけるような働きかけをしていきます。子どもは、親や家族の問題や心配事について一人きりで抱えて悩んでいます。子どもにとってケアワーカーは、親や家族のことについて一緒に悩んだり考えたりしながらともに人生を歩んでくれる伴走者のような存在だともいえます。

2 児童養護施設で暮らす子どもたちの心理

◯虐待を受けたことによる傷つき

　近年、何らかの虐待被害を経験して施設に入園する子どもが急増しています。虐待は子どもの心に深い傷つきをもたらします。村瀬は、親からの虐待を受けた子どもは、「自分への不信感、自己制御力の弱さ、衝動コントロールの拙さ、

体験を自分から切り離し体験の意味を受け止めて考えられない，相手を怒らせるような行為，人格の乖離状態，といった精神発達上の問題を呈し，自己評価の低下と対人関係の問題を引き起こす」といっています。たとえば相手を怒らせる挑発的な行為などは「虐待関係の反復傾向」であるとも考えられます。虐待を受けた子どもは，関わりをもつ大人にフラストレーションを与えて虐待を誘うような形で関わり，過去の虐待的な人間関係を現在の人間関係において再現するという特徴があります。虐待を受けた子どもにはこのような特徴的な行動が多くあるため，ケアワーカーはこれらを十分に理解して子どもと向き合っていくことが必要になります。こうした子どもの心理や行動を理解せずに子どもと向き合ってしまうと，子どもとの間に愛着関係を築くどころか，子どもの言動に振り回されてしまい，日常生活さえ成り立たない状態となり，不適切なケア（虐待の再現など）につながってしまう可能性も出てきます。

○さまざまな問題行動への対応

不安定な愛着形成および虐待を受けた影響，もしくは生物学的な要因などから，子どもたちはさまざまな症状や行動を示します。多動性・衝動性がみられたり，うつ状態になることもあります。他にも，吃音・異食・チック・遺尿・遺糞・緘黙・摂食障害・睡眠障害・**解離性障害・行為障害**などのさまざまな状態に至る場合もあります。かんしゃく・暴言・暴力・支配的な態度・挑発的な態度・攻撃的な態度・自己破壊行動などの行動が表れる場合も多く，このような行動に起因して他者との間でトラブルが起きやすくなります。さらには引きこもり・不登校・非行などの社会的な不適応行動につながることもあります。こうした行動は問題行動としてマイナスに捉えられがちですが，子どもがこのような行動をとる背景には必ず本人なりの理由が存在します。自分の要求や気持ちを上手に言葉などで表現することができないために，泣いたり暴れたりしてしまったり，間違った手段で要求を伝えてしまうのだといえます。問題行動の背景にはその子のどのような「真の要求」が隠されているのかを理解し，見極めることが重要です。子どもの心に添った対応を積み重ねていくことによって日常生活そのものが治療的に働きます。しかし，さまざまな複雑な行動を示すことによって気持ちを表現する子どもたちの「真の要求」を見極めることは容易ではありません。またケアワーカーは子どもととても近い距離で接するため，子どもの激しい言動に巻き込まれて客観的な視点がもてなくなってしまうこともあります。そこで，心理や医療などの他分野の専門家と協働しながら，ケアの工夫をしていくことが必要になります。

3 児童養護施設における心理職（セラピスト）のはたらき

○セラピストの配置

近年児童養護施設には，虐待を受けた子どもや，広汎性発達障害，注意欠陥

▷3　村瀬嘉代子「子ども虐待と心のケア」『世界の児童と母性』，Vol. 47，1999年，2～5頁。

▷4　西澤哲『子どもの虐待』誠信書房，1994年，38頁。

▷5　遺伝的な要素など，器質的な要因。

▷6　解離性障害
解離状態を主徴とする障害。解離状態とは，「連続し統合された通常の意識状態に断裂を生じ，通常の意識状態とは連続性を欠いた変容した意識状態」のこと（市田勝「解離性障害」『精神科治療学第16巻増刊号　小児・思春期の精神障害治療ガイドライン』星和書店，2001年，322頁）。

▷7　行為障害
他者の基本的権利または年齢相応の主要な社会的規範または規則を侵害することが反復し持続する行動様式（猪股丈二，山崎晃資「行為障害」『精神科治療学第16巻増刊号　小児・思春期の精神障害治療ガイドライン』星和書店，2001年，223頁）。

▷8　弘中正美「遊びの治療的機能について」『遊戯療法の研究』誠信書房，2000年，19頁。

▷9　箱庭療法
砂を6～7分目まで入れた

III　児童福祉施設におけるそだちと自立支援

多動性障害（ADHD），学習障害（LD）などの発達のつまずきをもった子どもたちが増えてきており，対応が難しい場合が少なくありません。厚生労働省の通達によって，1999年より全国の児童養護施設に非常勤の心理療法担当職員が配置され，2006年度からは常勤の心理療法担当職員を配置する施設も増えてきています。臨床心理学の専門家（セラピスト）が配置されたことで，施設内において治療的な機能をより充実させていくことにつながりました。

◯子どもへの心理療法

セラピストはケアワーカーなどと相談の上，必要と判断した子どもに対して心理療法を行います。個別心理療法としては主に遊戯療法（プレイセラピー）が用いられることが多く，ごっこ遊び，描画，粘土，ボール遊び，ゲームなどのさまざまな遊びを媒介にして子どもの自己表現を促し治療的に活用していきます。遊戯療法のなかで，子どもはセラピストとの関わりにおいて，自分の気持ちを理解され，自由な感情表出や行動を受け入れられる体験をします。それはまた，自分をかけがえのない固有の存在として認められ大切にされる体験となり，自己肯定感を得ることにつながります。この自己肯定感に基づいて，子どもの対人関係が変容したり症状が改善することが期待されます。加えて，過酷な過去の体験によってトラウマを受けた子どもは，心理療法のなかでトラウマを扱っていくことが必要になります。

他にも，**箱庭療法**[9]，カウンセリング，**グループ心理療法**[10]，**行動療法**[11]，**心理教育**[12]などのアプローチ法があり，子どもの年齢や特性に応じてどのような心理療法を提供するかを見極めて行っていきます。必要に応じて心理テストも実施し，子どもの状態を的確に**アセスメント**[13]していくことに役立てます。

◯生活場面における子どもへの関わり

それぞれのセラピストや施設の考え方にもよりますが，子どもたちと一緒に食事をしたり，施設の行事に参加したりして，生活場面で子どもと関わりをもつセラピストもいます。生活場面では，ケアワーカーと子どもとの関係性や子ども同士の関係性を観察することができます。子どもがパニックになったりトラブルが起きた際などに，その場で治療的な関わりができる場合もあります。子どもたちの日常生活には心理療法場面で会うだけではわからない多くの情報が溢れており，そこで得た情報を，心理療法や後に述べるケアワーカーへのコンサルテーションに有効に活かすことができます。こうした活動は，児童養護施設という生活施設で働くセラピストならではの活動としてメリットも多い反面，心理療法に悪影響を及ぼさないような配慮と工夫が必要とされます。

◯ケアワーカーとの協働：情報の共有とコンサルテーション[14]

セラピストが活動するうえでケアワーカーとの情報交換は欠かせません。子どもの日常生活や学校での様子を聞いたり，親との関わりなどについて情報を得ることで，多角的な視点から子どもを理解していきます。同時に，心理療法

砂箱（72cm×57cm×7cm）のなかに，ミニチュア（人，動物，植物，建物など）を使ってクライエントに好きなものをつくってもらうことで，心理状態を分析し治療していく。

▷10　グループ心理療法
何名かの集団に対して行う精神療法的アプローチ。違った個性をもつ個人が何名か集まることによって，新たな集団としての特徴が生まれる。グループの成熟とともに，個人の成長を目指していく。

▷11　行動療法
人の抱える問題を「病気」としてではなく獲得された「行動」として捉え，問題行動に代わる行動を訓練する手続きを用いて，好ましい行動を獲得できるように援助する（河合隼雄『臨床心理学　第1巻』創元社，1995年，146頁）。

▷12　心理教育
統合失調症，摂食障害，薬物依存などを抱えている本人に対して家族が適切な対応ができるよう，心理的・教育的な援助を行うこと。具体的には，正しい知識を伝えることと適切な対応の仕方を教示することがその骨子となる（木戸幸聖監修，埼玉県立精神保健総合センター心理教育グループ編『心理教育実践マニュアル』金剛出版，1996年，5頁を一部改）。

▷13　アセスメント
⇒ III-5 参照。

▷14　コンサルテーション
二人の専門家の間の相互作用の一つ。コンサルタントがコンサルティに対して，コンサルティの抱えているクライエントの問題をより効果的に解決できるよう援助する関係。ここでは，コ

場面で得た子どもの心理的な理解を担当のケアワーカーに伝え，日常生活のケアに役立ててもらいます。セラピストは守秘義務に配慮しながらも，子どものケアに役立つ事柄については，なるべく多くケアワーカーと情報を共有することが望ましいといえます。

ケアワーカーと話し合いをしながら，より良いケアの方向性をみつけていくというコンサルテーション活動もセラピストの重要な役割です。コンサルテーションでは，身体的・精神的な症状や発達のつまずきのある子どもへの対応，学校や生活上でのトラブルおよび問題行動への対応，コミュニケーションが難しい子どもとの関わり方，家族関係についてなどが話し合われます。

ケアワーカーが子どもと関わる際に，子どもの行動の真意がわからなかったり，望ましい対応の仕方はわかっていてもどうしても感情的になってしまい，うまくいかないなど，さまざまな理由で対応困難になる場合があります。セラピストは臨床心理学的な視点をもとにケアワーカーと話し合い，子どもへのより良い関わりの方針や方策を具体的に見つけるための手助けをします。

コンサルテーションはケアワーカーにとって，子どもとの関わり方を客観的に見直し整理できる機会となり，子どもの言動への心理的な理解が深まります。加えて，自分自身のケアのなかに「既にできている部分」を改めて客観的に発見・評価してもらうことによって自信の回復にもつながるので，ケアワーカー自身への**エンパワメント**[15]・**メンタルケア**[16]的な効果もあるといえます。心に傷をもった子どもたちと関わることで，二次的にケアワーカー自身が傷ついてしまうことも多く，子どもの言動に振り回されて疲れきってしまうこともあります[17]。このような状態で生じる疲労を共感疲労といいますが，共感疲労が高まると**バーンアウト**[18]につながりやすいといわれており，サポートが必要になります[19]。ケアワーカーのバーンアウト対策としても，コンサルテーションは非常に有効だといえるでしょう。

○ 親や家族への関わり

精神的な疾患を抱えていたり，子どもを受け入れられず不適切な関わりをしてしまう親など，対応の難しい親も少なくありません。子どもとの面会・外泊等の関わりのもち方をどうしていくか，家庭引き取りに向けた関わりについて，ときには親自身の問題などについて，施設のファミリーソーシャルワーカーや児童相談所の職員などと協働しながら支援にあたることが求められています。

○ 関係機関との連携

子どもや家族が関係している，児童相談所，医療機関，保健センター，福祉事務所などの他機関とも，必要に応じて連携をしていきます。子どもの家族が対象となる**関係者会議**[20]などが地域で開かれる場合には参加する場合もあります。

（若松亜希子）

▷ンサルタントがセラピスト，コンサルティはケアワーカーになる（山本和郎『コミュニティ心理学——地域臨床の理論と実際』東京大学出版会，1986年，90頁）。

▷15 エンパワメント
⇒ Ⅶ-5 参照。

▷16 メンタルケア
精神面に対してのケア。

▷17 親しい間柄の者がトラウマになる出来事を体験したことを知ることにより，自然におこる行動や感情を二次的外傷性ストレスという。これは，トラウマを受けた人，あるいは苦しんでいる人を支える，支えようとすることにより生じるストレスである（B. H. スタム，小西聖子・金田ユリ子訳『二次的外傷性ストレス』誠信書房，2003年，10頁）。

▷18 バーンアウト
「燃え尽き症候群」ともいわれる。対人援助職の現場などで意欲的に仕事をしていた人が，あたかも燃え尽きたように急に意欲をなくして離職する現象。

▷19 藤岡孝志「対人援助職の二次的トラウマティック・ストレスと解離に関する研究」『日本社会事業大学研究紀要 No. 52』2005年，149～163頁。

▷20 関係者会議
家族と関わりのある機関（児童相談所，児童福祉施設，医療機関，児童家庭支援センター，保健センター，民生児童委員，福祉事務所など）の担当スタッフが集まり，それぞれのもっている情報を共有し，家族への対応・援助方針を話し合う。

III 児童福祉施設におけるそだちと自立支援

7 児童自立支援施設におけるそだちと自立支援

1 施設の概要

児童自立支援施設は，感化院（1900年）→少年教護院（1933年）→教護院（1947年）→児童自立支援施設（1997年）と歴史的な変遷を経ています。この施設は厚生労働省が所管する児童福祉施設で，全国58か所（2008年4月現在，国立2，都道府県・市立54，私立2），約2,000人の児童が生活しています。その入所経路は，少年法の保護処分の場合（少年法第24条）と，児童相談所の措置（児童福祉法第27条）の2通りで，前者が約2割を占めています。後者の場合には，原則的に保護者の同意を必要としています（表Ⅲ-9）。

改正児童福祉法（1997年制定）では，児童を取り巻く問題の複雑化・多様化の状況から制度と実態がかけ離れているとして施設の名称および機能の見直しが行われ，とりわけこの施設の入所率の低下を踏まえ，入所児童の「対象拡大」を図るものになりました。しかしながら，この施設の最大

表Ⅲ-9 学年別在籍人員

区分			男	家裁送致	女	家裁送致	計	家裁送致
小学生		1年						
		2年	2				2	
		3年	8		1		9	
		4年	22		4		26	
		5年	42		9		51	
		6年	68	1	17		85	1
		小計	142	1	31		173	1
中学生		1年	142	17	45	4	187	21
		2年	359	68	169	34	528	102
		3年	448	133	254	71	702	204
		小計	949	218	468	109	1,417	327
高校生	全日制	1年	9	1	7	1	16	2
		2年	10	1	3		13	1
		3年	7		4		11	1
	定時制	1年	9				9	
		2年	3	1			3	1
		3年	4	1			4	1
		4年						
	通信制	1年			2	1	2	1
		2年	1				1	
		3年						
		4年						
		小計	43	4	16	3	59	7
高等専門学校								
各種学校			3	2	3		6	2
職業訓練校			6		1		7	
その他の中卒児童（就職等）			90	22	73	23	163	45
計			1,233	247	592	135	1,825	382

出所：厚生労働省「児童自立支援施設の現況調査」（平成15年3月1日現在）。

68

の課題は，いまなお「定員開差」です。全国の施設定員4,363人に対して在籍人員は1,714人で，入所率は39.3%で，地域によっては活用されない状況が生じています（表Ⅲ-10）。

2 施設での指導

この施設が，感化院時代から大切にしてきたものは，教護や教母らとの密接な人間関係を中心にした家庭的な雰囲気や温かな人間関係を育てるための配慮です。職員と児童が寮舎で生活をともにして触れ合いながらつくり出す雰囲気を何よりも大事にしてきました。それは，「家庭的な雰囲気は少年院にはない特色で，存在意義は大きい。子どもとじっくり付き合って立ち直りを支える優れた施設」（埼玉新聞，2003年10月21日）と言われる理由です。

入所児童の一般的な日課は，10人前後が暮らす寮舎（主に小舎制）で，朝6時半に起床，ジョギングや体操，掃除のあと朝食。朝食後は施設内の教室に移動して授業。午後は野球やバレーボール，水泳，園芸作業などのクラブ活動。夕食を食べ，自習や自由時間を終えて，午後9時ごろには就寝。施設の日課は規則正しく営まれ，テレビの視聴や私物の持ち込みについて一部制限しています。このように中学生までの入所児童は，基本的には生活と教育の場を施設内にしているため，地域の学校に通学する児童養護施設の場合とは異なります。

この施設に入所する児童の問題行動の背景には，両親の離婚や不仲，人間関係の触れ合いの少なさなど，家庭的な問題が大きく影響しています。また，児童が生活する施設の多くは自然に恵まれた環境にあり，その自然との触れ合いのなかで，児童は少しずつ心が穏やかになり，やがて落ち着きを取り戻します。今まで家庭や学校の場面で安らぐ場をもてなかった児童が，この施設で，職員との食事，入浴，掃除，作業を通して気持ちを入れ替えます。職員やほかの児童との交流を通して，少しずつ大人への不信感を取り除き，心を開いていくのだと言えます。まさに「生活が陶冶する」（人間のもって生まれた性質を円満に完全に発達させる）のです。このように，施設での生活体験を通して児童に自分の「居場所」を体感させ，彼らが自立へ歩み出す支援を心がけています。

表Ⅲ-10 在籍児童数の推移

年度	施設数	定員（人）	在籍数（人）	充足率（%）
1965（昭和40）	58	6,276	4,698	74.9
1975（昭和50）	58	5,289	2,844	53.4
1980（昭和55）	58	5,304	2,779	52.4
1985（昭和60）	57	4,989	2,696	54.0
1987（昭和62）	57	4,945	2,611	52.8
1989（平成 元）	57	4,893	2,280	46.6
1990（平成 2）	57	4,893	2,029	41.5
1991（平成 3）	57	4,756	1,961	41.2
1992（平成 4）	57	4,758	1,903	40.0
1993（平成 5）	57	4,658	1,903	40.9
1994（平成 6）	57	4,705	1,949	39.3
1995（平成 7）	57	4,580	1,755	38.3
1997（平成 9）	57	4,582	1,828	40.2
1998（平成10）	57	4,844	1,998	41.2
1999（平成11）	57	4,510	1,962	41.3
2000（平成12）	57	4,374	1,790	40.9
2001（平成13）	57	4,210	1,794	42.6
2002（平成14）	57	4,211	1,659	39.4
2003（平成15）	58	4,363	1,714	39.3

（各年10月1日現在）

出所：厚生労働省「社会福祉施設等調査の概要」から引用・作成。

3 施設の課題

○質的な変化への対応

第1は，入所児童の質的な変化に対応した指導が求められています。「児童養護施設入所児童等調査結果」（厚生労働省，2003年2月現在）では，児童自立支援施設における「心身の状況別児童数・障害等あり」は27.3％を数え，前回の調査（1998年）11.1％に比べ，大きく増加しています。その内訳は，身体虚弱1.3％，肢体不自由0.1％，視聴覚障害0.4％，言語障害0.4％，知的障害8.6％，てんかん1.6％，ADHD7.5％，その他13.0％です。「その他の障害等」の多くは情緒障害であり，被虐待児の入所増加に伴うものと考えられます。▷1

改正児童福祉法（1997年制定）では，非行に加え，情緒障害や被虐待，引きこもりなどの児童を受け入れるなど，入所児童の対象拡大を図りましたが，この施設は，寮の部屋に鍵はなく，自分の意思で施設から無断で外出することも可能で，非行少年も，被虐待児も，児童養護施設から指導上，限界として措置変更された児童も，従来，指導方法は同じです。一方で，精神疾患を有すると診断される児童の入所も増加しており，きめ細かい個別指導を必要としています。変化に対応した指導を成立させるためには，常勤の医師や心理療法士の配置について定数化が課題です。

○触法少年の処遇

第2は，触法少年（14歳未満）の処遇です。今までは，刑罰法令に触れる行為をした14歳未満の少年の処分は，児童養護施設または児童自立支援施設への送致，保護観察に付するという保護処分に限られていましたが，従来よりも厳しく対処する内容を盛り込んだ少年法と少年院法の改正案が2007年5月，参議院本会議で可決，成立しました。これにより少年院送致の下限年齢が「14歳」から「おおむね12歳」に引き下げられたことになります。

少年事件の低年齢化で，刑罰年齢は16歳から14歳に引き下げられましたが（改正少年法，2000年11月制定），14歳未満の処遇については，ほとんど目が向けられてこなかったのです。「今の児童自立支援施設の指導で，重大な事件を犯した少年に罪の重さを認識させることは可能なのか，最近の少年の変化は，この施設の指導の域を超えていないのか」（読売新聞，2003年7月20日），そして，そのための整備は何か，緊急を要する課題です。▷2

○学校教育の実施

第3は，施設内における学校教育（公教育）の実施です。第二次世界大戦後間もなく制定された児童福祉法（1947年）では，教護院（現・児童自立支援施設）の入所児童について，ほかの児童福祉施設とは異なり，施設長に就学義務が課せられていません。施設内で行われる施設職員による学科指導を「準ずる教育」と位置づけるとともに，児童福祉施設最低基準第84条で「教護院におけ

▷1 才村 純『子ども虐待ソーシャルワーク論』有斐閣，2005年，197頁。

▷2 法務省の少年法制改正要綱案（2004年）では，少年院収容可能年齢の下限（14歳）を削除し，14歳未満も少年院で収容可能にすることがまとめられ，国会に法案が提出されていた。2005年には廃案に，2006年には継続審議となり，2007年，少年法改正案は成立した。

る生活指導，学科指導及び職業指導は，すべて児童の不良性を除くことを目的としなければならない」と，不良性の除去という教護院の独自性を名目に長い間，学校教育を受け入れないできた経緯があります。しかし，法制定から50年後，改正児童福祉法（1997年）によって入所児童にも就学義務が課せられ，施設内に学校教育を導入することが明記されました。しかし，改正法後，10年を経過するものの，全国57施設のうち学校教育を実施しているのは36施設（実施率63.2%）に過ぎません（2008年4月現在。中卒児のための1施設を除く）。

せっかくの教育保障規定であるにもかかわらず，なぜ進展しないのか。どのような教育の形態と内容を整備することが，入所児童の教育保障につながるのか，課題になっています。

4 施設児の不利益

> 公立高校の入試発表の日，保護者である彼の祖父から電話で不合格を知る。彼の受験番号が欠けていたというのだ。落胆は彼を取り巻く多くの者を包んだ。いわゆる業者テストでは安全圏にあり，入試の学科試験の自己採点でも"合格"と予想していた我々を裏切る結果であった。なぜ不合格となったのか。これは全くの推測でしかないのだが，ひょっとしたら，彼が「教護院の子」だからではないのか。願書提出後，志望校から再三，志願先の変更を打診されていたのを考えると，あながち私の考え過ぎでもあるまい。そうだとしたら，一度のつまずき，過ちを取り戻す力を，今の教育の中では与えられないことになる。私の勤務する教護院では，児童相談所や家庭裁判所から措置された子らが，家族と離れて生活し，施設内の学校に通いながら，性行改善に努めている。子らの学籍は，出身学校や教育委員会にあるが，将来の夢を実現させるためそれぞれが頑張っている。もし，「教護院の子」というのが不合格の理由としたら，私は強い憤りを感じる。こんなふうに，教育の力を低下させてよいのだろうか。前途ある少年の夢を摘み取ってよいのだろうか。なぜ，彼にチャンスを与えられないのか。
>   （朝日新聞「声」，1987年3月21日）

当時の高校受験でのハンディキャップの一例です。私の主張に対して，施設内外でも大して問題になることなく，施設児の教育保障の困難さがありました。受験前に出向いた私たちに，公立高校長は「中学で問題を起こした子を入学させることはできない」と公言していました。今ならきっと大きな問題になりますが，当時はこのような不利益を被っていたのです。

（小林英義）

III 児童福祉施設におけるそだちと自立支援

8 母子生活支援施設におけるそだちと自立支援

▶1 利用契約
2001年の児童福祉法の改正により，第23条中の条文が「その保護者からの申し込みがあったときは，その保護者及び児童を母子生活支援施設において保護しなければならない」と改正された。
この方式は，「保育所利用方式」と呼ばれ，利用者の選択制度が導入され，希望する施設を行政に申し込み，行政が当該施設にサービス実施を委託するしくみである。しかし，全国に280施設（2006年4月現在）しかない上に偏在しており，適正なサービスの提供は困難な状況といわざるを得ない。

▶2 全国社会福祉協議会・全国母子生活支援施設編『平成18年度全国母子生活支援施設便覧』全国社会福祉協議会・全国母子生活支援施設，2006年。

▶3 全国社会福祉協議会・全国母子生活支援施設編『平成18年度全国母子生活支援施設実態調査速報』全国社会福祉協議会・全国母子生活支援施設，2007年，60頁，64頁。

▶4 ドメスティック・バイオレンス（DV）
夫婦間・パートナー間の暴力をドメスティック・バイオレンス（DV）という。身体的な暴力に限らず，精神的，経済的，性的等あら

1 母子生活支援施設の目的

母子生活支援施設は，18歳未満の子どもたちを育てている配偶者のない女性やこれに準ずる事情のある女性が，さまざまな課題のために安定した生活が送れない場合に本人が福祉事務所等に申し込み（**利用契約**）をして，自立に向けて子どもと一緒に利用し，生活支援を受ける児童福祉施設です。

安心して生活が送れる住居を提供し，母親には，母子指導員を中心に社会的，経済的，精神的な自立のために相談や助言，情報提供，同行などの支援を提供しています。学齢の子どもたちには，少年指導員を中心に日常生活のなかで遊びやグループ活動を通じ心身ともに健やかな成長，学習や進学，進路の相談などの支援をしていきます。乳幼児には，保育士を中心に保育の必要性に応じて保育所入所前でも施設内で保育を提供したり，保育所の保育時間外の早朝や夜間，休日など保育を提供し，母親の就労を支援するなど，家族の自立と子どもの権利擁護を支援しています。社会福祉法人立や地方公共団体立のものがあり，2006年4月現在，全国に280か所（全母協会員施設休止2含）あります。

2 入所（利用）理由について

平成18年度全国母子生活支援施設実態調査によると平成17年度中に入所した世帯は1,853世帯。入所（利用）決定の理由は，「夫等の暴力（**ドメスティック・バイオレンス，以下DV**）：48.3％」が最も多く，次いで「住宅事情22.5％」，「経済的理由：14.4％」と続いています。また「入所前の家庭内環境の不適当：5.9％」，「母親の心身の不安定：2.6％」など多様な課題がうかがえます。

3 母子生活支援施設の自立支援の実際

母子生活支援施設は，利用者（母）と子どもという2つの権利主体が「世帯」として利用するという大きな特徴があります。そのため，母親と子どもへそれぞれの支援が個別に実施されるのではなく，母親，学齢児，乳幼児など，個々に対する支援が，職員間，職種間で絶えず連携と調整を図りながら家族の自立支援としてマネジメントされていく必要があります。

また福祉事務所やハローワーク，学校，保育所，医療機関などとの連携が不可欠であり，ひとり親家庭や子どもに関する制度も多岐にわたることから，福

祉的視点以外の医療，司法制度など総合的な視点をもって臨むことが重要です。

◯安心感のある住宅提供

利用者は，さまざまな理由から住むところを失い，不安定な状況におかれています。生活基盤と精神的安定感を得る場として住宅提供は重要な機能です。しかし，全国の母子生活支援施設の約4割が築30年以上。トイレは約3割，風呂は約5割が共同という状況です。プライバシーに十分配慮し，安心感のある安らぎの場となるために居住空間の確保が急務です。

◯日常生活を支援する

支援の基本は家族の主体的，個別的な生活意識を尊重し，衣食住や子育てに関わるさまざまな事柄や就労など，生活の見守りと相談支援です。DVや精神的課題など混乱状態から安定した生活を取り戻すための休息，癒しの期間が必要な利用者もいます。利用者との合意形成を図り，一緒に自立支援計画を策定し支援を進めていくことが大切です。複雑多様な生活課題に対し，心理療法担当職員や被虐待児個別対応職員の配置，特別指導費加算，被虐待児受入加算などの施策が行われ，より専門的，治療的な支援が求められています。

◯補完的保育機能と児童の健全育成，子どもの権利擁護

経済的自立と家族としての自立に向けて，乳幼児への育児機能の補完，子育て支援機能を提供します。行事やグループワークを通じてソーシャルスキルの習得を実施，ケースワークを通じて子ども自身の自立支援を図っていきます。

子ども自身の課題が理由で母子生活支援施設を利用することは多くありませんが，子どもにも入所面接や見学・説明を行い，親子でよく相談して決めるようにと話しています。日常生活や家族の意思決定の機会，退所時についても子どもなりの事柄や要望，不満なども含めて三者の関係を円滑に保っていく必要があります。また，子どもへの虐待が懸念される場合などは，子どもの権利擁護の視点に立って母子関係を支援する姿勢を取ることもあります。

◯夫等からの暴力・虐待からの避難ケースの支援

配偶者からの暴力の防止及び被害者の保護に関する法律（DV防止法）が2001年4月に成立し10月より施行され，翌年4月より「配偶者暴力相談支援センター」が設置されました。2005年度の相談総数は，全国で5万2,145件（内閣府男女共同参画局集計）。保護命令（接近禁止命令，退去命令）の申立は，2001年10月1日から2005年12月末までに裁判が終了したのは8,224件で，保護命令が6,577件（80.0％）に発令されています。

4 退所決定の理由について

自立支援計画に基づき，利用者家族自らが努力し，母子生活支援施設から提供される支援を受けて自立へと向かいます。平成17年度に1,887世帯が退所しましたが，利用期間は「1年以上2年未満：22.7％」が最も多く，「2年未

ゆる形の暴力を含む。どのような形であっても暴力は，相手の尊厳を傷つける重大な犯罪であり，人権侵害である。

▶5 配偶者からの暴力の防止及び被害者の保護に関する法律（DV防止法）
2004年3月改正により（2004年12月1日施行），暴力の定義の拡大，接近禁止の範囲を子どもまで拡大，退去期間を2週間から2か月へ延長。再度の申立の手続きの改善，外国人，障害者への支援の徹底，被害者の保護と自立のために警察，福祉事務所，民間団体との連携の強化，国・地方公共団体の責務などがより明確に規定された。

Ⅲ　児童福祉施設におけるそだちと自立支援

満：60.2％」で退所しています。一方「5年以上：9.8％」と長期に利用する世帯もあります。退所理由は，公営住宅やアパートを確保し「住宅事情改善：20.5％」，安定した就労収入が得られるようになったなど「経済的自立：26.1％」，離婚が成立するなど落ち着いた生活を取り戻したことによる「日常生活身辺の自立：14.2％」となっています。また，課題は解決されていないが施設を退所する「希望退所：13.4％」が少なくありません。

▷6　「希望退所」には，施設の自立支援や相談支援体制等の支援内容が不十分だった場合や利用者自身の精神的な課題や知的な課題，これまでの生活経験による生活上の問題行動による場合があり，母子生活支援施設利用そのものが適切であったのか，希望退所の理由がどちらにせよ，施設の支援体制，専門性の向上が求められている。

⑤　事例「母子それぞれの自立を目指す」——あるDV避難ケースの場合

○事例の概要

「こんなところにいられるか。息がつまって死にそうだ」。午前4時に施設に帰ってきた母親にその理由を聞いた時，母親は大声で不満をぶちまけました。その日の朝，母親はいつものように出勤したまま，帰る時間になっても帰らず，携帯電話もつながりません。子どもたちは，職員が付き添って寝かせました。午前3時突然本人から「今から帰る。」と電話があり，午前4時に酩酊状態でようやく帰ってきました。夫のDV，追跡から逃れ，広域で入所して10か月。慣れない土地で仕事と子育てと慌ただしいなかにも，安全を確保し，カウンセリングを受けながら就労し，保育所に入所するなど支援を受けながら，何となく落ち着いた日々を過ごしていた桜の花が咲く4月のことでした。

時間をおいて話を聞くと，「男友達と酒を飲み，自分の事情はみんな話し理解してくれていると思っていたが，自分も離婚できていない後ろめたさもあり，我慢していたが，ケンカになった。もう別れた。」と泣き崩れていました。

○支援経過

母親は，「子どもは，可愛いがどう接してよいかわからない。長女の親の顔色をうかがうような目が，私を責めているようで怖い。長男は，病弱で扱いにくく，子育てしていく自信がない」と不安を訴えます。確かに1歳になった長男は現在も小柄で母親から離れず，人見知りが激しくなかなか泣きやまず，健康面，発達面での課題がうかがわれます。施設としても要養育支援と子どもの養育放棄ということで児童相談所に通告することを告げ，児童相談所の相談支援の利用を勧めました。後日，委託機関も同席して自立支援計画の見直しを行うことにしました。

このような母親の子どもとの関係の背景には以下のようなことがありました。母親は，厳格な父親と，その影におびえ言いなりの母親のもとで育ち，中学2年生の時に父親から厳しく叱責されたことをきっかけに家に寄りつかなくなり，18歳で出産，結婚。夫も19歳と若い夫婦ではあったが，しあわせな家庭を築きはじめました。しかし，夫が交通事故に遭い働けなくなったことをきっかけに歯車が狂いはじめ，夫の飲酒，ギャンブル，そしてDVへと向かっていきました。若い夫婦にとっては，乗り越えるだけの経験がなく，何より双方とも助

言や支援を家族から得られませんでした。

◯ 事例から読みとれる課題

・養育に不安を抱える母親に対する具体的支援は？
・母親自身の課題へのアプローチ（自己肯定観の回復，養育スキルの獲得など）
・それぞれの「家族のあり方」をどう考えるのか？

◯ 課題の解説

【利用者の人生との出会い】

　母子生活支援施設で暮らす母親のなかには，自らの家族経験のなかに経済的な課題やDV，児童虐待などの課題をもって育ってきた母親も少なくありません。十分に家族の愛情や常識的な子育てのスキルにふれてこなかったために，夫婦のあり方，親としての子どもへの接し方，育て方など家族モデルに偏りがあり，家族の絆が非常に脆弱で壊れやすい場合があります。家族経験の不足は，自己肯定観の確立や信頼関係の構築の上でも影響があるといえます。

　母子生活支援施設暮らしで，自立支援を必要としている家族のそれぞれの歴史を理解することは，どのような支援が求められているのかの手がかりになります。面接での聞き取りだけでなく，身近な生活場面のやりとりのなかから，子ども時代の話や家族とのエピソードなどにふれることで得られるものが重要です。利用者と支援者の人生が交差する時です。そのような時を共有することで支援関係，信頼関係の構築が図られます。

【母と子それぞれの自立支援】

　母親と子どもという2つの権利主体があります。自立を考える上で母親は，働き手として，家族の生活を維持するためにも重要な存在です。しかし，自分自身の自己実現，落ち着いた生活を取り戻した今，人生を振り返ってできなかったことに今だからこそチャレンジしたいと思うこともあります。また，子どももDVや経済的課題が落ち着きを取り戻した時，進学や進路の希望を抱くこともできます。母子生活支援施設を利用することで，いったん分離した場合や児童福祉施設などで暮らす子どもを引き取り，**家族の再統合**を目指すなど家族のあり方を見つめていく時を過ごす場所でもあります。

▷7　家族の再統合
⇒ I-4 参照。

【自立支援の「最前線」，「地域の福祉問題の拠点」】

　母子家庭の自立支援のための制度もさまざま用意されています。しかし，日常生活の慌ただしさに飲み込まれて気づかないこともあります。目の前の母子が活用できる制度等の情報を収集し，支援を提示し，手続きなど具体的な支援を行っていくことも大きな仕事です。

　また，母子生活支援施設も地域の社会資源として，児童福祉，母子福祉に限らず福祉問題の地域の拠点，窓口として働くことが求められています。広い視野と社会資源などの情報，何より地域で顔の見える人的ネットワークを構築し，総合的なソーシャルワークが展開できることが大切です。

（花島治彦）

参考文献
庄口信一・近藤政晴・清水明編『母と子のきずな』三学出版，1999年。
松原康雄編『母子生活支援施設』エイデル研究所，1999年。
小木曽宏・柏木美和子・宮本秀樹編『よくわかる社会福祉現場実習』明石書店，2005年。

III　児童福祉施設におけるそだちと自立支援

9 情緒障害児短期治療施設におけるそだちと自立支援

1　情緒障害児短期治療施設とは

　情緒障害児短期治療施設（以下，情短）は，児童福祉施設の一つで，児童福祉法第43条の5に「軽度の情緒障害を有する児童を，短期間，入所させ，または保護者の下から通わせて，その情緒障害を治し，あわせて退所した者について相談その他の援助を行うことを目的とする施設」と定められています。ここでいう情緒障害児の定義はかなり広く，心理的，精神的な問題を抱え，家庭や学校で不適応が生じている子どもたち全般が範疇に入ります。入所と通所の両機能を備えている情短がほとんどですが，主は入所機能にあり，在宅では問題の解決が難しい子どもが，家族のもとから離れて入所し，他の入所児や職員と生活をともにし，問題を解決しながら成長していく施設です。職員として，児童指導員，保育士，セラピスト（心理職），看護師，児童精神科医，栄養士などがおり，さらに小中学校の分級や分校等が施設内に設置されているところが多く，教員も含めたさまざまな専門領域の職員がチームを組んで援助にあたります。福祉，医療，心理，教育等が連携することで，特に児童虐待対応に必要とされる多分野横断的協働による援助を行っているのが大きな特徴です。

　1961（昭和36）年に岡山県に開設されたのが始まりで，現在（2008年）全国に32か所設置されています。当時は広い意味での自閉症や低年齢の非行児童に対して，早期に治療的支援を行う施設としてスタートしました。その後，不登校児の入所が増え，入所児の多くを占めるようになりましたが，現在は被虐待児の入所が急増しています。こうした背景に，児童虐待の社会問題化とともに，児童相談所で扱う児童虐待相談が急増していることがあります。情短入所児に対する被虐待児の割合は，2000年度に5割を超え，2005年度には3分の2以上を占めました（表III-11）。被虐待児のなかでも，施設入所にいたる子どもたちの多くは，心身の発達を中心に深刻な問題を抱え，心理，精神的な治療を必要としています。このため治療機関としての情短への期待は高まっており，厚生

表III-11　入所児童の状況

施設数	定数	入所数	被虐待児数	被虐待児の占める割合
27	1153	899	611	68.0%

（注）　平成18年度厚生労働省・文部科学省要望アンケート調査結果より抜粋（平成17年10月1日現在）。

労働省は各都道府県に1か所以上の設置を呼びかけています。

② 生活場面を中心にした治療的援助

　情短は，児童福祉施設のなかでは唯一「治療」を看板に掲げた施設です。日々の生活のなかでの治療的援助が中心としてあり，個人心理治療や集団心理治療などのさまざまな治療プログラムが子どもの状況に合わせて用意されています。杉山は情短の治療について，生活を基盤に総合的に治療することの必要性を唱え，「総合環境療法」としてまとめました。生活環境を治療的実践の場とすることの視点は，古くはベッテルハイムやレドルらが，その治療的実践から提唱しています。日常生活を治療的実践の場としてみなすことの利点は多岐にわたります。たとえば，人生早期から虐待環境におかれ，早期の心理発達課題の獲得が十分でない子どもたちの場合，食事，入浴，排泄，睡眠などの基本的な生活場面に，その子の抱えた本質的な問題がさまざまな形で表れます。援助者が生活をともにし，関わりながらの観察がことのほか重要な意味をもってきます。さらに援助者は子どもが安心して暮らせるように，個々の子どもにあった生活環境を考え，毎日の生活がつつがなく送れるよう根気強く援助します。リズムある安定した日常生活に包まれながら，援助者との新たな大人との信頼関係が芽生えていきます。また生活のなかで見せる些細な子どもの言動が，大きな治療的展開へとつながる場合は少なくありません。このように日常生活は，きわめて重要な治療の場となります。

▷1　杉山信作『子どもの心を育てる生活』星和書店，1990年。

▷2　Bettelheim, B. (1950) *Love is not Enough*. New York, The Macmillan Company. 村瀬孝雄・村瀬嘉代子訳『愛はすべてではない』誠信書房，1968年。
Fritz Redl・David Wineman (1951) *Children Who Hate*. Free Press. 大野愛子他訳『憎しみの子ら』全国社会福祉協議会，1975年。

③ チームアプローチ

　日々の援助には多くの困難が伴います。特に虐待を受けた子どもたちは多くの問題を抱えており，援助者一人で抱えることは到底できません。複数の多職種による連携と協働というチームアプローチが不可欠となります。チームアプローチの必要性は，情短に限らず全ての施設に共通する事柄です。情短は他の児童福祉施設に比べ多職種が配置され，さまざまな職種によるさまざまな場面での情報が得られる分，子どもの総合的な理解が得られ，新たな視点への気づきや援助方針のバリエーションが広がりやすいなど，多職種間協働ゆえの利点は得やすいといえるでしょう。

④ 特別な治療プログラム

　生活の場が十分に守られた状況のうえで，個人心理治療が初めて意味をもちます。多くの施設で心理職が個々の子どもとの1対1の心理治療を行っています。週に1回1時間など決められた時間に**プレイセラピー**やカウンセリングなどを行います。カウンセリングやプレイセラピーなど，個々の子どもの状況に合わせて，子どもが無理なく安心して参加できるよう配慮しながら進めます。

▷3　プレイセラピー
遊戯療法。遊びを通して行われる心理療法。「遊び」にある心的内面の象徴的表現性や「遊び」そのものに備わった自然な自己治療性に注目した技法。

虐待等の不適切な養育状況におかれ続けたことによる重い課題を抱えた子どもたちにとっては，こうした工夫や配慮が重要です。一方，社会化を促したり，運動機能を高め，心身の統合を図るなどの特定の目的をもった集団活動も重要です。集団活動は数名から10数名ほどで行われるのが普通です。子どもたちの状況に合わせて，集団絵画療法や音楽療法など既存の治療技法を用いたり，必要に応じては新たなプログラムを生み出し，検討を加えながら実施する場合もあります。情短はこうしたプログラムの開発，実施，評価を積極的に行ってきた歴史があり，1989年から全国情短協議会が毎年発刊している紀要『心理治療と治療教育』には，さまざまな取り組みが報告されています。

5 家族への支援

子どもの問題は，家族の抱えた問題の表れでもあります。子どもの治療と同時に家族への治療的援助も必要となります。情短は**家族療法事業**として家族の相談を受けたり，面接治療を行ってきました。情短のなかには家族療法棟を設置しているところもあります。そこには専門的な家族療法や家族宿泊などを行う設備が整えられています。近年，被虐待児の入所が増えるとともに，家族に対する治療的援助の必要性は強く求められるようになっています。一方で，虐待行為を認めず，施設入所になかなか同意しない家族も増えており，こうしたケースの場合，治療の必要性を投げかけても，強い抵抗を示されることが少なくありません。まずは子どもの治療的援助の協力者として位置づけ，施設と家族との関係の構築を心がけ，徐々に示される家族の悩みや訴えに沿って治療的援助を提供していくといった時間をかけた関わりが必要となってきます。

▶ 4　家族療法事業
厚生労働省が不登校児童の急増に対応して，平成3年度から開始した事業。情短入所児の家族に対して，家族療法や親面接などを行っている。

6 事例「初期発達が阻害されたタクヤ君の回復過程」

○事例の概要と経過

タクヤ君は，小学校2年生の時に情短に入園しました。出生当時から母親に拒絶され，年齢不相応の課題を強いる対応をさせられてきた子どもです。1日のほとんどを眠っていることが多く，食事の時間だけ活動的になり，むさぼるように食べました。背も小さく背中を丸めた姿勢で，顔や手の霜焼けがひどい子でした。唐突な行動が多く，体験がないのか抱っこすると体がこわばりました。入所後，さまざまな活動への参加はしばらく見合わせ，生活環境がタクヤ君に馴染むまで待ちました。また大人との安心できる関係を築けるようにと，就寝前に手足に霜焼けの薬を塗ってマッサージする時間を設けました。この時間がとてもお気に入りの時間となりました。タクヤ君は外界から遮断された眠りの世界に身をおき続けたゆえ，さまざまな発達が損なわれていました。安心感に包まれたタクヤ君は目覚める時間が長くなり，活動的になっていきました。上記の問題が急速に改善されると同時に，乳幼児期をやり直すがごとくにさま

ざまの事柄を吸収しはじめました。入所してまもなくのIQは驚くほど低かったのですが，小学校6年生の時には，正常範囲まで上昇しました。一方，小学校5年生頃から，「お母さんとうまくいく作戦立ててたんだ」と母親と自分との厳しい関係に思いを馳せるようになると同時に，他児と自分を比較しては「オレは馬鹿だ」と卑下し，無気力になって部屋にこもりはじめます。タクヤ君は，損われた発達をとり戻すがごとくの成長の一方で，わが身や置かれた境遇を振り返り，深い悲しみと向き合いはじめたのでしょう。個人心理治療（プレイセラピー）場面で母親に対する否定的な言葉が出はじめ，セラピストはそれを受け止めました。入所以降，母親を中心に家族面接を繰り返してきましたが，母親の状態に大きな変化は生じませんでした。無気力な状態は続きましたが，職員は傍らに寄り添い続け，一緒に鳥の巣箱をつくって鳥の訪れを待つことで，ささやかでも確かな希望をもち続けました。2年以上経過して，自分や家族のことを冷静に振り返り語るようになった後，「やりたいことができた」「進学に挑戦したい」と前向きな姿勢に転じました。

● 事例の解説

【総合環境療法】

　入所した子どもたちには，個々の子どもの理解にもとづいて，生活環境が整えられ，学校教育やさまざまな援助プログラムが用意されます。こうした総体としての治療が総合環境療法です。タクヤ君の状態に合わせて，初めから多くの活動に参加せず，無理のないようなプログラムを設定することから始まります。

【生活のなかの治療】

　タクヤ君の場合，マッサージが安心して穏やかに過ごせる場面となりました。それは日常生活ゆえに設定できる重要な治療的場面です。タクヤ君は，外界への安心感や大人との信頼関係を獲得し，徐々に回復，成長へと向かいました。しかし，成長して言動がまとまり，自分や周囲を見つめられるようになってくると，それまでの生い立ちや不十分な自分の有り様に気づき，怒りや悲しみなどから抑うつ的になります。こうした状態はタクヤ君のみならず思春期の子どもの多くにみられます。タクヤ君は「鳥の巣箱づくり」に助けられながら，過去の辛い体験を悼み，ほのかに希望が抱けるようになることで，なんとかこの時期を乗り越えました。

【治療の長期化】

　どのケースにおいても，思春期は，辛く長く根気のいる援助過程となります。また，この事例もそうですが，情短での援助期間は長期化の傾向にあります。児童福祉法では，名称にもあるように「短期」と定められていますが，平均で3年，4年，なかには10年近く入所している子どももいます。被虐待児の増加とともに，重い問題を抱えた子どもたちが増えてきたことが大きな要因です。

（増沢　高）

III 児童福祉施設におけるそだちと自立支援

10 重症心身障害児施設におけるそだちと自立支援

▷1 ムーブメント教育療法
健康と幸福の達成を目的としたものといわれている。障害のある人にとって動く楽しさ，動く喜びを感じるような環境を設定して行われる療法。

▷2 音楽療法
音楽のもつさまざまな機能を効果的に活用し，彼らの心身によい影響を与え，障害やさまざまな病気，ストレスなどから生じる問題を解消，軽減，改善し，発達を促進することを目的にした療法。

▷3 スヌーズレン
オランダの Ad Verheul によって始められ，ヨーロッパ各地に広まり，近年日本にも紹介されたもの。重症心身障害においては，音や振動，光，匂い，風などリラックスして感覚が楽しめるよう組み合わせて工夫されている。

▷4 アニマルセラピー
「動物介在療法」と訳され，動物をとおして人の心身にさまざまな効果があらわれる療法。

▷5 国際障害者年
1975（昭和50）年の第30回国連総会における「障害者の権利宣言」決議を経て，翌年の第31回国連総会で，1981年を「国際障害者年」とすることが決議された。

1 重症心身障害とは

　重症心身障害は，肢体不自由と知的障害が重複し，そのうえ障害が重く，結果として歩くことや手を自由に動かすなどの機能が困難になっています。また，コミュニケーション手段としての言語理解や話すことができないため意思疎通が大変困難となっています。食べることも障害が重いため援助が必要であり，排泄は自力で動くことができないなどが原因で自然排便がないことが多く，ほとんどの場合おむつを使用しています。その他衣服の着脱や洗面などの日常生活動作の大部分にほぼ全面的な援助を必要としています。

　このように障害が大変重いため，一般に言われる自立は大変困難です。そして，けいれんや発熱なども多く，本人からそれを訴えることもできないため，医療が必要となってきます。

　このような状況のため，他の障害とは違って児童福祉法で18歳を過ぎても援助を継続することになっています。重症心身障害という用語や概念はわが国独自のもので，社会福祉的要請に基づき使用されています。

2 自立に向けてのどのような援助が行われているか

　①で述べたように，障害が大変重いため自立への道は困難なことが多いのです。しかし，不可能ではなく本人を受け入れる環境や援助体制，長期的な視点での援助などがあれば，彼らなりの自立は不可能ではありません。

　たとえば，いろいろな感覚刺激を受けるなかで機能の変化が起こることが医学的にも少しずつ実証されてきています。代表的なものとして**ムーブメント教育療法**があります。トランポリンなどの遊具を使用し，ピアノなどの生の音楽を使って楽しく自然に体を動かすことにより，さまざまな機能回復が可能となってきています。そのほかに**音楽療法**や**スヌーズレン**，**アニマルセラピー**などが行われています。

3 生活の拡がりを保障する「場」

　重症心身障害児に対して今までは，社会生活を送るうえでもっとも問題となる重い障害についてはほとんど考慮されず，私たちとは違う生活を送るのが当然だというように位置づけられてきました。それが**国際障害者年**を境に変化し

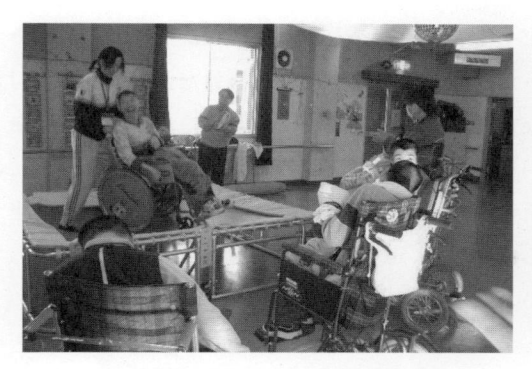

写真Ⅲ-1　ムーブメント教育療法

写真Ⅲ-2　音楽療法

写真Ⅲ-3　スヌーズレン

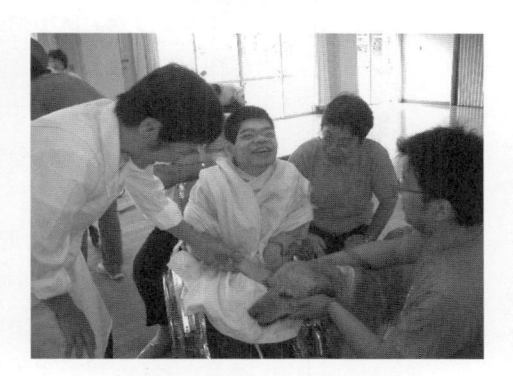

写真Ⅲ-4　アニマルセラピー

てきました。つまり今までは，国民生活の平均を基準として「障害者の生活実態」を問題とし，その深刻さなどを捉えるだけであったものがそれだけではすまなくなり，もっと積極的に「生活」を考えていくべきだという流れになってきました。障害者の人間としての生活，人間として生きるうえで必要な生活の条件ということについて，実践的にも理論的にも本格的に追求すべき時代になってきました。このようななかで重症心身障害児の生活のあり方を考えたとき，人間としての生活というのは，やはりもっと拡がりをもったものでなければならないと思います。

　そこでこの拡がりをもつために「住む場所」，「居住施設と分離して保育や趣味活動などに取り組む場所」，「自主的活動の場所」の三つの「場」を考えてみました。

　○住む場所

　まず第1に住む場所ですが，これは当然のことながら居住施設となります。そこでは生活を送るなかで，生活技術や生活態度などを身につけている面がありますが，その一方で24時間を同じ場所で暮らし，そのうえ多くが長期間の生活となっていることを考えると生活としてはあまりにも貧しすぎはしないでしょうか。重症心身障害児は，知的障害と肢体不自由が重複しており，そのうえ

障害が重いために本人が要求することがなかなか伝わらなかったり、目的とするところへの移動が困難だったりします。その結果、職員などが援助しなければベッド上での生活が多くなってしまいます。ベッド上での生活が多くなると、日常生活のほとんどのものがベッドの上で処理されてしまいます。具体的には、朝起きて洗面などは、洗面所でなくベッド上で、朝食も食堂でなくベッド上で、排泄もおむつを使用している場合が多いこともありベッド上でとなっていってしまいます。つまり、一定のところに集中してしまいがちになります。

それがたとえ医療を必要とするからとか、介護的援助を必要とするからとの理由があったとしても、みんなと楽しく暮らすことにはなりきれないのではないでしょうか。医療や介護はより一層充実せねばならないものでありますが、居住施設の設備や広さなどの問題があるにしても「洗面をする場所」、「食事をする場所」、「排泄をする場所」など、生活空間に区切りをつけることが発達を保障していくうえでの生活技術や生活態度などを身につけることにつながるのではないでしょうか。

◯趣味活動などに取り組む場所

第2に居住施設と分離して保育や趣味活動などに取り組む場所ですが、多くは居住施設で行われていると思われます。居住施設で行うことが必要な場合もあると思います。しかし、「場」という観点から考えた場合、人はその場での環境などに大きく左右され、場所が変わったことによる表情や、行動の変化などが生じることが多いのではないでしょうか。それが同一環境だと、それぞれの「場」での子どもの評価というものができず、同じ場面での評価となり、子どもにとっても生活の区切りがなくなってしまいがちです。たとえば、施設に隣接する病弱特別支援学校がある場合、子どもは居住施設から学校という違った環境に場所を移すことにより、居住施設とは違った発見が多くあることが報告されています。その点から考えると、最低限でも同一敷地内であっても趣味活動などをする「場」に行くには居住施設を出て違う建物の玄関から入るといった区切りが必要ではないでしょうか。

◯自主的活動の場所

第3の自主的活動の場所ですが、特に生活の場をもつという場合には重要であり、また現実的には難しい「場」であると思います。日曜日の生活は職員は少なくなり、通常使われている居住施設以外の建物は閉まり、より閑散としたものになってはいないでしょうか。そのなかでの生活はより一層消極的なものになり貧しいものとなっています。この時に、職員以外の方たち（ボランティア、保護者など）と交流がもたれることは貴重なものとなります。そのために必要となる施設などの確保はそれほど難しいことではないと思われます。

以上、生活に拡がりをもたせるという視点からの「場」について述べましたが、障害が重いということから本来の機能がおさえられ一層機能低下が進んで

いることもあると言えますが，当たり前な生活空間が保障されるだけで自立へ向けての一歩となると思います。

4 限られたなかでの「場」の保障

　生活に拡がりをもたせることについて述べてきましたが，これらが実現にほど遠いものであったならほとんど意味をもたないことになります。実際の現場では実現しようと思っても金銭的な面，スペースの問題，援助者の問題などが山積しています。そこで筆者の施設で実際行っている方法を紹介し，考えれば実現する方法はいくらでもあるということを知っていただきたいと思います。

　すでに述べてきたとおり，重い障害をもっていても「感覚刺激や場」の保障などをすることにより，彼らなりの自立は不可能ではありません。そこでそれを実現するために限られた条件での工夫を紹介します。

　住む場所から廊下つながりのプレイルームでは日々保育活動などが行われています。この場所を保育や趣味活動などに取り組む場所や自主的活動の場所として効率的に，しかも手づくりで，専門的な知識を導入して改造できないかと取り組んでいます。図Ⅲ-1のように一つの場所にいくつかのコーナーをつくり，子どもたちが自分で選ぶことができるようになっています。材料はほとんどが現在所有しているものを利用しています。デザインや構造などは大学の先生方が専門的につくってくれました。

　このように，生活の区切りをきちんとし，そのなかに自立へ向けての援助方法を盛り込み，長い目で取り組みを続ければ自立への実現が図られると思っています。

（小野澤直）

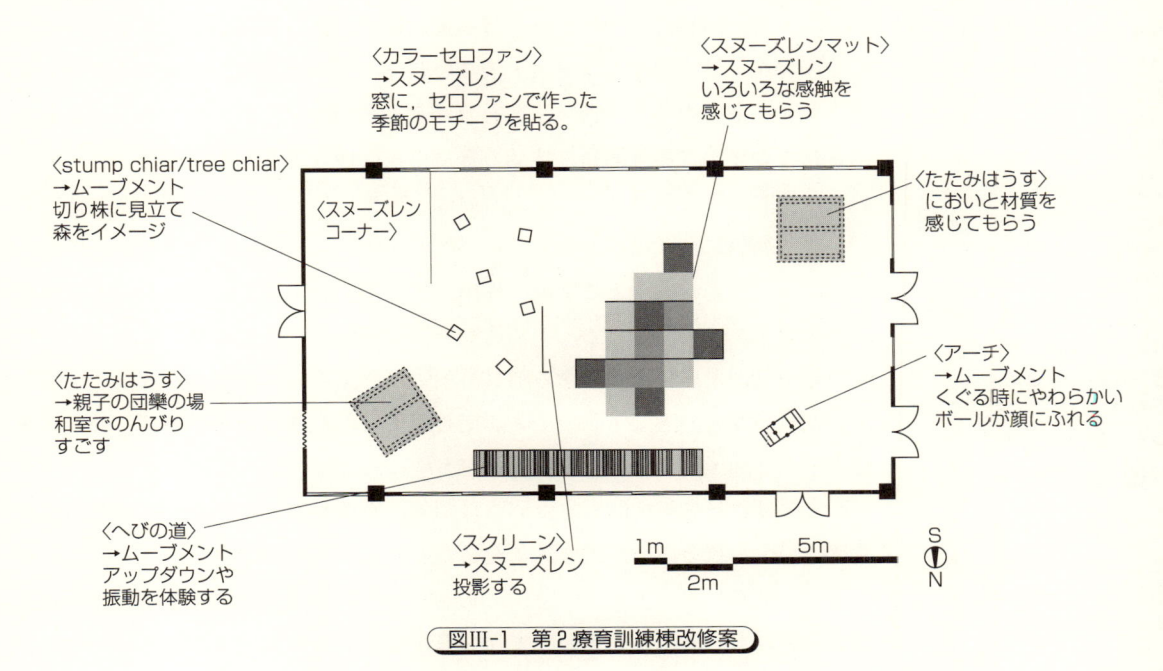

図Ⅲ-1　第2療育訓練棟改修案

III 児童福祉施設におけるそだちと自立支援

11 肢体不自由児施設におけるそだちと自立支援

▷1　骨形成不全症
わずかな外力によって容易に骨折を起こす遺伝病。たび重なる骨折のため、四肢、脊柱、胸郭の変形を生じる。

▷2　脳性麻痺
出生前・出生時・出生後の種々の原因により、新生児期までに生じた脳障害であり、運動系の機能障害を基本とする。麻痺の内容により、強（痙）直、失調、アテトーゼ、無緊張などに分類される。合併症候として、知的障害、てんかん発作、言語障害などがある。

▷3　二分脊椎
脊椎破裂とも呼ばれ、胎性期における脊椎の形成不全により脊椎が左右に分裂しているものをいう。比較的頻度の高い先天性奇形であり、骨以外の脂肪や血管にも何らかの奇形・変形が合併していることが多い。

▷4　てんかん
脳の神経細胞群の異常興奮により、脳活動の異常が症状として現れたものをいう。その症状も多彩で、全般発作、部分発作、難治性発作、痙攣重積症などがある。

▷5　重症心身障害
⇒ III-10 参照。

▷6　ネグレクト
児童の心身の正常な発達を妨げるような著しい減食または長時間の放置、その他

1　肢体不自由児施設の現状

　肢体不自由とは、四肢体幹に不自由がある、すなわち身体障害を意味する言葉ですが、実際には奇形や**骨形成不全症**のような身体面にのみ障害のある利用者は少なく、**脳性麻痺**や**二分脊椎**のように、先天的な知的障害をはじめ、**てんかん**や視覚障害・言語障害、またそれらから派生する二次的・三次的な障害を併せもつ重複障害であることが大多数を占めます。また、そのなかでも重度重複障害、あるいは**重症心身障害**と呼ばれる、身体的にも知的にも、さらに経管栄養や気管切開のような医療的にも最重度の子ども（超重症児）が数多くなっています。そうした子どもが入所して一定期間、集団生活を送るのが肢体不自由児施設ですが、入所の理由としては、①保護者の不在や身体的・精神的疾患、虐待・**ネグレクト**のため家庭での養育困難による長期入所、②手術・リハビリのための短中期入所、③早期療育（母親指導含む）に主眼を置いた母子入所、④家族の病気や休息、母親の出産、冠婚葬祭のための短期入所があげられます。

　いずれの場合も、入所した子どもは必要に応じて診察や各種検査を受け、**PT、OT、ST**などの訓練や、心理面接・治療を訓練室ないしは病棟内で受けます。また、同時に、幼児であれば病棟内保育、あるいは独立した保育室に通って保育を受け、学齢児は併設・隣接の肢体不自由養護学校で教育を受けます。障害が最重度で通学できない子どものための訪問教育やベッドサイド授業も実施されています。例外的に、地域の普通学校に通う子どもも存在します。高卒後も、在宅が不可能であったり、次の成人施設（多くは重症心身障害児施設）が空かずに施設に在園延長となる、いわゆる過年児も全国的に増加の傾向にありますが、外部の作業所との交流、外出、病棟内でのサークル活動、あるいは施設内にデイケア部門を立ち上げて活動の場を保障する動きも増しています。

　肢体不自由児施設に勤務する職員の種別は、直接従事職である看護師・保育士・児童指導員・医師・訓練士・臨床心理士などのほか、ケースワーカー・栄養士・調理師・薬剤師・検査技師など多岐にわたっているため、チームアプローチと呼ばれる異職種間、また同職種間での連携が不可欠です。比率としては看護師が大多数を占め、医療ケアを必要とする子どもの増加に伴い、年々医療的色彩は強まっています。同時に、在宅療育・地域療育の傾向の強い昨今、入園する子どもの多くは、きわめて強い養護性を抱えたケースに限られてきてい

ます。

❷ 肢体不自由児施設における支援

　家庭での養育困難による長期入所について取り上げると，乳児院から年齢超過で肢体不自由児施設に入園し，その際も前施設職員と児童相談所職員が付き添い，入園から退園まで保護者との接触がまったくないといったケースも珍しくありません。生後家庭で暮らしたことが1日もない場合もあります。

　このような，いわゆる家庭経験の乏しい子どもに対して，まず診察・検査・治療・訓練・保育・教育・余暇活動が行われ，心身の成長・発達を図りますが，それに加えて，しつけ・社会常識・経験といったものの獲得も欠かせません。とはいえ，肢体不自由児施設の現場の職員は交替勤務ですから，その多くは担当性を敷いたり，引き継ぎや連携に尽力することで指導に一貫性をもたせようとしているものの，家庭とは異なり，同じ人が，ある子どもをずっと連続生をもって支えることが難しいという限界があります。ただ逆に，多くの人に支えられ，豊富な人間関係を築くことができるとも考えられます。相手によって態度を変える，いわゆる施設っ子を生じさせるともいわれますが，どのような人であっても，状況に応じて態度や言葉遣いを変えており，それが施設っ子と呼ばれるケースでは象徴的に表れているだけかもしれません。いずれにせよ，最も大切な人間関係のルールが獲得できなければ，将来社会に出た時に子どもが恥ずかしい思いをしたり，相手にしてもらえないという危険性は大きいので，対人関係を養える取り組みが工夫されています。

　以上のように精神的な部分を職員が担いつつ，家族との絆を少しでも太くする取り組みも並行して行われます。現場の職員，ケースワーカーあるいは児童相談所職員が保護者に電話や手紙でアプローチしたり，無理のない範囲で面会や外泊，行事などへの参加を促します。場合によっては，家庭訪問も行います。この場合，過去に虐待の既往があったり，現在精神的な疾患を抱えている保護者へのアプローチは特に慎重を期すようにします。せっかく外泊をしたのに子どもが傷を負ってしまったり，職員と保護者の間でトラブルが生じ，子どもに望ましくない影響が及ぶことは避けなければなりません。

　さらに，毎日の生活のなかで，季節にちなんださまざまな行事，外出が企画されています。個々にとって適しており，職員も力を入れやすい，かつ保護者も無理なく参加できるものが理想です。全員に適したプログラムや目的地を考えるのは難しく，誰かに的を絞ったものにならざるを得ませんが，参加者のすべてが心地よい感情や，短時間でも充実感や満足感を味わえる工夫が必要です。

　長期養護以外の目的での入園利用者に対しては，手術・訓練・母親指導・一時保護などの明確な目的が存在していますので，まずはその目的を達成することが最優先ですが，いずれの場合にも，安全に配慮しつつ，子ども個々の特

の保護者としての監護を著しく怠ること。

▷7　PT，OT，ST
PT：Physical Therapy。理学療法。移動，姿勢の保ち方など，全身の運動機能の訓練。
OT：Occupational Therapy。作業療法。食事，更衣，排泄など，身辺自立を目指す訓練。
ST：Speech Therapy。言語指導。言語，非言語など，あらゆる方法で他者とのコミュニケーションを図る訓練。

III　児童福祉施設におけるそだちと自立支援

性・特徴に合わせたADL能力の向上・社会経験の拡大を図る点は共通しています。

3　事例「遺棄児童の就労・単身自活までの支援」

○事例の概要

ヒロシは脳性麻痺で、コミュニケーションに問題はなく、身辺自立可。移動は両クラッチにて独歩。学力の遅れが出ることは予想されたものの、友人関係構築や社会性獲得のため、施設に隣接している小学校に入学しました。入学前の取り決めでは、通学・教室移動・体育時に施設職員が付き添うということでしたが、入学してみると全時間の付き添いを求められました。授業中もヒロシの机の横に椅子を置き、並んで授業を受けました。安全のためと、学力の遅れを職員がサポートするためという理由でした。移動の遅さ、学力の遅れ、食事マナーの悪さ、よだれなどの要素のほかに、やはり常に職員が傍らにいることが最も大きかったと思われますが、周囲の児童はヒロシに寄りつきませんでした。その後、付き添う時間は次第に減り、小学3年生まで通学しましたが、当初の目的であった良好な友人関係は構築できず、普通校通学の意味も薄くなったため、また本人の希望もあり、小学4年生からは**養護学校**に転校しました。

○支援経過

その後、手術や、児童養護施設への措置変更の検討（結果としては、安全が確保されないという理由ですべて断られる）なども経て、中学2年生の時に、「今なら健常児と勝負できると思うので普通高校に行きたい。そのために勉強を教えてほしい」と言ってきました。マンツーマンの勉強や学習塾を利用するなどした結果、商業高校に合格し、成績は苦労し続けるものの、かろうじて進級を重ねました。高卒後の進路については、ヒロシが就職して一人で自立して生きていくことしか考えていなかったので、当初から就職に絞られていました。就職活動も、ヒロシは心身ともにマイナス面が多く、困難をきわめましたが、障害者雇用枠で一般企業に就職できることが決まりました。

また、以上の経過と並行して、入園以来、職員がヒロシを休日に外出させたり、自宅に外泊させ続けたりしていました。ヒロシにとっては、この職員への反抗期もありましたが、大きな心の拠り所となっていたことも、ヒロシの成長には欠かせない要因です。当施設を退園後、ヒロシは施設の近所で単身生活を開始しますが、この住居を手配したのは上記の職員の尽力によるものでした。

○事例から読みとれる課題

- 肢体不自由児施設で暮らしている間のヒロシに対する養護ならびに自立支援として、具体的にはどのようなものがあげられますか。
- 子どもへの支援でまず第一に大切と思われるものを考えてみましょう。
- この子どもの特徴はどこにあるのかを考えてみましょう。

▷8　ADL
activities of daily living。日常生活動作。起き上がり、歩行など移動に関する動作と、洗面、食事、更衣、トイレ、入浴など身の回りの生活動作および作業的動作などに分けられる。

▷9　養護学校（現特別支援学校）
2007年4月から「特別支援教育」が学校教育法に位置づけられ、従来の盲・聾・養護学校の制度は複数の障害種別を全て受け入れることができる特別支援学校の制度に転換された。

・また，全く別の支援方法をとれなかったかどうか考えてみましょう。

◯ 課題の解説

【基礎となる支援】

　両親不在，あるいは拒否や虐待で養護性の強いケースは多々存在しますが，ヒロシのように知的に健常児と大きな隔たりがなく，普通校通学を考えられるようなケースは非常に少ないことから，なかなか他には適用の難しい特殊な事例といえます。また，以上の経過は，ヒロシ自身の成長や努力に負う部分がかなり大きいのですが，幾度か職員の支援が重要となったポイントがあります。

　全期間を通じて現場職員（看護師・保育士・児童指導員），医師，訓練士，ケースワーカーによる毎日の支援があり，それがすべての成長の基礎になっています。それに加えて，進路選びという時期に当たる次の部分を取り上げてみました。

　A．普通小学校入学（小1）
　B．養護学校転校（小4）
　C．普通高校進学（高1）
　D．就職活動（高3）
　E．単身生活・就職（社会人）

　Aについてはほとんどが周囲の意思と言ってもよいでしょうが，B～Eは，まず本人の意思があり，それを実現させるために周囲が実際に動いたといえるでしょう。

【意思の尊重】

　養護（保護）しながら，将来に向けて自立を支援することは，すべての子どもにとって必要ですが，幼少の時期は，まずは養護という部分に重点が置かれます。心身の能力や判断力が未成熟である間は，子どもにとってよかれと思われる方向やプログラムを支援者側が考え，誘導することが多くなります。そこから徐々に成長し，さまざまな能力が養われるにしたがって，また，本人が周囲からの信頼を得るにしたがって，本人の意思が尊重される比率も増し，両者の連携も図られるのでしょう。

【人とのつながり】

　そして，ヒロシの場合であれば，自らの生育歴を知った上で，一人で生きていく強い意思をもち合わせており，また進路を選択・決定する際に，その意思を一人の職員との関係が無意識のうちに支えていたことも強調しておきたいと思います。

　すべての決定が支援者側の誘導によるものだったり，逆に，すべてを本人の意思だけで決めてしまっても，望ましい結果が生じるとは限りません。両者の良好な関係とバランスの上に利用者の福祉は存在しうるものだと思います。

（浦野泰典）

III 児童福祉施設におけるそだちと自立支援

12 知的障害児施設におけるそだちと自立支援

1 知的障害児施設とは

児童福祉法では第42条に「知的障害にある児童を入所させて，これを保護し，又は治療するとともに，独立自活に必要な知識技能を与えることを目的とする施設」と定められています。家庭で何らかの事情があり，子どもが親元を離れて暮らすことになってしまったとき，その子の知的レベルを児童相談所が判定し，知的に遅れがあると判断された場合，必要に応じて知的障害児施設への入所となります。

全国で約300の施設があり，約1万5,000人の子どもたちが暮らしています。

2 槇の木学園における生活

槇の木学園は知的障害児施設のなかでも，変わった取り組みをしています。それは「小舎制」と呼んでいますが，より家庭に近い暮らし方を施設のなかでもできるようにという試みです。入所施設はどうしても他人が集まり大人数になってしまいます。また，一部屋を共同で使うために，トラブルが起こることも少なくありません。生まれも育ちも違う者同士が，ある日突然同居となるのですから無理もないことでしょう。ましてや子どもたちではなおさらのことです。槇の木学園では，施設入所になったからといって，その子の育ちに支障があってはいけない，できるだけ子どもたちの成長に合った生活環境を整えたいと思い，「小舎制」に取り組んでいます。槇の木学園での生活をご紹介します。

▷1 槇の木学園
千葉県長生郡睦沢町にある定員30名の知的障害児施設。

▷2 小舎制
⇒ I-6 参照。
槇の木学園では子ども3～5人でひとつの寮をつくっている。

写真III-5 A寮の外観

写真III-6　A寮のキッチン　　　　写真III-7　A寮のリビング

　写真III-5のような建物が敷地のなかに5寮あり，子どもが3～5名，それに職員が1～3名ずつ暮らしています。職員は24時間子どもとともにいる「住み込み制」と時間で入れ替わっていく「交代制」があります。毎晩夜勤をする者がいますので常に子どものそばに大人がいるという状況はどの寮も同じです。

　厨房や食堂がないので，各寮の職員がキッチンで食事をつくり，リビングでご飯を食べます（写真III-6，III-7）。また寮単位にひと月分の寮費が渡され，寮の裁量で食費や被服費，日用品費などに使われています。

　週末の学校休日は，これも寮の判断で，その日の天候や気分で，誰の許可をとることなく，買い物に出かけたり公園に遊びに行ったりしています。

○「食べる」ということ

　生活のなかで「食べる」ということは大きな部分を占めます。その「食」が施設になると，誰がつくったのかわからなかったり，夕食のメニューが何か直前まで知らなかったりすることが多くあります。極端な言い方をすれば，食堂に行けばご飯ができあがっているという誤解を招くこともあります。

　そこで槇の木学園では，食事づくりを子どもたちの見えるところで行っています。手伝う子がいたり，つまみ食いをする子がいたり，メニューを気にしたりと，子どもの反応はさまざまですが，少なくとも誰がつくっているか，今夜は何が食べられるか，という点で子どもたちの会話やコミュニケーションを行うきっかけになっています。

　そうしながら，次第にお米をといで炊くこと，ラーメンをゆでること，玉子焼きを焼くこと，食事の前にはテーブルを拭くこと，茶碗やお皿をだすことなどを覚えていくのです。

○自分の物は自分で，自分のことは自分で

　施設のなかで子どもたちは生活しているわけですから，「食」以外の生活に関わる品物が当然必要になってきます。以前の槇の木学園では，同じようなものをまとめ買いして子どもたちに渡していました。「私はこれじゃないのがい

い」と言われても，色を変えるぐらいしか応えてあげられませんでした。

　今では，歯ブラシやシャンプーなど実際にお店に行き，選んで買うようにしています。色や形，メーカーなどさまざまな品物があるなか，自分で使いたいもの，使いやすいものなどを伝えながら選び，レジに並んで買っています。

　自分で買ったものを使うことにより，身だしなみやマナーに自分で気づき覚えていくのです。

3　ふたりの子どもの事例から

◯リョウタ君の話

　リョウタ君は，特別支援学校高等部1年生です。入所となったのが3年前，中学入学の時でした。当時のリョウタ君は何事にも自信がなく，日中でもトイレにひとりで行くことができませんでした。暗いことやオバケが怖いのではなく，ひとりになることが怖かったようです。また自閉的な性格のためか，小さなこと（本人にとっては大きなことかもしれません）が気になり，1日中ひとつのことばかり話していることも珍しくありませんでした。周りでどれだけ説明しても，なだめたりすかしたりしても，本人が納得しないうちはしつこく同じ質問を繰り返していました。

　彼のこの行動を「自閉的だから」と片づけるのではなく，今までの人生のなかで成功体験が少なく，劣等感や自信のなさからくるものと考えました。

　そこで，生活のなかで，ひとりでトイレに行けたこと，食事準備の手伝いができたことなど，彼の頑張ったことをどんなに小さなことでも評価し，褒めてあげることを続けました。それも少しずつステップアップし，次はこんなことが，その次はこんなことがと。今では，食後の食器洗い，お風呂掃除が毎日の日課になっているほどです。もちろんトイレには最初の頃がうそのように普通にひとりで行っています。自分でできることがどんどん増えていくことにより，しっかりとした自信がついていったようです。次の目標は，電車を使い1時間ほど離れた自宅にひとりで帰ることができるようになることです。

◯以前のユウイチ君，現在のユウイチ君

　ユウイチ君は，中学3年生の時に入所してきました。当初は自分の好きなゲームのことに関しては会話もはずみましたが，それ以外のことでは，話しかけても返事をせず，「おはよう」「いただきます」「いってきます」のあいさつさえできずにいました。人を無視しているのではなく，関心がないから口を開かなかった，という感じでした。彼の育ち方が，自分が関心のない人・物を，ただそこにいる人，ある物に過ぎない存在にしてしまっていたのです。

　しかし，人としての生活のなかには必ず他人が存在するもので，「自分ひとりで」という生き方はなかなかできないものです。彼の今後の生活を考えても，人との付き合い術は必要不可欠であろうと思われました。

そこから彼の人との付き合い方改善計画が始まりました。

　生活のポイントでのあいさつは必ずする。周囲の大人（職員）も，うやむやにせず，彼に対してしっかりあいさつをするようにしていきました。同時に買い物に行くこと，公共交通機関を使うことなど，人と関わる経験を増やし．また，おこづかいを計画的に使うこと，ラーメンのような簡単な調理ができるようになることなど，ひとりでも暮らしていけるための経験を積んでいきました。もともと基礎的な能力はあったので，メキメキと力をつけていきました。しかし，肝心の対人関係の部分は，本人の心のなかに目に見えない壁があったのか，一緒に暮らしている気心のしれた大人にさえ，思ったことが上手に言えずにいました。彼が言い出しやすいような雰囲気づくりや，ふたりで向き合ったまま言葉が出るのを何時間も待ったこともありました。

　しかし，それらを日々繰り返すことによって，徐々にステップアップし，今では当時の養護学校を卒業し，スーパーで働いています。

❹　子どもたちの未来

　施設はその特徴上どうしても子どもへの制約が多くなってしまいます。関わる大人（職員）も1対1というわけにはいきません。朝起こしてくれる人と夜寝かしつけてくれる人が違う人なのです。今夜のご飯は誰がつくっているのか，メニューは何なのかは実際に食事が出てくるまでわかりません。明日の日曜日に出かけたい場所があっても，職員がついてこないと出かけられません。不自由なことばかりなのです。

　障害をもっていようとなかろうと，子ども一人ひとりに将来があることには変わりありません。障害をもつことで，その将来が必要以上に不安になってしまうのではなく，どの子にも同じ可能性があるはずです。施設に入所したことでの不自由さから，その可能性が摘み取られてしまうことのないように，できる限り子どもたちがのびのびと育ち，さまざまな経験ができるようにしたいと考えています。

　そのためには，できるだけ家庭に近い生活形態にし，必要なことを実践しやすい環境をつくらなければなりません。施設の暮らしに子どもたち自身が主体性をもち生活できるように，本来なら家庭で普通にできることが，施設のなかでも普通にできるように。

　施設で暮らす期間はそれぞれです。子どもがこれから生きていく人生の長さから比べるとほんの一時期でしかないのですが，小学・中学・高校生時代は多くのことを吸収し，学び，心身ともに大きくなっていく年頃です。そのような時期に成長の芽を摘んでしまうようなことはしたくありません。自分が納得して入ったわけではない施設のなかでの暮らしでも，できる限りのことができ，その時期をおもいっきり楽しんでほしいのです。

〈永森朋之〉

Ⅳ　実習で学生は何を学んでいるのか

1　居場所がほしい一時保護所

Ⅳ-1 から Ⅳ-3 については学生の実習報告にもとづき解説します。

❶　学生の実習報告の紹介

　私は保育実習（施設）で，児童相談所一時保護所における10日間の実習を行いました。実習機関であった○○市中央児童相談所一時保護所は，定員20名の保護所でした。一時保護所の機能には，①緊急保護，②行動観察，③短期入所指導の3つがあります。一時保護所というと被虐待児などの「緊急保護」のイメージしか私はもっていなかったのですが，特に一時保護の後に家庭復帰が困難な子どもの措置先を決定するための，「行動観察」「短期入所指導」も一時保護所の重要な機能であることを学びました。

　実習をさせていただいた一時保護所では，8：30～9：00と16：30～17：00に日勤者と夜勤者との引継ぎが行われていました。子どもたちの健康状態や行動，そして入所・退所の情報などが綿密に引き継がれており，30分では足りないことも多いとのことでした。私は，8：30～17：00までの日勤を中心に，16：30～9：00の夜勤も1回体験させていただくことができました。

❷　学生が考えたこと・感じたこと

　子どもたちにとっては社会的養護の入り口にあたる一時保護所は，虐待親のいる家庭よりも「安全で安心できる」場所でなければなりません。しかし，近年の児童虐待の増加のなかで一時保護所は常に満床状態で，児童福祉法では2か月以内とされている保護期間も長期化してしまう傾向にあるとのことです。

　実習をさせていただいて初めて学んだことがあります。それは，「措置変更のための一時保護」の存在です。実習初日に入所してきたのは，高校1年生のエリちゃんでした。年齢も近かったため，実習中いろいろな話をエリちゃんとすることができました。エリちゃんは，小学校5年生の時に両親を亡くしたとのことです。しかし，エリちゃんを育てることのできる親戚などもいなかったため，一時保護の後に**養育里親**家庭の田中さん宅で生活することとなりました。

　当初は優しかった田中さん夫妻ですが，エリちゃんの高校受験前後から田中さんの奥様が病気がちになってしまったとのことです。受験勉強の合間を縫って，エリちゃんはできる限りの家事手伝いをしたそうですが，病気がちでストレスのたまった田中さんの奥様や，営業職のサラリーマンとして多忙に働く田

▶ 養育里親
⇒ Ⅰ-6 参照。

中さんの苛立ちが，エリちゃんに向けられるようになっていきました。

　食事の時に「あんた里子なんだから，ちょっとは遠慮しなさいよ！」と言われたことにショックを受け，エリちゃんは高校入学後，アルバイトを始めました。しかし，給料を流行りの洋服を買うことに遣ったことから，「あんたは不良になった！　もうウチでは面倒をみられない！　不良には不良の行くべきシセツがある！」と田中さんの奥様に言われたとのことでした。エリちゃんは帰るべき場所を無くして友人宅を転々としているうちに，田中さんからの連絡を受けた担当の児童福祉司が探しに来て，保護されることとなりました。

　エリちゃんは，児童福祉司との面接中も田中さんのことを悪く言いたくないという気持ちがあり，全て自分のせいだと言っていました。エリちゃんの話は，エリちゃんを一方的に責める田中さん夫妻の証言とも一致してしまっていたため，「次の措置先は中卒児の受け入れを行っている児童自立支援施設か，あるいは自立援助ホームしかない」と児童福祉司に言われていたのでした。

　私の実習最終日に，エリちゃんは泣きながら上記の経緯と，自分の本当の気持ちを私に伝えてくれました。私は，エリちゃんの同意を得て，このことをエリちゃん担当の保育士に伝えました。その後，エリちゃんの措置先は，高校生の受け入れをしてくれている児童養護施設になったとのことです。

③ 担当教員の課題提示

　一時保護所は，施設などに措置される前の子どもたちの居場所です。そのため，被虐待や単純養護（小学５年時のエリちゃん）や非行などさまざまな背景をもつ子どもたちが入所しています。２歳から18歳までの子どもたちが，入退所の多い不安定な環境のなかで過ごしています。こういった状況を「混合処遇」と呼んでいます。これまで誰からも誉められることのなかった「非行」系の女児が幼児の世話を積極的にする点を評価されて，高校進学への希望と保育士になる夢をもつなどといった長所もありますが，家庭で虐待を受けてきた子どもが保護所でもイジメられてしまうなどの短所も多くあります。あなたが実習で学んできた保護期間の長期化問題も，以前から指摘されている点ですが，抜本的な改善に至らない児童福祉システム上の大きな課題といえそうです。

　エリちゃんとの関わりは，10日間という短い間であなたとのしっかりとした信頼関係が築けた証ですね。「実習生だから」と聞いたままにせず，本人に確認をとった上で担当者に伝えることができたのはすばらしいことです。

　何らかの理由で家族と生活することができない子どもの措置を考える場合，その子どもを取り巻く重要な他者や安全で安心できる環境が頻繁に変更されることがないように，その永続性に配慮しながら計画がなされなければなりません。これを永続性計画（パーマネンシー・プランニング）と言っています。この観点から，さらなる児童福祉の充実を望みたいものです。

（鈴木崇之）

Ⅳ　実習で学生は何を学んでいるのか

2　新しい出会いのために
乳児院

1　学生の実習報告の紹介

　私は保育実習（施設）で，乳児院における10日間の実習を行いました。

　私が実習させていただいた乳児院は，児童養護施設に併設されている定員20名の施設で，児童家庭支援センターも併設されていました。そのため，近年は被虐待などの困難ケースが徐々に増えつつあるとのことでした。

　また，私が実習させていただいた乳児院では，**愛着関係**の形成のためにマンツーマンでの担当制を導入しているとのことでした。

　勤務形態は乳児の健康と安全を守るために，日勤，早出，遅出，午後勤，夜勤など，非常に細かく分けられていました。

2　学生が考えたこと・感じたこと

　私はボランティアとして毎週児童養護施設を訪問させていただいており，それほど大きな違いはないのではないかと思いながら実習に入りました。しかし，乳児の健康と安全を守るために乳児院のスタッフが行っている不断の努力は，本当に大変なものだと痛感させられました。

　日々の保育日誌には，体温，便の回数と状態，嘔吐の回数と状態，そして授乳時や食事時の摂取量などが詳細に記載されていきます。また一日に5回，各保育室の温度と湿度を計測し，これも日誌に記載していきます。

　また夜勤時は，1歳未満児は30分ごと，1歳児以上では1時間ごとに睡眠時の姿勢，熱感・呼吸・排便の有無，夜泣きや授乳等の状況をチェックします。

　こういった健康・安全管理に加え，乳児院の保育士さんたちは子どもたち一人ひとりの状況に合わせた保育計画を立案し，実行していっておられました。

　私が実習させていただいた乳児院では，0〜1.5歳児までのクラスと，1.5〜2歳・3歳までのクラス，そして2〜3歳までのクラスが2つと合計4つのクラスに分かれており，各クラスの保育計画が毎月立案されていました。

　保育計画では，毎月の単元目標にあわせた手遊び・絵本・歌とともに，食事・排泄・生活習慣の各目標が定められており，また個人目標も丁寧に記されていました。

　私は実習後半に設定保育をさせていただくことができました。実習前に準備した手遊びや歌，そして**ペープサート**で子どもたちと楽しむことができ，とて

▷1　愛着関係
⇒Ⅱ-3 参照。

▷2　ペープサート
紙と棒でつくったうちわ型の紙人形を用いる人形劇のこと。

も嬉しい気持ちになりました。

　私が担当させていただいた2～3歳までのクラスでは，児童養護施設への措置変更に備えるために大人用のトイレでの排泄練習や，大きめの湯船での入浴などの練習なども行われていました。

　実習後半のある日，初めてお会いする男性と女性が，保育室に入ってこられました。そのご夫妻は，帰宅可能性のないアキオくんを養子縁組するために，まずは養育里親になるのだとのことです。これから1～2か月間はアキオくんとの信頼関係形成の度合いを測るために，可能な限り乳児院を訪れてアキオくんの保育に関わるとのことでした。

　アキオくん担当の保育士は，アキオくんが初めての担当だという新米保育士でしたが，とても嬉しそうに，そして時には少し寂しそうに，入所以来のアキオくんの成長過程や特徴などを養育里親となる予定のご夫妻に話していました。

　乳児院では，健康・安全管理そして保育だけでなく，子どもたちの措置に関するソーシャルワークの上でも重要な役割を担っていることを学ばせていただきました。

③　担当教員の課題提示

　児童養護施設でのボランティア経験のあるあなたは，児童養護施設と比較しながら，乳児院のさまざまな特徴を学んでこられたようですね。

　2004年12月の児童福祉法の改正によって，乳児院及び児童養護施設の入所児童に関する年齢要件の見直しが行われ，安定した生活環境の確保などの理由により，特に必要がある場合には，乳児院に幼児を，児童養護施設に乳児を入所させることができることとなりました。

　これにより乳児院から児童養護施設に子どもが措置変更される場合，かなり弾力的に措置の変更が行われるようになりつつあります。しかし，あなたが実習させていただいた施設とは異なり，乳児院と児童養護施設が併設されていない施設もあります。乳児院側も児童養護施設側も繊細な配慮をしながら乳幼児の生活環境の変化に対応しようとしていますが，乳児から幼児の時の措置変更は未だに児童福祉システム上の大きな課題であると言えそうです。

　養子縁組を希望するご夫妻と出会うというのも，実習中の貴重な経験ですね。

　ご夫妻がまず養育里親になるというのは，養子縁組のためには6か月の試験養育期間が必要とされており，その期間は養育里親という立場でアキオくんと生活しようとしているためです。

　養育里親や養子縁組制度についても，さらに学びを深めていってください。

（鈴木崇之）

▷3　⇒ Ⅴ-3 参照。

IV 実習で学生は何を学んでいるのか

3 「叱る」と「怒る」から自分自身を知る
児童養護施設（小学生との関わりから）

1 学生の実習報告の紹介

　私は保育実習（施設）で，児童養護施設における10日間の実習を行いました。実習施設であった児童養護施設○○学園は，敷地内に6つのホームがある**小舎制**[注1]施設でした。私は幼児から小学校低学年が中心の○○寮で実習を行いました。10日間の実習期間中，通常の日勤時間帯での勤務の他，早出，午後勤務，宿直での勤務も経験させていただきました。

　○○寮では，朝に小学校と幼稚園に行く子どもを送り出すと，午前中は幼稚園に通っていない幼児の保育を行います。保育に携わらない日勤の職員は，この午前中の時間に集中して，掃除・洗濯・買い物，ケース記録の記入，児童相談所児童福祉司などとの連絡といった仕事をこなします。

　昼過ぎに，子どもたちが幼稚園や小学校から帰寮すると，小学校の子どもたちの宿題の確認や幼稚園からの連絡帳の確認と記入を行います。

　宿題を終えると夕食までは自由時間で，小学生は友達の家に遊びに行ったり，幼児は園内の子どもたちと外遊びなどをして過ごしていました。

　夕食を終えると，就寝時間まではテレビを観て過ごしたり，入浴をします。宿直での実習の時は，入浴介助もさせていただきました。

　就寝前は絵本の読み聞かせをするなど，保育所での実習経験を活かすことができました。子どもたちの就寝後も，職員は日中なかなか進めることのできないケース記録の記入や，夜泣きをする幼児への対応などをせねばならず，宿直勤務の大変さを知ることができました。

2 学生が考えたこと・感じたこと

　私が実習中に困ったのは，小学2年生のコウタくんとの関係です。コウタくんは，幼児の頃から身体的虐待を受けて育ったとのことです。年少児を一方的に叩いたり，職員にも暴言を吐くなど，とても対応の難しい子どもでした。

　ある日，私はコウタくんと小学1年生のショウくんとのケンカの仲裁に入りました。実習前に大学で学んだように，どちらかに偏ることなく，それぞれの言い分を聞いてあげようとしました。ですが，ショウくんがケンカの発端について説明している時に私の背後から，ショウくんにパンチやキックをしてきたコウタくんに，私は憤りを抑えることができず，怒鳴ってしまいました。

▷1　小舎制
⇒I-6 参照。

この日の実習日誌には，コウタくんとショウくんのケンカと，私の対応について，うまくいかなかった点も含めてありのままを書きました。実習指導担当の先生からは，「叱る」と「怒る」の違いについてコメントをいただきました。

先生は「『叱る』というのは，守らねばならないルールや倫理を大人として子どもに伝える方法のひとつ」であり，「伝えたことを守ることができていたら，しっかり誉めてあげることが必要」と書いておられました。一方，「『怒る』というのは，自分の感情を表現した言葉で，それが相手にどのように伝わっているかという以前の表現」と書いておられました。

実際に私がコウタくんに対して行っていたのは「怒る」ではあっても，「叱る」にはなっていなかったのだなと反省させられました。

3　担当教員の課題提示

児童福祉施設の子どもたちは，実習生を不快な気持ちにさせたり，困惑させる行動をあえてすることがあります。こういった行動は「試し行動」と呼ばれ，子どもが相手との距離感や，自分に対する愛情を推し量る行動です。コウタくんは実習生であるあなたの愛情を確かめようとしていたのかもしれませんね。

大学・短大・専門学校の児童福祉などの授業で児童虐待問題を取り上げると，学生から「自分が産んだ子どもをどうして虐待できるのか，私にはまったく理解できない」といった感想が多く寄せられます。しかし，実際に施設実習のなかで子どもからの反発や暴言に出会うと，そういった学生の心のなかにも子どもに対する怒りの感情がわくものです。

施設保育者には，ここで怒りの感情に流されることなく，自分の感情の動きもコントロールしながら子どもたちに向き合うことが求められます。ですが，実習生の段階では一足飛びにその領域に行く前に，まず自分の感情の動きを自分自身で把握すること（自己覚知）が必要となります。

子どもの言動によって怒り，苛立たせられる感情が自分のなかにも存在するということを自己覚知できれば，虐待してしまう親たちの気持ちを共感的に理解するための手がかりのひとつにもなるでしょう。

ただ「怒る」のではなく「叱る」ためには，感情に流されずに，「子どもに何を伝えようとしているのか」を自分がしっかりと把握し，それを子どもに理解しやすい方法で伝える必要があります。特に，虐待的な環境のなかで育ってきたコウタくんにとっては，感情的・暴力的なコミュニケーションとは異なる意思疎通の方法があることを示していくことがとても重要になります。

現場の職員が使用している基本的技術に，「**タイムアウト**」という方法があります。ケンカなどの当事者をいったん個室に分けて，落ち着いた状況のなかで子どもの話を聞いたり，大人からの意見を伝えるというものです。またボランティアなどの実際の場面で練習してみてください。

（鈴木崇之）

▷2　タイムアウト
⇒II-3参照。

Ⅳ 実習で学生は何を学んでいるのか

4 出会いととまどい
児童養護施設（中・高校生との関わりから）

1 子どもの状況

　ユウコは小学3年生のとき，兄とこの施設に入所してきました。最初は兄を頼っていましたが，次第に，職員に対する反抗も見られるようになり，トラブルが起きるときは，必ずユウコが関わっているという状況でした。ユウコが中学生になるとき，寮の変更があり，隣の女子寮に移りました。その頃を境に，ユウコは学校を休んで，繁華街をうろついたり，勝手に外出して深夜，帰寮することもありました。職員に問われると「友達の家から学校に行ってるから，別にいいじゃない」という状況に至っています。

2 ユウコとの出会い

　実習生佐藤さんは，将来，児童養護施設で働いてみたいと思い，実習先をこの児童養護施設に決めました。しかし，指導教員から「幼児は，すぐに慣れて，甘えてきてくれるけれど，大きい子たちと関係をつくるのには，時間がかかるかもしれないよ」と言われたことを思い出しました。佐藤さんは，ユウコのいる寮に配属になりました。寮の子どもの紹介が終わったとき，職員から「まだ，今日か，明日に帰ってくる子がいるけど」と言われ，佐藤さんは，その意味がわかりませんでした。次の日寮に行くと，職員と誰か子どもが言い争っています。「早く起きて，学校の準備をしなさい」という職員の声。「うるさいんだよ。眠いって言ってるんじゃんか。寝させろよ」という子どもの声。「何，言ってるのよ。勝手に夜中に帰ってきて。そんなわがままが通用するとでも思っているの」と再び職員。佐藤さんが恐る恐る入っていくと，他の子どもたちが黙々と朝食の準備をしていました。ユウコはそのまま，食事もせず一人で，学校に行ってしまいました。職員から「あの子がユウコ，中学2年生よ」と言われました。佐藤さんは「一体，これからユウコとどうやって関わりをもっていったらいいのだろう」と考えこんでしまいました。

　昼食後，休憩が終わって寮に戻ると，小学生が帰ってくる時間に一人の中学生が帰ってきたのです。職員がたまたま，他の用事でいなかったため，その場にいた，佐藤さんは「お帰りなさい」と声を掛けましたが，ユウコは一瞥もくれず，自分の部屋に入っていってしまいました。

〈実習のポイント〉

- ユウコからしてみれば，佐藤さんはたくさん来る実習生の一人。それに，寮では落ち着けない状況があり「関わりをもつ気はないと感じている」と思われます。このような状況で実習生として，どのように対応していけば良いのでしょうか。

〈アドバイス〉

- このような状況で，ユウコとすぐにコミュニケーションをとることは難しいです。しかし，実習生としてのスタンスを保つことが大切。ユウコは挨拶を返してくれなくとも「おはよう」「お帰り」「お休み」などの声かけは他の子どもにも言うように続けてみよう。
- 入所に至る経過や生育歴について知ることは，その子どもの理解のために大切なことです。しかし，それを知ることで先入観を抱いてしまったり，同情してしまうことがあってはいけません。子どもの性格，行動の背景に，家庭環境や親との関わりが大きく影響していることは明らかです。けれども，それを知ることは，「今後，その子の性格，行動が変化し，成長していくために，どのような関わりが必要なのか，どのような支援計画を立てていったらよいか」を検討して，具体的援助に繋げていくためなのです。そして，推測できることとして，ユウコの不安定さは，兄が来年，施設から自立してしまうことと関連があると思われます。今後，きょうだいや家族との話し合いなどによって，きちんとユウコにもそのことを理解してもらう働きかけが必要な時期です。

3　その後の実習

　結局，佐藤さんは，毎日，ユウコに挨拶を繰り返しましたが，返事は一度も返ってきませんでした。日曜日，寮外出がありましたが，ユウコは風邪気味だということで，寮に残ることになりました。すると職員が「佐藤さん。ユウコ一人じゃ，心配だから一緒に留守番してくれない」といわれました。「えっ，私が」と思いましたが，ユウコと話ができるかもしれないと思い，引き受けることにしました。ユウコはみんなが出かけた後，起きてきました。「ご飯食べる？」と聞きましたが，「いらない，後で食べる」と言って，再び部屋に戻ってしまいました。昼は二人分用意されていたので，佐藤さんが準備をしていると，ユウコが食堂に来ました。「お昼，一緒に食べよう」という声かけには応えず「いつまで，いるの」と聞いてきます。明日で終わることを告げました。「あ，そう。でも，私みたいな子がいてびっくりしたでしょう」と突然言われ，動揺しました。しかし「そんなことないよ。ずっとユウコちゃんと話がしたかったから，やっと話ができたし…」というと「私なんかと話したって面白くないでしょ」と言いながら，ユウコは家族のことやこれからのことを，佐藤さんに話しはじめたのでした。

　　　　　　　　　　　　　　　　　　　　　　　　　　（小木曽宏）

Ⅳ　実習で学生は何を学んでいるのか

5　子どもたちの優しさにふれて
児童自立支援施設

1　子どもの状況

　トシヤは中学1年のとき，この児童自立支援施設にやってきました。トシヤは小学校2年生の頃，母親が失踪し父親に育てられていましたが，4年生になる頃，父親は子どものいる女性と同棲を始め，再婚しました。トシヤは新しい母親に慣れないことから，「**ネグレクト**」*1の状況に置かれたようです。トシヤは，中学に上がる頃から，家出徘徊，万引きが頻発し，警察に補導されることが多くなりました。父親もこれ以上養育できないと，児童相談所に相談した結果，児童自立支援施設に措置となりました。

2　トシヤとの出会い

　実習生加藤さんは，学校で児童虐待や非行のことを勉強するうちに，児童自立支援施設の存在を知り，実習で体験したいと思っていました。最初は「非行少年」と聞いて，怖いイメージがありました。しかし「偏見をもつ前に，自分でそういう子どもたちと関わってみなさい」と指導の先生に言われ選びました。
　バス停を降りてしばらく歩くと施設が見えてきました。入り口の門柱に「○○学園」と書かれていましたが，塀もなく，開放的な感じがしました。なかに入ると「こんにちは」と子どもたちが挨拶をしてきました。オリエンテーションで，学校も施設内にあることを知り，子どもたちは24時間，この施設で暮らしているのだと実感しました。配属寮が決まり，挨拶に行きました。他の中学生たちは最初に照れくさそうにしていましたが，すぐに「お姉さんはどこから来たの」と近づいてきたのは中学生にしては幼い感じのトシヤでした。
　次の日から実習に入ったのですが，トシヤは「お姉さん，一緒にテレビみよう」「勉強教えてくれる」といつもそばにいることが多くなりました。しかし，次第に身体接触も見られるようになり，「これは甘えだ」と思いましたが，どう対応していいか困ってしまいました。

〈実習のポイント〉
　児童自立支援施設だけではありませんが，実習生に対して「拒否的」に感じる子どもたちがいる一方で，最初から「ベッタリ」という感じで接してくる子どもがいます。幼児や小学低学年ならば「甘え」と考えられることもトシヤのような中学生に対してはどう関わったらよいのでしょうか。

▷1　ネグレクト
⇒Ⅲ-11 参照。

〈アドバイス〉

　確かに〈性的な感情〉はないかもしれませんが，中学生という状況を考慮しなければなりません。子どもの発達から見ていくと思春期になれば，興味はあっても，逆に異性に対して，距離を置こうとする時期でもあります。トシヤは養育環境からも幼少時期に，十分受け入れられる経験が不足していたと思われます。母子間の「**愛着関係**」は，幼児期段階の身体的愛着から心理的愛着段階に移行していくものだといわれていますが，トシヤのように幼児期にそれが十分なされなかったとすれば，その段階が「中学生」の彼なのです。しかし，社会的に「甘え」を受け入れることはできないことをトシヤに理解してもらうことは必要です。すぐにトシヤがそれを理解できるかどうかは別として，「トシヤ君，ごめんね。仲良くしてくれるのは嬉しいけれど，触ったりするのは止めて欲しいんだけど」とはっきりと自分の気持ちを伝えることが大切です。

▷2　愛着関係
⇒Ⅱ-3 参照。

③ トシヤがキレた

　実習も後半を迎え，子どもたちとも関係が築けてきたと思っていたとき，こんなことがおこりました。加藤さんだけで，子どもたちとおやつを食べていると，一人の子がトシヤに「オマエ実習の加藤が好きなんだろ」と言い出しました。すると他のみんなも「そうだ。オマエ，エロイんだよ」などと冗談半分に言い出したのです。加藤さんも注意を促したのですが，全く聞いてくれずどんどんエスカレートしてしまいます。すると突然，トシヤは，最初に言い出した子どもに向って突進していきました。その子も「何するんだよ」と応戦したかと思うと取っ組み合いのケンカが始まったのです。他の子は「ヤレ，ヤレ」とはやし立てます。必死になって止めようとしましたが，結局，止まりませんでした。そこに職員が駆けつけてくれて，何とかその場はおさまりました。

　加藤さんはショックを受けました。子どもたちが信頼できないというよりも，ケンカを止められない自分って何なのか。実習生とは何なのか。その日，宿舎に帰っても考え込んでしまい，実習日誌もまとめられず，朝を迎えてしまいました。朝食のときも子どもたちともあまり会話を交わさず，学校に送り出しました。そのとき実習担当の先生が話をしてくれました。

　「子どもたちと関わることって，難しいよね。慣れてきたと思ったら，昨日のようなことがあるしね。私たちだって，そういうことの繰り返しなんだよ。日記には『加藤さんに悪かった』とみんな書いてたよ。トシヤ以外の子たちはやきもちをやいてたみたいだね。みんな表現が下手でさ。許してあげてね」

　加藤さんは，「自分の行動が，子どもたちによって，いろいろな受け取り方をされるのだ」ということに気づきました。そして，子どもたち全体に対しての気配りや配慮をすることの大切さを学んだような気がしました。

（小木曽宏）

Ⅳ 実習で学生は何を学んでいるのか

6 関係づくりは一歩ずつ
母子生活支援施設

1 ダイスケとの出会い

　実習生松田さんは母子生活支援施設がどのような施設なのか，よくわかりませんでした。しかし，授業でドメスティック・バイオレンスのことを学んでから興味をもちました。

　松田さんは，オリエンテーションで「日中は，学童クラブの方で実習してください」と言われました。後から，この施設では「放課後児童健全育成事業」を実施していることがわかりました。施設の子どもたちだけでなく，地域の共働き家庭の子どもたちが，学校が終わるとそのまま，この施設にやって来ます。かなりの人数の子どもたちと遊んだり，宿題をやったりと忙しい毎日でした。そんなとき，ダイスケと関わりができました。静かな子で目立たない感じの子でした。しかし，少し観察していると，他の子どもたちと全く遊べずに，一人，ぽつんとしています。松田さんは，ダイスケに近づいて行き「皆と遊ばないの」と恐る恐る聞きました。見ると，ミニゲーム機でゲームをやっていました。そして，松田さんの存在に気づかないそぶりです。松田さんはそれ以上，声を掛けることができず，他の子どもたちのところに行ってしまいました。結局，ダイスケはずっと一人でゲームをやっていました。

〈実習のポイントとアドバイス〉

　この母子生活支援施設のように「放課後児童健全育成事業」を実施しているところもあります。したがって，施設の子どもだけでなく，地域の多くの子どもたちが施設を利用します。できるだけ，実習生は学習支援だけでなく，子ども集団全体に配慮できるような対応が求められます。

2 これって虐待？

　入所児のサキは小学校2年生です。サキの母親はいつも仕事が忙しいといって，サキの迎えが遅いのです。休日には母親たちも一緒に遊んだりしているのですが，サキの母親は部屋からあまり出てきません。そして，時折，サキをきつく叱る，母親の声が聞こえてきます。

　ある日，学校から帰ったサキと遊んでいると，サキの腕にアザを見つけました。松田さんは「もしかしたら，これは虐待？」と思ったのですが，確証がないためどうしようか考えこんでしまいました。

〈実習のポイント〉

　母子生活支援施設には母子指導員という専門職がいます。松田さんは実習生という立場ですが，そこで何ができるか考えてみよう。松田さんも「サキの腕にアザがあった」ことは，母子指導員に伝えましょう。

〈アドバイス〉

　この段階では，虐待かどうかの判断はできません。けれども，本当に母親による虐待であれば，早期に対応しておかなければなりません。そして，母子生活支援施設は，基本的に母子の生活の場としてのプライバシーはできる限り尊重しなければなりませんが，それと同時に，入所してくる利用者のなかには，子どもとの関わりがうまくできない親子もいるという認識は必要だと思います。

❸ サキの「告白」

　実習の日が経つにつれ，サキは松田さんをとても頼りにするというか，学校から帰るといつも「お姉さん，お姉さん」と言って，慕ってくれるようになりました。そんなある日，サキが「ねえ，お姉さんだから言うけど，お母さんね，怒ると怖いんだよ。ほら，これ，お母さんに叩かれたんだよ」と言って，その腕を見せようとしてきたのです。

　突然のことで，松田さんは，何と応えたらよいかわからぬまま「サキちゃん，痛かったでしょ。大丈夫？」としか言えませんでした。

　松田さんは早速，その日の反省会で担当職員にサキとの話の内容について，報告をしました。すると担当職員は「そうなの，サキちゃんはあなたを信頼して，話してくれたのね。実は，このことについて，学校からも問い合わせがあってね。次の休日に母親と面接することになっていたの。サキちゃん本人が言ってくるような状態だとすれば，対応を急がなければね」ということでした。

❹ お母さんも救いを求めていた

　実習の最終日，母子指導員の方は松田さんに「詳しい話はできないんだけど，サキちゃんのお母さんと，話ができたのよ。お母さんは，ここに来るまで，サキちゃんのお父さんとの離婚のことで，すごく追いつめられていたみたい。それで，イライラしてたことがあって，サキちゃんに辛くあたってしまったと話してくれたの。でも，お母さんはこれからは，私たちに相談してくれると約束してくれたの。松田さんがサキちゃんの思いを聴いてくれていたことで，私たちもお母さんにきちんと話ができたのよ」と語ってくれました。

　松田さんは，あの時，職員の方にサキのことを，すぐ話してよかったと思いました。そして，実習お別れ会で，サキは松田さんに「お姉ちゃん，必ずまた来てくれるね。サキと遊んでくれるね」と何度も繰り返して言いました。

（小木曽宏）

IV 実習で学生は何を学んでいるのか

7 こだわりはどこまで許されるの？
知的障害児施設①

▶ 特別支援学校
⇒ III-11 参照。

1 実習事例の概要

　タケシ君（14歳，男性）は，自宅から**特別支援学校**中学部に通学しています。重度の知的障害をもち，発声言語が少ないため，言葉によるコミュニケーションは取りにくいです。両親の仕事の都合上，現在，地域にある知的障害児施設を使って，2週間の短期入所（ショートステイ）を利用しています。

　実習生がトイレ掃除をしていたときのことです。本人が「ペーパー，ペーパー」と言いながら，トイレに入ってきて，トイレットペーパーの交換を強く求めてきました。タケシ君はトイレットペーパーが少しでも短くなると交換を要求するこだわりをもっているので，その要求には応えないようにと事前に職員から説明を受けていました。しかし，あまりにも要求が強かったので，トイレットペーパーの交換をしてもよいかと職員に尋ねました。職員の返答は，本人の要求は社会的に許されるものではない，一度，本人の要求を聞き入れると，次も要求をしてくるので，毅然とした態度でもってトイレットペーパーの交換はしないようにとのことでした。

　職員の指示どおり，強い口調でトイレットペーパーの交換はできないと対応したら，タケシ君は渋々自分の部屋に戻って行きました。

2 テーマ

　実習生はタケシ君の「こだわり」に応えることができなかったことについて，施設側の考えは十分に理解できるとしながらも，同時にタケシ君に対して申し訳ないという気持ちをもったようです。

　タケシ君のこだわりに対して，施設では通常，それを抑える方向で対応がなされていると考えられます。なぜ，そのような対応が可能となるのか，事例にある職員の助言などを参考にしながら検討してください。

3 解　説
(1) 事例を読み取るためのキーワード
　こだわり，自己決定，社会的許容
(2) テーマに関する個別的な読み取り
　① 「こだわり」には，社会的に許容されるものと許容されないものがある。

タケシ君のこだわりは，人に対して直接的な害を与えるものではないですが，社会的には許容されないものと考えていいでしょう。
② タケシ君のこだわりに対する対応の基本は，大別すれば次の3つとなる。
- 部分的に認める（認めないときもあるということ）
　　妥協，交渉が基本的な原則となります。押したり，引いたりが理解できないとこれは無理です。逆に押したり引いたりが理解できれば，「こだわり」とは言わないのかもしれません。
- 全面的に認める
　　タケシ君にとっては最高の結果かもしれませんが，周囲の者がすごく困ります。周囲の者のストレス度が拡大してきます。選択肢としては考え難いです。
- 全面的に認めない
　　施設側の意思を前面に押し出し，タケシ君の希望をまったくきかないわけですから，タケシ君のストレス度は高まるでしょう。

(3) 事例を読み取るためのワンポイントレッスン

　「こだわり」は，その人にとって快・不快の感情を伴い，そのようにせざるを得ない，その人の事情が存在します。ミリ単位以下にこだわる職人さんの「こだわり」は，本人も周囲も一般的には困らないでしょう。しかし，タケシ君のこだわりは，本人自身が困っているかどうかの問題はありますが，周囲の者にしてみれば，認めることのできない困ったことになります。このように「こだわり」と一言で言っても，相当な幅があります。

　人間の行動を理解するとき，「どうしてそのようなことをするのですか？」と行動の背景にある理由を問うことがよくあります。そして，理由を問うこと自体，間違いではありません。理由がわかれば，解決の糸口が見つかるかもしれないと考えるからです。しかし，理由そのものを本人自身が認識できていない場合も多々あります。そうであれば，理由への問いを重ねることは，逆に解決を難しくすることになるかもしれません。重度の知的障害をもつタケシ君もその可能性は高いと思われます。では，タケシ君のこだわりについて対処の方向性をどのように考えればいいのでしょうか。「こだわり」を広く捉えると，自己決定に帰結すると考えられますが，社会的には望まれない行動であるタケシ君のこだわりに対して，ある程度の制限はやむを得ないと考えられます。この制限は，第三者が見て，不適切な関わりであるとは判断されないでしょう。

　タケシ君は，事例の最後に書いてあるように「あきらめること」も知っています。タケシ君の「こだわり」は，長期目標としてはそれが消失することが望ましいのでしょうが，中短期的には，「コントロールできないこだわり」から「コントロールできるこだわり」に変えることが目標となるでしょう。

（宮本秀樹）

Ⅳ 実習で学生は何を学んでいるのか

8 本人の気持ちを大事にしたら……
知的障害児施設②

1 実習事例の概要

　ケンタ君（16歳，男性）は自宅近くに通学できる学校がなかったため，知的障害児施設に在所しながら，特別支援学校中学部を卒業して，そのまま高等部に進学しています。知的障害の程度は軽度で，身辺的にはほぼ自立しています。友人，職員，先生などとの人間関係も特段，問題はありません。ただ，性格的に頑固なところがあり，一度決めたら，頑として譲らない面があります。

　問題となる時期は10月初旬の少し寒くなってきた頃です。ケンタ君は暑がりで，この時期でも半袖シャツかタンクトップを着て過ごすことが多かったので，職員はもっと服を着るよう話をしていました。しかし，ケンタ君は「これで大丈夫」と言って，職員の助言を聞き入れてくれませんでした。

　ケンタ君はその数日後にカゼをひいて，寝込んでしまいました。

2 テーマ

　実習生はケンタ君の意思を尊重した結果としてカゼをひかしてしまったかもしれないという見方をしています。果たしてあの時，あのままケンタ君の意思を尊重してよかったのだろうかという思いを抱いています。

　「ケンタ君は数日後にカゼをひいて，寝込んでしまった」とありますが，服を重ねる，重ねないに関するケンタ君の自己決定と職員の助言についてどのように考えますか。

3 解　説

(1) 事例を読み取るためのキーワード

　　自己決定，意思の尊重，保護

(2) テーマに関する個別的な読み取り

　①　薄着がカゼを招いたかもしれないという表現より，それは可能性としては高いであろうというのがより正しい見方である。

　　　薄着がカゼを招いたという「因果関係」と薄着がカゼを招いたかもしれないという「可能性」は，実態としては似ていますが，ズレがあります。

　②　基本的にはケンタ君の意思を尊重することが重要である。

　　　結果としてケンタ君はカゼをひいてしまいましたが，重ね着をしようと

思えば，ケンタ君はできる意思と能力をもち合わせていると考えられます。
③　職員の仕事として，子どもの健康を守る義務があるので，適宜，服に関しての助言は必要である。

　　職員の助言は，ケンタ君が自己決定を行うための材料になりえます。職員の助言とケンタ君の意思を尊重することは，対立関係ではありません。
④　暑さ，寒さにはかなり個人差があることを考慮する必要がある。

　　9～10月は個人差への配慮を大きくしないといけませんが，12月や1月だと強い助言（指導に近いもの）によって，ケンタ君の自己決定に制限を加えないといけない場面も出てくるかもしれません。

(3) 事例を読み取るためのワンポイントレッスン

　この事例は，**自立生活運動**における失敗する権利，リスクをおかすことの尊厳につながる事例です。薄着の選択をしたのはケンタ君だから，ケンタ君はカゼをひくことの責任を引き受けなければならないと単純にはつながりません。なぜならば，ケンタ君の判断能力の程度，保護者から信託を受けての施設入所であること，ケンタ君が未成年者であることなどの要素が複雑に絡んでいるからです。

▶　自立生活運動
⇒ Ⅱ-1 参照。

　児童に対する行動制限の内容，程度，方法，時間などの問題を，施設で実習する学生はときに目にします。典型的な例としては，"偏食矯正"があげられます。偏食矯正の正当性の根拠としては，好き嫌いなく食事ができ，その結果として健康の維持増進が図られることが期待されていることにあります。また，ある施設職員は偏食が改善されれば，その子どもの選択肢が一つ増えることになるので，自己選択・自己決定の機会が増えると述べ，偏食矯正の根拠としてあげています。一方，自立生活運動の絡みでいうと，施設においては好きなものだけを食べる「選択の自由」（施設では"偏食"と呼ばれています）は一般的には制限を受けているでしょう。

　反省することを否定するのではありませんが，まずはカゼをひいたことが良くなかったというのを検討の出発点に置かないことが大事です。これを出発点に据えると，100％正しい自己決定はどうあるべきかという話になります。判断する人間自体が不完全なので，100％の正しさを常に求めようとすれば，自己決定というものが成り立ちません。

　人間関係の調整でよく「すりあわせ」とか「落としどころを見つける」という言葉が使われますが，職員とケンタ君が歩み寄るためには，お互いが100％の正しさを求めないことが重要となります。歩み寄りの線は，時期，場面などによって変化するものです。その線を見出すことが援助関係の基本となりますし，それが援助の醍醐味ではないでしょうか。ただし，異食や重大な他害など生命，安全に関するもので，「待ったなしの介入」が必要な場合がありますが，これは歩み寄りの線を一時的に棚上げする例外的な措置です。　　（宮本秀樹）

Ⅳ 実習で学生は何を学んでいるのか

9 良かれと思っていることが……
肢体不自由児施設

1 肢体不自由児施設における実習事例の概要

　毎週土曜日の午後は，自由参加のクラブ活動日です。ハルカさん（14歳，女性，下肢麻痺のために車椅子，知的な問題はない）は，ちぎり絵クラブに所属しています。ハルカさんは，ひまわりの作品を花びら一枚一枚丁寧に貼り合わせ，1か月かけて完成させました。出来上がった作品は施設の文化祭に展示することになっていて，地域の人たちも見に来ることになっています。

　ハルカさんは，完成した作品を実習生に笑顔で見せた後，色紙に貼るためその作品を職員に見てもらいました。すると，ハルカさんの作品を見た職員は，「この貼り方よりも，きれいに見せるにはこっちの方が良い」と言い，花びらをはがし，貼り直しました。

　自分の席に戻ったハルカさんは，実習生に「せっかくつくったのに，いつも最後には貼り直されてしまうから嫌だ」と悲しそうに言いました。

2 テーマ

　実習生は，利用者が作品をつくる過程において職員の指導が必要なときがあることは認めていますが，事例のような職員の関わり方だとハルカさんのやる気をそぐことにならないだろうかという見方をしています。「職員やハルカさんの思い」，「ハルカさんの自己決定」に関し，この事例から読み取れることをあげてください。

3 解　　説

(1) 事例を読み取るためのキーワード
　　選択，自己決定，善意

(2) テーマに関する個別的な読み取り
　① ちぎり絵の選択はハルカさんの自己決定
　　　ちぎり絵クラブへの所属は，積極的な，あるいは消極的（他にやりたいものがなくて，仕方なく）な選択という問題はありますが，事例から判断する限りハルカさんの自己決定によるものだと考えていいのではないでしょうか。

　　　ハルカさんは，完成した作品を実習生に笑顔で見せています。これは，

ハルカさんが完成した作品そのものに対する満足，作品製作へのプロセスに対する充実を示していると考えていいでしょう。

② ハルカさんの気持ちより優先されるもの

職員の関わりは，ハルカさんの気持ちよりも外形的なものを優先した結果であるとの読み方が可能です。

③ 職員の善意と結果としての満足

職員の行為は，ハルカさんの作品の見映えを良くしようとして，善意に基づく行為であるという解釈は成り立ちます。ただし，善意に基づく行為が，必ずしも他者を満足させる結果をもたらすとは限りません。また，善意は，ときにその人の自己決定，自立をさまたげるものになりえます。

④ 「……いつも最後には……」いう言葉に含まれるハルカさんの不本意

職員のこの行為に対するハルカさんの気持ちは，職員には多分，伝わっていないでしょう。

伝わっていないことの理由としては，
・ハルカさんが自分の気持ちを職員に伝えていない
・ハルカさんは伝えたけれども，職員が理解していない
のどちらかが考えられます。

⑤ 「『……嫌だ』と悲しそうに言った」という言葉に含まれる残念さ

職員に対して，もっとこちらの気持ちをわかってくださいという強い希望がハルカさんのなかに存在していることがうかがえます。

⑥ 相手の立場に立つことの難しさ

相手の立場に立って，ものを考えること，援助していくことは，行動レベルでは簡単ではなさそうです。

その阻害要因の一つとして，"援助者の善意"が考えられます。

(3) **事例を読み取るためのワンポイントレッスン**

職員とハルカさんのやりとりだけをみると，上記のような読み取りが可能ですが，多くの読者は"職員の関わりに対する不適切さ"を感じるかもしれません。職員のこの関わりの出発点が"職員の善意"であったとしても，ハルカさんの自己決定に対して，結果としてある種の制限を加えていることには間違いないと考えていいでしょう。この状況で職員の指導が必要か否かの判断は別として，実習生の注目すべき点は，「職員の指導が必要なときがあることは認める」という視点をもてているところです。ハルカさんの自己決定に関して最大限の尊重は必要だけれども，尊重するということは，無制限の尊重とは異なります。「私自身の自己決定」を振り返ってみても，制約のある自己決定を行っているはずです。実習生がこのような視点をもてたことについて，"実習"の意義は大きいです。職員の立場とハルカさんの立場を関係やバランスのなかで考える視点と言ってもいいでしょう。

(宮本秀樹)

V　地域におけるそだちと自立支援

1　子どもたちが地域で生活すること

1　施設養護の地域化とは

「施設養護の地域化とは」というとき，大きく2つの方向で考えることができます。

◯「家庭的な養護」の保障

ひとつは，施設養護の形態が大規模集団的養護から小規模化，地域化の方向に次第に移行してきている方向です。具体的には，ファミリーグループホームや地域小規模児童施設が法定化されたことが大きなことです。里親も当然，基本的に家庭的養護として，地域と密接につながっています。つまり，今までの大規模施設はどうしても，子どもたちの生活の自己完結化を推し進めてしまいました。しかし小規模化，地域化の方向は，施設職員だけでなく，地域住民や学校に対して新たな施設としての正当な理解と協力援助をしてもらわなければなりません。

この方向を高橋利一は地域小規模児童養護施設の創設を「ノーマライゼーションとコミュニティケアの理念」と関連して位置づけています。高橋はこのように説明します。ノーマライゼーションという考え方は1950年代に知的障害領域で北欧から始まった理念ですが，「ノーマライゼーションの理念が定着するにしたがい，それまで大規模施設に収容されていた知的障害者が，1960年以降，次第に地域に根ざした生活を営めるような体制が整えられていったのである。日本でも1970年代半ば頃からノーマライゼーションという言葉が用いられるように」[1]なりました。その理念は家庭で養育を受けられなくなった児童にも拡大し，特別でない普通の生活ができること，つまり，「家庭的な暮らしを営む権利」の保障を行っていくことです。そして，高齢者福祉，障害者福祉の動向とも連動して，児童福祉の領域でもコミュニティケアの理念に基づき，高橋は「住み慣れた家や地域を離れるような事態が極力生じないように，地域に根ざした方法でサービスを提供することが原則として求められる」[2]としています。具体的には，今まで施設のなかだけで行われてきた活動から地域活動に積極的に参加する方向に向かっていきました。子ども会やボーイスカウト，ガールスカウト，少年野球，サッカーなどのスポーツクラブにも施設の子どもたちが参加できるようになっていきました。

そして，児童養護施設などに，虐待を受けた多くの子どもたちが施設入所し

▶1　高橋利一『子どものためのグループホーム——地域小規模児童養護施設の実施に向けて』筒井書房，2002年，15頁。

▶2　高橋利一『子どものためのグループホーム——地域小規模児童養護施設の実施に向けて』筒井書房，2002年，15〜16頁。

ていることから，退所後のアフターケアや家族調整を行う専門職として「**家庭支援専門相談員**」が，2004年4月から児童養護施設，情緒障害児短期治療施設，児童自立支援施設に1名配置できることになりました。現在の児童福祉施設職員の配置基準の問題から，施設職員もアフターケアとして，卒園児童に関わりたくても現実的に難しい状況がありました。今後，家庭支援専門相談員が，児童相談所と連携を図り，家庭や地域に戻り，新たな生活を児童が始められるように，コーディネートすることができるようになりました。今後，「家族関係調整プログラム」の策定と相まって，具体的に多くの児童の施設退所後に対する支援が行われることが期待されています。

▷ 3　家庭支援専門相談員
⇒ I-6 参照。

● 児童福祉施設の地域子育て相談機能

もうひとつの方向は，児童相談所や児童福祉施設が地域の相談，子育て支援の拠点として，地域に関わっていく方向です。かつて日本では，血縁や地縁のもとで，子どもの養育が行われてきました。しかし，都市化，核家族化の流れが，大きく子育ての仕組みも変えてしまいました。そして，経済的にも高度成長期以降，特に母親に子育て負担が大きくのしかかることになりました。核家族化はかつてあった子育ての「親から子へ」という世代伝承を阻害し，若年の親の未熟さや女性の就労拡大によって，子育て環境自体が大きく変化しているといってもよいでしょう。近年の育児ノイローゼや児童虐待問題も，母子の孤立化との関連から指摘できるでしょう。

そこで，子育てを支援するさまざまな施策や事業が必要となりました。

児童福祉法第48条の2に「乳児院，母子生活支援施設，児童養護施設，情緒障害児短期治療施設及び児童自立支援施設の長は，当該施設の所在する地域の住民に対して，その行う児童の保護に支障がない限りにおいて，児童の養育に関する相談に応じ，及び助言を行うよう努めなければならない」としています。すでに以前から母子生活支援施設などでは「学童保育」として，施設の子どもだけでなく，地域の子どもたちの「居場所づくり」を行ってきました。その後「放課後児童健全育成事業」として，児童福祉法第6条の2で，第二種社会福祉事業に位置づけられました。現在では，多くの施設に付設されています。その他にも地域の子育て支援との関わりで，「子育て短期支援事業（ショートステイ・トワイライト事業）」（1995年）や不登校相談の急激な増加に対し，「ひきこもり等児童福祉対策事業」（1999年）が家庭支援体制緊急整備促進事業の一つとして開始されました。

特に，その具体的な施策として位置づけられた「ふれあい心の友訪問援助事業」は児童相談所が大学生などに直接，家庭訪問してもらい，勉強や遊びを通して支援する事業です。そして，「ひきこもり等児童宿泊等指導事業」は児童相談所や児童福祉施設に宿泊，通所により指導を行うものです。

また，地域の児童虐待の急増に伴って，「都市家庭在宅支援事業」（1994年）

が創設されました。現在，首都圏にある児童養護施設や母子生活支援施設などの児童福祉施設が，その専門性を活かして，子育て不安，児童虐待，非行問題などに対して相談を受ける事業をいいます。児童福祉施設は通所型（保育所，児童厚生施設）だけでなく，入所型施設形態があり，24時間電話体制がとれることが利点となっています。

さらに，児童福祉法第44条の2第2項に規定されている「児童家庭支援センター」（1998年）が児童福祉施設に附置されることになりました。まだ，設置数は少ないですが，地域の児童虐待相談や家庭問題に対して，専門的な支援が期待されています。しかし，このような相談支援事業を児童福祉施設が行うことは，現在の職員配置基準から考えて，かえって児童福祉施設の負担を大きくすることになっていないだろうかという疑問があります。確かに，このような事業は，補助金事業といわれるものも多く，正規職員を採用するまでには至りません。今後，児童福祉施設が地域の相談援助活動の拠点となるためには，専門職の配置が必要ですし，それに伴って，施設職員の拡充も図られるべきでしょう。

2　里親制度の「未来」

里親制度の充実・拡大も「地域で暮らす子どもたちの権利」を保障していくことにつながります。そして，里親制度の特徴は，切れ目のない養育の保障がなされているということです。社会保障審議会の児童部会の報告書「児童虐待への対応等要保護児童及び要支援家庭に対する支援のあり方に関する当面の見直しの方向について」（2003年11月）のなかで「里親制度については，乳幼児期から自立期に至るまで里親を活用できるように，里親によるグループホームといった工夫を図る」方向を示しました。そして，主に虐待を受けた子どもの里親として「**専門里親**」制度が創設されましたが「障害をもった子どもの受託を専門里親のなかに入れていくということも，多機能化のひとつとしてあげられるでしょう。ほかに里親型グループホーム（里親ファミリーホーム）を制度化してその支援を強化していく」ことも必要だとしています。

以上見てきたように，施設養護も小規模化していく方向だけでなく，地域化の方向に向かっていると言えるでしょう。そして，まだ，要保護児童の8％の利用にすぎないといわれる里親制度を多機能化することで「家庭的養護」の保障，拡大を図っていくことになります。

3　地域における子育て支援

ここでは，新しく示された施策を紹介します。2007年度から，「**地域子育て支援拠点事業**」が実施されることになりました。従来のつどいの広場がひろば型，地域子育て支援センターがセンター型となりました。その実施主体は市町

▷4　専門里親
⇒ I-6 参照。

▷5　柏女霊峰『子ども家庭福祉・保育　あたらしい世界——理念・仕組み・援助への理解』生活書院，2006年，202〜203頁。

▷6　地域子育て支援拠点事業
少子化や核家族の進行，地域社会の変化など，子どもや子育てをめぐる環境が大きく変化するなか，家庭や地域における子育て機能の低下や子育て中の親の孤独感や負担感の増大といった問題が生じている。子育ての負担感の緩和を図り，安心して子育て・子育ちができる環境を整備するため，地域における子育て拠点の設置を推進し，地域の実情に応じたきめ細やかな子育て支援機能の充実を図ることを目的とする（地域子育て支援拠点事業実施要綱より）。
⇒ V-2 , V-6 参照。

村（特別区を含む）です。実施形態としては以下の通りです。

- ひろば型
  常設のひろばを開設し，子育て家庭の親とその子ども（おおむね3歳未満の児童および保護者：以下子育て親子という）が気軽に集い，うち解けた雰囲気のなかで語り合い，相互の交流を図る場を提供するものです。
- センター型
  地域の子育て支援情報の収集・提供に努め，子育て全般に関する専門的な支援を行う拠点として機能するとともに，既存のネットワークや子育て支援活動を行う団体などと連携しながら，地域に出向いた地域支援活動を展開するものです。
- 児童館型
  民営の児童館，児童センターにおいて，学齢期の子どもが来館する前の時間を利用して，親と子の交流，つどいの場を設置するとともに，子育て中の親などの当事者などをスタッフとして参加させた身近で利用しやすい地域交流活動を展開するものです。

3つの型に共通する事業内容としては，①子育て親子の交流の場の提供と交流の促進，②子育てなどに関する相談，援助の実施，③地域の子育て関連情報の提供，④子育て支援に関する講習の実施などです。

4 地域における自立支援

児童養護施設等退所後の児童の自立支援を地域で行っている施設が，「**自立援助ホーム**」です。子どもが施設から自分の力で自立ができるまでは，支援していこうという施設ですが，18歳以上が対象者であるということから法定化の道が拓けませんでした。

しかし，その必要性がその後大きく叫ばれ，児童福祉法第6条の2に「児童自立生活援助事業」として「日常生活上の援助及び生活指導並びに就業の支援を行い，あわせて同項の措置を解除された者につき相談その他の援助を行う事業」と規定されました。また，児童虐待の防止等に関する法律第1条においては「児童虐待を受けた児童の保護及び自立の支援のための措置等」を講じることが明記されましたが，児童福祉法適用年齢を超えた，満18歳以上の子どもが支援対象となるケースも多く，児童相談所の行う従来の「措置」ではなく「委託措置」であり，運営費に関しては，補助を得ることが難しい状況です。各地方自治体の「加算補助金」やNPO法人として，寄付などで運営している自立援助ホームも多くあります。そこで，就職を含めた地域のさまざまな人からの支援が不可欠といわざるを得ません。

（小木曽宏）

▷7　自立援助ホーム
⇒ V-7 参照。

V 地域におけるそだちと自立支援

2 地域の遊び場の拠点として
児童館

1 児童館とは

○目的

児童館とは，児童福祉法第40条に規定されている児童福祉施設の一種である児童厚生施設のうち，屋内での活動が主で，職員が配置されている施設です。一方，屋外の活動を主とする児童厚生施設に，児童遊園があります。これら児童厚生施設は，児童に健全な遊びを与えて，その健康を増進し，または情操をゆたかにすることを目的としています。対象は，すべての児童（18歳未満）です。ただし，主に児童館の指導の対象となるのは，おおむね3歳以上の幼児，小学校1年～3年の少年（学童）と，昼間保護者のいない家庭等で児童健全育成上指導を必要とする学童となっています。

○形態と種類

児童館は，子どもとその保護者などが，開館中好きなときに好きなことを好きなだけできる利用型施設です。その規模や機能により，小地域を対象とした小型児童館，総合的な児童の健全育成機能に加え体力増進を図る指導機能を有する児童センター，都道府県内の児童館の中枢的機能を有する，あるいは，広域を対象として総合的な活動設備を有する大型児童館（A型，B型，C型）に分けられます。2004（平成16）年度，全国で4,693か所（小型2,881か所，児童センター1,663か所，大型23か所，その他126か所），そのうち公営3,187か所，民営1,506か所となっています。

▶1 厚生労働省「平成16年社会福祉施設等調査結果の概況」。

○職員の要件

職員としては，「児童の遊びを指導する者」（1997年の児童福祉法改正以前は，「児童厚生員」）が2名以上配置されるほか，必要に応じてその他の職員が置かれます。その任用資格は，児童福祉施設最低基準第38条に規定されており，母子指導員の資格（保育士資格が中心）あるいは教員免許を有する者や，大学で心理学，教育学，社会学，芸術学，体育学を専修する学科もしくはこれらに相当する課程を修めて卒業した者等となっています。

○支援の内容

児童館では，それぞれの地域の実情，求めに応じ，以下のような活動を行っています。1994年度，就労と子育ての両立支援の一環として「保育所併設型民間児童館事業」が，翌1995年度には，「コミュニティ児童館の整備」が子育て

支援事業として実施され，従来の児童の健全育成に加え，子育て支援の機能も期待されてきています。さらに2007年度より「**地域子育て支援拠点事業**」のなかで「児童館型」として，地域における子育て支援の拠点の一つとなり，子育て家庭への支援を実施することになりました。

▶2　地域子育て支援拠点事業
⇒ V-1 参照。

(1)遊びを通じての集団的，個別的指導

　　館の設備，遊具を利用した自由遊び，親子参加型プログラム，スポーツやレクリエーション・おかしづくり・クラフト・絵画等のプログラムやイベント，学童クラブなど。

(2)母親クラブ等の地域組織活動の育成・助長

　　母親クラブは，児童をもつ母親などが中心となって，地域の児童の健全育成を目的に形成される連帯組織です。①親子および世代間の交流，文化活動，②児童養育に関する研修活動，③児童の事故防止活動，④その他，児童福祉の向上に寄与する活動などを行っています。

(3)健康・体力の増進

(4)放課後児童の育成・指導

　　「放課後児童健全育成事業（放課後児童クラブ）」として，保護者が労働等により昼間家庭にいない，小学校に就学しているおおむね10歳未満の子どもを，学校終了後に適切な遊びや生活の場を提供し，その健全な育成を図ろうとする事業を行っている児童館もあります。

(5)年長児童（主に，中・高校生）の育成・指導

　　赤ちゃんとの出会い・ふれあい・交流，中・高校生の居場所づくりなど。

(6)子育て家庭への相談など

　　電話や面接による個別相談，子育て講座，親グループなど。

2　事例「ルールを守らず，他の子どもともうまく関われないツトムのケース」

◯事例の概要

　ツトムは，小学校5年生の男児で，大方は一人で来館することが多い子でした。入口から入ると，入館用の名簿に記載することもままならず，自分の荷物をポンと床に落とし，自分が遊ぼうと思っている場所へそのまま行こうとします。順番を守らず，使っている子どものところに割って入ったり，遊具の使い方も粗雑で，来館している子どもたちとよくトラブルを起こし，ツトム自身はそれを面白がっているようです。また，閉館後も児童館の周りをウロウロとし，家に帰ろうとしません。なかなか帰宅しないことで自宅へ電話した際わかったことですが，ツトムの家は母子家庭であり，なかなかツトムに手がかけられていないということでした。

◯職員による話し合いと支援策

　そこで，職員内でツトムにどのように接していくか話し合いました。まず，

ツトムの大方の言動は，周りの関心を引きたいというものであり，子どもたちや職員をはじめとする大人との関わりを求めているのではないかと思われました。その一方で，どのように接すればよいのかがわからない，あるいは身についておらず，どちらかというと，人を不快にさせる関わり方により人からの関心を得ているのではないかと考えられました。ツトムへの直接的な関わりと，ツトムと他の子どもなどとの関わりのサポートとして，①児童館での利用ルールがある目的を伝え，最低限そのルールを守ることを身につけていく，②他の子どもとのトラブルでは，職員の仲介は必要であるが，ツトムや他の子どもたちに自分の気持ちやどのようにすればよいのかを考えてもらい，自分たちで解決できるように支援する，③ツトムや周りの子どもたちの良い言動，関わりに目を向け，それを奨励していくことを話し合い，実行することとしました。

◯支援策の実施とその経過

具体的には，ツトムがやってきた時，職員が感じている上記のようなことをツトム自身はどのように思っているか話を聴くことをスタート地点としました。ツトムは素直ではありませんでしたが，ルールを守る上で，名簿に必要事項を記載する，荷物を所定の棚に入れる，順番を守り，他の子どもと共有して遊具等を使用することなどに合意し，その理由にも納得しました。まずは職員が必ず傍らについて一緒にやり，見届けるところから始め，できているところを大いに誉めました。そこから，職員がついていなくとも，報告をしてもらうように変え，基本的な事項はできるようになっていきました。

他の子どもとのトラブルについては，最初は事あるごとに職員が仲立ちとなって，ケンカ腰になったり，話すことをしない態度を回避し，子どもたちに怒っても泣いてもいいと，感情を表現することを奨励し，投げ出さずに気持ちや思いを互いに伝えることを促しました。徐々にどうすればよいのかまでみんなで考えられるようになり，「大丈夫。自分たちでなんとかするから」と子どもたちから言うまでになったので，子どもたちに任せ，どうなったかのフォロー以外は見守るようにしました。ツトムも，職員や他の子どもの発言を聞くようになり，自制することもできはじめ，みんなが気持ちよく遊べている場面が見られるようになりました。

◯事例から読みとれる課題

- 学齢期の子どもの発達課題に照らしながら，ツトムの課題を考えてみよう。
- 上記の事例のなかで，職員の関わりとして良い点と，不十分あるいは疑問を感じる点について，話し合ってみよう。

◯課題の解説

【発達段階から】

児童館などの職員研修や子育て相談などでよく耳にすることから感じることですが，大人たちは子どもたちが"できること""できるようになること"を

意識あるいは潜在的に期待し，しつけを重視して，できるできない，あるいは望ましい望ましくないといった基準でもって接してしまいがちになるようです。子どもたちにも思いがあります。学齢期は，劣等感，不全感にうちひしがれないで，勤勉さや達成能力を身につけることが大切な時期です。また，子どもたちのなかには，子どもに重要な発達課題の前段でつまずいている子どもも多くいます。できることがどんどん広がっていく可能性を秘めたこの時期の子どもたちに対し，大人はどのように関わっていくべきなのでしょうか。

【子どものサインを】

　まず，子どもの言動の表面だけを見ず，その背景や子どもの思い，気持ちを考えていくことが重要となります。子どものあらゆる言動は，子どもが意識しているものだけに限りません。しかしながら，何かしら周りの者に「あれ？」っと思わせるサインが出ています。それを見逃さず，キャッチしていくことが求められます。職員らは，粗雑な態度で職員や周りの子どもたちをかき回すことを"面白がっている"ところなどから，ツトムの，自分に目を向けさせようとする言動，パフォーマンスに気がつきました。また，母親の話からも，ツトムに手をかけてくれる大人がいない，不十分な様子がうかがえ，職員が館内で見ている以上に，ツトムをみてくれる人の存在が必要であったようです。

【育ちなおし】

　職員からの一方的な見方だけでツトムと関わっていくのではなく，ツトムに現状をどのように感じているかなどについて話を聴くことから，職員は始めています。この時，子どもからはこちらが期待しているような建設的な考えは聞かれない場合も少なくありません。しかし，自分の思いに触れてくれる，聴いてくれる，たとえ非建設的な言い方でも否定されない，そして，他の子どもたちともっと気持ちよくあそぶことができる見通しを聞くことは，ツトムにとって気分の悪いことではないでしょう。また，職員がツトムに付いて物事を一緒にやることは，"本当はできるのに"を前提とするのではなく，「育ちなおし」「学びなおし」の視点で関わる必要がある場合もあることを示しています。職員の援助がどの程度必要なのか，ツトムの言動や他の子どもとの関わりの様子をみていきながら，援助を直接的なものから，見守りといった間接的・側面的な方向へとシフトしていきました。上記のような視点に立ち，"誉める""奨励する"ことは，子どもに自分でできる気持ちや意欲をもたせ，自信をつけ，自分でやってみることを引き出します。

【家庭との協働】

　最後に，この館内での取り組みを母親との協働により家庭内へ移行していくことが望まれます。児童館での様子を伝え，どのようにすればよいか母親からも教えてもらうような形で，一緒にやっていけることを見出し，ツトムと関わっていくことで，生活全体に安定性ができてくるでしょう。　　　　（木村容子）

参考文献

児童手当制度研究会監修『児童健全育成ハンドブック　平成17年度版』中央法規出版，2005年。

成清美治・曽田里美編『現代児童福祉概論』学文社，2003年。

「『児童館』は，これでいいのか？」『月刊子ども論』15（7），2000年，6～20頁。

「児童家庭福祉の未来　変わりつつある児童館の役割②」『月刊福祉』82（10），1999年，88～93頁。

Ⅴ 地域におけるそだちと自立支援

3 もうひとりの親として 里親制度

① 里親制度とは

○里親制度の目的

　里親制度は，児童福祉法に基づく子どもの福祉のための制度です。家庭での養育に欠ける児童などに，その人格の完全かつ調和のとれた発達のための温かい愛情と正しい理解をもった家庭を与えることにより，**愛着関係**の形成など児童の健全な育成を図るものであることが目的です。

　昨今の児童虐待等で，社会の変化に合わせ，2002年に里親制度の見直しがされ，新たに専門里親，親族里親制度を創設。里親が行う養育に関する最低基準も設けられました。さらに，2004年の児童福祉法改正に伴い里親に監護，教育，懲戒に関わる一定の権利が付与されました。

○里親制度の歴史

　日本では古くから村里に預けられた子，実親から他人に養育が委託された子を「里子」と呼びました。第2次世界大戦の後，1947（昭和22）年に児童福祉法が制定され，翌年，戦争孤児を救済するために制度化されたものが，現在の里親制度のもとになっています。発足当初は登録里親も委託児童も年々増加していきましたが，1958（昭和33）年を境に徐々に減少していきました。現在，登録里親数7,882，児童受託里親数2,453，委託児童数2,424（2006年度）です。国は8.1%の**委託率**を，2009年までに15%まで引き上げることを目標にしています。

○対象の児童

　家庭での養育に欠ける0歳から18歳までの子どもです。これまでの施設養護から傷ついた子どもを受けとめる場として，里親制度を活用する方向へ向かっています。18歳になると措置解除になりますが，2002年9月の厚生労働省令により必要を認めるときには，満20歳に達する日まで，養育を継続することができるようになりました。

○関係者・職員

　里親家庭は夫婦が主体となり，里子を育てます。その家庭にいる祖父母や実子が関係者になります。

○組織の特徴

　毎年，財団法人全国里親会は全国里親大会を開催します。各都道府県には里

▷1　愛着関係
⇒ Ⅱ-3 参照。

▷2　厚生労働省令第115号「里親の認定等に関する省令」2002年。

▷3　厚生労働省令第116号「里親が行う養育に関する最低基準」2002年。

▷4　委託率
委託される要保護児童の割合。

親会の事務局が置かれ，研究協議会が開かれるのです。そこでは必ず**里親信条**が唱和されます。

里親になるには，都道府県に登録しなくてはなりません。面接調査を経て，里親に登録されます。各里親会では研修の機会をもうけ，里親サロンなどを定期的に開くところもあります。

2 制度，機関，組織における支援

◯里親・里子支援

①児童相談所

児童相談所は里親・里子の問題を相談する身近な窓口です。

②里親どうしの支え合い

里親仲間には，里親でなければわからない悩みを打ち明けることができます。たとえ，その問題がすぐに解決しなくても，悩みをわかってくれる仲間がいるというだけで心強いものです。

③レスパイトケア

年に7日ほど児童養護施設や他の里親にあずけることができます。場合によって，児童相談所の一時保護所にあずけることもできますが，今後の課題です。短時間でしたら保育所の一時保育やファミリーサポート，学生ボランティアを頼むことも考えられます。

④地域との連携

里子が地域で生活していく時，偏見や差別をもたれることも少なくありません。それに対して里親は近所（民生委員含む），学校，医療機関などに理解を求めるように努力する必要があります。

◯自立支援の限界

①身元保証人のこと

里子が措置解除後，就職やアパートを借りるのに身元保証人が必要になります。多くは里親が善意で身元保証人になることが多いのですが，なかには身元保証人になったがために，里子のつくった借金を負うようになった人もいるとのことです。そのようなトラブルが生じた場合を考えて国が身元保証人のための保険を検討しています。自立のステップを踏む段階で誰が保証人になるかは，里子の将来に大きく影響するものです。

②経済のこと

措置解除後でも里親が生活費，引っ越し代，進学にかかる費用，各種免許の取得費用など，さまざまな経済的負担を引き受ける場合があります。これも里親の善意からしていることで限界があるでしょう。1998年から里親の有志でつくった「アン基金プロジェクト」は里子の自立のために活動しています。しかし，今後ますます援助の拡充が求められることでしょう。

▷5 里親信条
「わたしたち里親は家庭に恵まれない児童に対し，これにかわる家庭を与えます。」等，5項目の信条は1957（昭和32）年に採択された。

▷6 レスパイトケア
里親の休息のために，子どもの養育を一時的に他の者にゆだねること。2002（平成14）年の里親改革で認められるようになった。

V 地域におけるそだちと自立支援

③里親不調の場合

　里親との関係が悪く，措置解除後，誰が手をさしのべても自分の方から関係を断ち切っていく里子は自立支援もむずかしくなります。しかし，そのような里子ほど関わりが必要でしょう。関係機関の連携，また場合によっては里子の追跡調査が必要になります。不調に終わった里親子の心の傷は深いものです。そのケアも大切な課題のひとつです。

3　事例「問題行動を繰り返す里子への支援」

○事例の概要

　カナエちゃんは1991年夏，3歳半で虐待防止センターの連絡により児童相談所に保護されました。おもに養母の身体的虐待によるものです。保護された当初，IQも低く，障害児施設を検討されましたが，急激な伸びを見せたため，児童相談所はきめこまかく見てほしいと里親委託をしました。

○支援経過

　初めての子育てになる里親家庭（里父40歳，里母36歳）では，赤ちゃん返りや少しのことでパニックを起こすにカナエちゃんに大変苦労をしました。幼稚園から小学校低学年まで，座っていることができない，また他人の物と自分の物の区別がつかないので，トラブルを起こし続けます。それでも里親は保護者会で「うちの子は里子でつらい目にあってきましたから，みなさんの温かなことばかけをお願いします。仲良くして下さい」とうったえ続けました。高学年になると座って授業を受けられるようになりましたが，同級生の友人ができない悩みをかかえました。ただし，近くのお年寄りに弁当を届けるボランティアを毎週続けることにより，お年寄りとの交流は深まりました。

　この頃から，里母は塾に通わせ，通信教育をさせます。里母としては将来のことを考えて精一杯のことをしたつもりでしたが，カナエちゃんは里母の財布からお金を盗むようになりました。発覚してからカナエちゃんと里母は児童相談所に2週間に1度通います。里母は盗みが自分にむけたSOSであることに気づき親子関係は修復されていきました。その後，里母は**専門里親**になります。

　カナエちゃんが，中2の時，プロ野球の選手へ花束贈呈をする機会が与えられ，それをきっかけに，部活に入り友人ができはじめます。また，兄の存在を知り，自信につながるのです。県立高校に入学と同時に里親は目覚まし時計を渡し，これからは自分で起きて学校にいくよう約束させます。冬休みには郵便局でアルバイトを経験し，お金の大切さを知りました。

　順調に思われた高校生活でしたが，高2の秋，教師への暴言と指導拒否という名目で謹慎処分を受けました。このことが引き金になり，またお金を盗むようになります。発覚してから里親はアルバイトで返金するよう責任を取らせました。自ら探したアルバイトで，半年後，里親に返金。将来は児童福祉の道に

▷7　専門里親
⇒ I-6 参照。

進みたいという希望をもち，現在カナエちゃんは真面目に専門学校に通い，次の目標に向けて歩みはじめています。措置も20歳まで延長になりました。

◯ 事例から読みとる課題
・里子の問題行動に対し，家庭養護のプラス面とマイナス面を考えよう。
・里子が自己責任を身につけるには，本人，また，支援者にとって何が必要なのでしょうか。

◯ 課題の解説
　虐待を受けた子どもは，その後の対応がむずかしいと言われます。しかし，子どもはまわりの関わり方によってかわっていくことは可能です。そのために里親も学習することが大切でしょう。育てていくなかで分岐点のようなものを感じた場面がありましたので，着目すべき関わりや援助技術について次に記したいと思います。

【地域のなかで生活する】
　虐待などで傷ついた里子を育てる時，里親子が地域のなかで孤立しないよう里子には早くから真実告知をし，地域には協力を求める態度が必要です。

【問題を抱え込まない】
　里子が盗みや暴言など問題行動を起こす時，里親としてこれだけやってきたのにという思いがわいてきます。年齢が上がるほど里子本人は悪いことだと自覚しながらもしてしまう行為です。その場合，頭ごなしに「悪いことだからやめなさい」と言っても効果はありません。里子には必ず問題行動を起こす理由があります。むしろ里親側が「つらいのだな。追い詰めてしまっているのかもしれない」と反省をしながら，子どもと少し距離をおき，接することによって改善していきます。児童相談所に相談するなど問題を抱え込まないのもポイントです。

【自己評価を高める】
　自己評価の低い里子には，つとめてほめる努力をしながら「その子にしかできない仕事がある」とゆったり見守る態度が必要です。口うるさく言うと心を閉ざしますから，言うべきことを言ったら子どもに考えさせて自分で決めるようにうながします。

【働く喜びを知る】
　高校生になるとアルバイトができます。アルバイト先で挨拶をする，先輩に仕事を教えてもらう，学校とは違う人間関係のなかで多くのことを学ぶチャンスが与えられるでしょう。なにより働いてお金を得ると，お金の価値がわかり，物を大切にするようになります。

　いつでも相談できる大人が身近にいること。それが，里子の自立への第一歩といえるでしょう。

（山中ゆりか）

参考文献
厚生労働省雇用均等・児童家庭局家庭福祉課監修『子どもを健やかに養育するために』財団法人　日本児童福祉協会，2003年。
庄司順一編『Q＆A里親養育で知るための基礎知識』明石書店，2005年。
村田和木『「家族」をつくる』中公新書ラクレ，2005年。

Ⅴ　地域におけるそだちと自立支援

4　小さな施設とくらしの保障
グループホーム

▷ 大舎制
⇒ Ⅲ-4 参照。

1　グループホームでの生活

　グループホームでの子どもたちの生活はおおむね6名程度の少人数が基本となっています。これは援助者1人に対して援助しなければならない子どもの人数が最大でも6名ということです。これによって援助者は子どもたち一人ひとりの状況を把握しやすくなり，また子どもたちのニーズに即した援助を提供しやすくなる，またそもそも子どもたちのそれぞれに合ったニーズを理解しやすくなるという利点があります。つまり**大舎制**の施設のような援助者1人に対して子ども10数名という状況とは格段の差があります。

　これによりグループホームでは大人数の施設にありがちな，施設全体に適用されるルールのようなものを設定する必要がほとんど無くなります。今，目の前にいる子どもに必要な援助を提供すること，一人ひとりに何が必要かを見極めることこそが重要なのです。

　具体的な例として，朝起きる時間や夜寝る時間は，子どもたちそれぞれによって違います。もちろん年齢などの要件もありますが，早起きの苦手な子は寝る時間を早めにして，朝に起きやすくしてあげるなどの個別的な対応をします。これはグループホームだからこそ実践しやすい対応で，画一的に「起床時間は7時，就寝は9時」のようなルールをつくる必要が無く，子どもと援助者との個別的なやりとりによって生活を組み立てていくことが可能になります。

2　一般的な住宅での生活体験

　通常，グループホームは本体となる施設とは離れた場所で，一般的な住宅を使用して運営されていることが多く，特に都市部では普通の住宅街のなかの普通の一戸建ての住宅やマンションの一室がグループホームとして使用されていることが多くあります。

　自立，特に社会的自立という目標に向けて援助することを考えた場合，これはとても有利なことです。施設で生活する子どもたちが学校の友達の家に遊びに行ったときに洗面所の使い方がわからなかったとか，施設を退園した子がアパートで一人暮らしを始めたのはいいけれどお風呂や台所の使い方がわからなかった，などの話はよく聞きます。一般の住宅を使用しているグループホームでは，普段からこうした器具の取り扱いに慣れているので，このような問題は

起きにくいはずです。

　また，食事は生活の中心部分を占める重要な援助ですが，グループホームでの食事は，担当の援助者が献立を立て，買い物をし，調理をして子どもたちとともに食べるのが一般的です。これは家庭的養護を目標とするグループホームにすれば当然といえます。子どもたちの「今日はハンバーグが食べたいな」といった声や，スーパーのチラシを見ながら「今日はサンマが安いな」などの情報を反映して献立を考えていくことはごく当たり前なことです。

　また，調理も子どもたちの目の前で行われることが重要です。台所に並べられる肉や野菜といった素材，それが職員の手にかかって切られ，焼かれ，煮たりされていきます。野菜を炒める音，コトコト煮込む音，油で揚げる匂い，それらは家庭に近いグループホームだからこそ感じられる感覚です。ときには子どもたちが調理の手伝いに参加し，技術を身につける機会を得ることも容易にできます。

　また，施設の生活ではわかりづらい生活費，特に水光熱費や食費，あるいは電話代などについて「今月は電気代が多くかかったね。節約しないとね」「最近野菜が高いね」などの会話のなかで子どもたちに教育していく機会をもちやすく，こうした経済感覚を日常的に学ぶ環境で生活していること自体が将来社会に出て行く子どもたちにとって，社会的自立を支援するために有効であることはいうまでもありません。

③ 自己決定の日々

　①で述べたように，グループホームでの生活は子どもたち一人ひとりのニーズに合わせて組み立てられていきます。これを子どもの視点から見れば，自分で生活を組み立てていかなければいけないということ，言い換えれば自己決定を繰り返しながら毎日の生活を過ごしているということになります。

　たとえば夕食が終わってからの時間の過ごし方について。

　9時から見たいテレビがあるけれど，それまでにお風呂に入ることと宿題を終わらせなければいけないとします。

　「今日の宿題は難しそうだから，先に終わらせて，9時までの時間でお風呂に入ろうか…それともまずお風呂に入ってテレビを見てから宿題をして寝ようか，でもそうすると明日起きるのがつらそうだな…。」

　こういった選択は日常当たり前に行われることであると思いますが，しかしもし施設の生活のなかで「お風呂は○時までに入ること」「宿題は○時から○時までの学習の時間に終わらせること」などのルールが決まっていたらどうでしょうか。子どもたちは自己決定する機会もなく，定められた通りにやり終えてしまうことでしょう。

　こうした「生活を組み立てる」作業は自立した社会人になるために必要なス

キル（技術）であることは疑いようもなく，グループホームの生活のなかではこのスキルを毎日学びながら生活していくのです。

いうまでもなく，自己決定は自立に向かうための重要な要件のひとつですから，それを日常生活のなかで当たり前のように繰り返していくこと，上記のケースのように自分自身の生活を自分でつくり上げていくこと，つまりグループホームでの生活そのものが自立支援であるといえます。

❹ 地域のなかで

グループホームは住宅街のなかに存在しています。すると必要になってくるものがあります。それは「ご近所づきあい」です。ただでさえ6人もの子どもたちが生活するとなればその声が騒音となり近所に迷惑をかけることもあります。そういう時はどのような対応をしたらよいのか，近所づきあいとはどういったものか，それらを目の前で学べるのがグループホームの利点であると思います。

❺ 援助者の役割

このように子どもたちの自立を促す生活を提供するには，担当となる援助者にも高い専門性と自立支援への意識が求められます。援助者は子どもたち一人ひとりが自己決定できるような環境を整え，それを可能な限り生活に反映できるような状態をつくることが求められます。

また，グループホームは時として子どもたちの「実家」的な存在にもなります。自立し退園した子どもたちが気軽に遊びに来られるような，いつでも迎えてあげられるような姿勢が重要であると思います。

❻ 事例 「自立とは一人で生きていくことか」

◯ 事例の概要

年少時から親が無く施設で生活をしてきたタカコ。成長し高校卒業を間近に控えグループホームを巣立ち，就職してアパートで一人暮らしを始めることとなりました。タカコに対して援助者はどのような支援を行ったのでしょうか。

◯ 支援経過

グループホームでの日々の生活のなかでタカコは炊事や洗濯，身の回りの整理整頓や金銭感覚を学んでいきました。もちろん時には援助者が意図的に生活技術を学べるような取り組みを行いました。

さらに，タカコは親との関係において大きな葛藤を抱えていました。このことについても援助者は毎晩のように話をし，ときには怒りや悲しみ，それでもどうしようもない感情を表現するタカコの気持ちを受け止めました。技術さえ身につければ自立できるわけではないのです。特に親から離れて生活してきた

子どもたちにとっては，自分はなぜここで生活していかなければならなかったのか，その課題を解決することなしに自立というものは考えられないのです。当然のことながらその裏には，18歳という年齢ながらたった一人で社会に出て行かなければならない不安もあったことでしょう。

　就職先は学校の紹介ですでに決まっていました。問題は住むところです。私たちはタカコとも相談を重ねた上で，グループホームに程近いアパートに決めました。全く知らない環境で新しい生活を始めることは，タカコにとって負担が大きすぎると考えたからです。

　そしていよいよ高校を卒業し，社会人としての生活が始まりました。

　タカコは最低でも週に1回はグループホームを訪れました。援助者は彼女を温かく迎え入れ，仕事の愚痴やアパートの隣人の話，生活上の悩みなど相談に乗りました。ときには2時間ほども話していくこともありました。そして帰り際には缶詰や果物をもたせました。これはまさにグループホームがタカコにとっての「実家」になりえた結果でした。

　こうした援助を続けていくうちにタカコは次第にグループホームを訪れなくなってきました。これは決して両者が疎遠になっていったからではありません。その証拠にタカコは就職して最初のクリスマス，子どもたちにプレゼントをもってやってきたのです。その顔は誇らしげでもあり，一人前の社会人としての顔でした。

○ 事例から読みとれる課題

　「就職＝自立」という概念は成り立たないことはこの事例からも明らかです。ではタカコはどのようなプロセスを経て自立への道を歩んでいったのでしょうか。

○ 課題の解説

　タカコはグループホームでの生活のなかでさまざまな技術を身につけました。グループホームは社会生活に必要な技術を学ぶのにうってつけです。しかし自立のためにどんな技術よりも大切なことは，自分が一人ではないと実感できる環境が備えられることです。タカコはグループホームと同じ地域で生活を始め，そして度々来訪しました。

　タカコは社会に出ることの厳しさを日々感じながら生活していました。援助者はそんなタカコの話を聴きました。ただひたすら受け入れました。こうした援助のなかでタカコは，人が支え合いながら生きていること，そして支えてもらうことの心地よさを感じていました。こうしてタカコは社会のなかで生きていく準備を整えていきました。

　自立のためのプロセスはそれぞれ違うものです。しかし共通していることはみんな誰かに支えられながら自立に向かっていくということです。

（高橋直之）

V 地域におけるそだちと自立支援

5 施設の新たな役割として 児童家庭支援センター

1 児童家庭支援センター設立の経緯

社会環境の大きな変化のなか，子どもと家庭の問題は複雑化し，一層多様なものになってきています。児童虐待や不登校，引きこもり，非行，発達障害，さらにDVやひとり親家庭の増加に至るまで，いくつかの問題が重複する場合も多く，公的機関中心の相談支援体制では，もはや細やかで柔軟な対応が困難な状況です。

このようななか，子どもと家庭の問題に対応できる専門性やノウハウがあること，24時間365日迅速かつ的確に対応できること，緊急時の保護が可能であることなどの条件を満たす相談窓口を身近な地域社会のなかにおく必要性が高まってきました。こうして，このニーズに対応できる新たな児童福祉施設として児童家庭支援センターが提案され，1998年児童福祉法改正に伴い，既存の**養護系入所施設**へ附置できるようになりました。

その後，設置数は2005年に全国約60か所（図V-1）に達し，地域に根ざしたセンターとして，相談援助のほか，子育て支援に関するさまざまな取り組みを行っています。

2 児童家庭支援センターの役割

児童家庭支援センターとは，地域の子どもたちの福祉に関するさまざまな問題について，子ども自身，家族，そこに関わる地域の人々や機関，その他からの相談に応じ，児童相談所をはじめとする市区町村の関係機関と連携しつつ，地域のなかで，きめの細かい柔軟な相談支援を行うことを役割とした児童福祉施設です（児童福祉法第44条の2）。社会福祉法では第2種社会福祉事業として規定されています。

○児童家庭支援センターの業務と連携

センターの主な業務である相談支援には大きく，電話，来所，訪問の3つの形態があります。相談内容は，一般的な育児相談から，虐待，養護相談，障害，不登校・引きこもり，非行，いじめに至るまで多岐にわたります。より専門的な対応を可能にする必要性があることから，心理職を配置することとなっており，来所

▷1 養護系入所施設
乳児院，児童養護施設，児童自立支援施設，情緒障害児短期治療施設，母子生活支援施設。

▷2 「児童家庭支援センター運営モデル事業の実施について」（厚生労働省雇用均等・児童家庭局，2002年）
児童家庭支援センターは児童福祉施設に附置するとされた条件が緩和され，モデル事業として，施設と連携可能な範囲に独立設置することが認められた。さらに，都道府県・政令指定都市だけでなく，中核市も設置主体とされた。

▷3 2007年現在では本体施設と連携可能な範囲に独立設置も可。

図V-1 児童家庭支援センター設置数

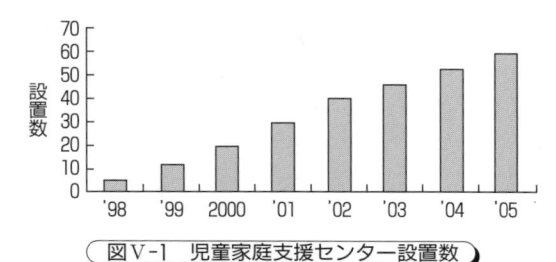

（注）厚生労働省雇用均等・児童家庭局家庭福祉課調べ

相談には，カウンセリングや**プレイセラピー**▲4と呼ばれる心理療法，通所なども含まれます。また，指導委託といって，児童相談所から継続的な指導措置が必要なケースをセンターが受託して指導するものもあります。

このような支援において，その内容をより専門的かつ的確なものとするために，児童相談所をはじめとした福祉・教育・保健・医療・司法の分野にわたる専門機関とのネットワークは必要不可欠です。そのため，相談支援と並行して，地域の子どもと家庭支援について日常的に情報交換を行いながら，連携可能なネットワークをつくる取り組みも，センターの重要な業務の一つです。

また，相談支援以外に児童相談所からの一時保護委託や市町村との契約事業である子育て短期支援事業（**ショートステイ**▲5，**トワイライトステイ**▲6等）の窓口・調整役を担うこともあります。これらに関しては，センター設立の経緯が一時保護，夜間緊急対応が可能な入所施設との連携に期待したものであることから，その受け入れにおいて本体施設との調整を行いながら，入所児童への十分な配慮をもとに，職員間の理解を得ることが必要です。

● 児童家庭支援センターと地域子育て支援

以上に述べてきた業務の他，センターでは地域の特色やニーズに合わせたさまざまな子育て支援への取り組みが展開されています。相談や交流の場づくりとして，親子で参加するサークルやひろば，親子または子どもを対象にした各種イベント，子育て講座など，子育ての楽しさを共有する仲間づくりから啓発・啓蒙や予防的支援につながるものまで，柔軟で幅広い実践が報告されています。

民間ならではの特色を活かし，地域のニーズに柔軟に応えた子育て支援事業に取り組むことは，センター（その本体施設も含めて）が地域のなかで必要な社会資源として認識されることにつながります。

入所児童もまた地域でともに育つことから考えると，このような形で地域との信頼関係を築くことは，施設にとっても重要な意味をもつことになるのです。

③ 児童家庭支援センターの現状と今後の課題

地域の身近な相談窓口として役割を期待された児童家庭支援センターですが，設置数が全国的にまだ少ないため，現段階ではその存在が広く一般に知られるには至っておらず，まずはそれ自体が大きな課題であるといわざるをえません。

また，実際の市町村からの指導委託数も全国的に少なく，センターの存在や機能，専門性について行政側にも広く知らせていく働きかけが一層必要です。

そして，地域のニーズに合わせた独自の活動を展開しているものの，いまだにその事業や内容，質までは細かく規定されていません。地域色に応じたセンターの独自性は重視すべき面ですが，今後に向けては，専門性を確立しレベルや質を確保していくことも大切です。

▷4 プレイセラピー
⇒ III-9 参照。

▷5 ショートステイ
保護者が病気などの理由で，子どもの養育が一時的に困難になった場合や，母子が夫の暴力により緊急一時的に保護を必要とする場合，児童福祉施設で一時的に養育保護すること。

▷6 トワイライトステイ
保護者が仕事等の理由で日常的に帰宅が夜間に至る場合や休日に不在の場合などで，子どもの生活指導や家事で困難を生じている場合，生活指導，食事の提供などを行うことにより，子どもの家庭生活の安定をはかるもの。

4 事例「地域での見守りによる支援が必要な親子」

○ケースの概要
母親，父親，子ども（3か月）の3人家族。

父親は精神的に不安定なため対人関係でのトラブルが多く，仕事先を転々としていました。母親は知的能力の低さが基盤にあり，家事・育児をうまくこなすことができません。母親には，日常的にサポートしてもらえる親族が身近にいないため，生活そのものが不安定な状態にあり，その不安から感情的に混乱しやすい傾向にありました。

○初回面接の様子
混乱した様子で「子どもを預かってくれるところと聞いた」と子どもを連れて来所しました。母親は頼りにできる親族が身近におらず，子育てや生活の不安があること，働くために保育所に子どもを預けたいと考えていることなど，今の自分の状況を語りました。

月齢からみて，児の発育・発達には目立って大きな問題はないようでしたが，母親の関わり方（服の着せ方，ミルクの与え方，あやし方，オムツ交換など）は，毎日世話しているとは思えないほど，不器用さ，ぎこちなさが目立ちました。

○支援経過
実際の姿から，母親の理解力は全般に低く，育児については最も基本的なことも具体的で丁寧な助言や指導を繰り返し行うことが必要と思われました。

今後，養育環境がネグレクト状態に陥る可能性もあることから，母親の能力的な限界もふまえて，居住区を担当する保健師と支援の方法を検討し，児の養育についての具体的なニーズと対応できる社会資源を確認しました。

支援の方向性を定めた上で，母親の直接的な支援には，担当保健師による育児指導に合わせ，育児を含めた日常生活全般にわたってのフォローや相談をセンターがうけることとなりました。施設附設の利点を活かし，緊急の場合はショートステイ・デイサービスの利用も視野に含めての役割分担です。

また，母の育児を日常的にサポートし補う場の確保と，児の発育や発達の保障という観点から，保育所の利用が必要との判断で，母親は就労意欲もあることから，保育所担当者の協力を得て，見守りが可能な保育所の確保を行いました。

自分の力で対応できないことが重なると，感情的に不安定になり状況判断ができなくなる母親でしたが，関わる機関が定まり，支援者とも継続して関わりがもてるようになると，精神的には安定し，表情や言動のぎこちなさは徐々に消えていきました。

現在，母親は仕事を何度か変わりながらも，子どもを保育所に預けて働くという生活パターンが保てると落ち着き，家族関係も安定しています。保育所と

担当保健師，センター職員が連携して母親を支援し，見守りを続けています。

◯ 事例から読みとれる課題
- 地域で見守りを中心に子育て支援を行っていくケースの場合，見守りを担う機関はどのようなことに留意し，支援していけばよいでしょうか。
- 複数の機関が支援に関わる場合，連携がなぜ必要とされるのでしょうか。

◯ 課題の解説

この事例は，さまざまな困難を抱えながらも地域で暮らしている家族を，複数の機関が連携し，見守ることで支援しているケースです。センターを訪れた母親が"育児への不安"を訴えたのに対し，相談員はさらに話を聴きながら具体的なニーズを把握していきます。

【子育て支援における見守り】

このような支援において，"見守る"とは，それぞれの機関が役割分担をした上で，母親自身の力を最大限に活かしながら，家族での暮らしを維持できるよう支えていく姿勢を意味します。バランスが保てるよう，基盤の弱い部分だけを補強したり支えたりしながら，もっている力を損ねないように支援していくことが大切です。

ここでは，まず母親の理解力にあわせ，わかりやすく具体的な育児指導を保健師との協力で行うことからスタートしました。子育て支援のニーズはさまざまですが，特に育児指導が必要なケースでは，育児指導，健診，家庭訪問を通して日常的かつ具体的に育児をサポートできる保健師の存在は欠かせません。保健師は発育や発達の状況を確認しながら，基本の育児指導を担っています。

これに対して，事例でのセンターの役割を考えてみましょう。一般的なレベルの育児指導では理解が困難な母親に対して，理解する段階と実際の生活場面での細かいフォローを行います。いわば，母親の消化を助ける役割です。

また保育所については，表向きは母の就労（希望）を理由としながらも，実際は児の発育・発達保障の観点から，養育環境の補完として母親の力だけではまかないきれない部分を補い，児に保障しています。

【関係する機関との連携】

このように一つのケースに異なる専門性をもつ機関が関わり見守る体制を築くなかで大切なことは，連携です。連携をはかるためには，各機関がお互いの専門性，役割をよく理解した上で，ケースにおける各々の役割を把握しておかねばなりません。連携はバランスが大切です。そのためには方針に沿って，担った役割が果たせるよう，正しい情報の共有が必要です。バランス良く連携をはかることができれば，見守り機関が複数になることで，さらに包括的なフォローが可能になるでしょう。

（宮本由紀）

Ⅴ 地域におけるそだちと自立支援

6 子育て支援の拠点として 地域子育て支援センター

1 地域子育て支援センターとは

　地域子育て支援センターとは，地域全体で子育てを支援する基盤の形成を図るため，子育て家庭に対する育児不安等についての相談指導，子育てサークルへの支援等を実施することにより，地域の子育て家庭に対する育児支援を行うことを目的としています。特別保育事業の一つとして実施されはじめ，保育所等を地域の子育て支援の拠点に，入所している子どもやその親だけではなく，在宅で子育てをしている親やその子どもを支援していこうとするものです。

　地域子育て支援センター事業は，1993（平成5）年度の「保育所地域子育て支援モデル事業」から発展したものであり，全国的な整備が図られてきました。これは，1990年代に入って政府が乗り出した少子化対策の重点施策のなかでも，家庭における子育て支援の推進，利用者の多様な需要に対応した保育サービス等，子育てサービスを整備し充実させていく流れを受けています。さらに2007（平成19）年度からは，「**地域子育て支援拠点事業**[1]」における取り組みを新たに実施することとなり，子育ての負担感等の緩和を図り，安心して子育て・子育ちができる環境づくりを図ります。実施か所数は2006（平成18）年度には，3,436か所となっており，「次世代育成支援対策推進法に基づく地域行動計画に係る子育て支援関係事業の目標値について」[2]のなかで，2009（平成21）年度を目標とし，4,402か所の設置が見込まれています。[3]

　利用は，地域の子育て家庭の親とその子ども，および子育てサークル活動を行う者など，広く地域の子育てに関わる人々を対象としています。そして，子育て家庭の支援活動の企画，調整，実施を担当する職員が配置されています。この担当職員は，子どもの育児，保育に関する相談指導等について相当の知識および経験を有する者であって，各種福祉施策についても知識を有している者でなければなりません。実際には，保育現場での経験のある保育士が多い傾向にあります。次頁「❷ 支援の内容」にある従来型では2名以上を，また，小規模型では1名以上を配置し，少なくとも1名は，地域子育て支援センターの専任とすることとなっています。[4][5]

　実施主体は，市町村（特別区を含む）です。ただし，事業運営が適切と認められる保育所等の児童福祉施設，小児科医院等の医療施設の他，効果的・継続的に実施できる場合には公共的施設を指定施設として委託することができます。

▷1　地域子育て支援拠点事業
⇒ Ⅴ-1 参照。

▷2　厚生労働省「平成18年度『地域子育て支援センター事業』実施状況」『全国児童健全育成事務担当者会議資料』（2007年3月より）。

▷3　厚生労働省雇用均等・児童家庭局総務課少子化対策企画室「次世代育成支援対策推進法に基づく地域行動計画に係る子育て支援関係事業の目標値について」2005年。

▷4　柏女霊峰・山本真実・尾木まり他「保育所実施型地域子育て支援センターの運営及び相談活動分析」『日本子ども家庭総合研究所紀要第36集』，2000年，29-57頁。

▷5　山本真実・柏女霊峰・尾木まり他「保育所実施型地域子育て支援センター（小規模型）の運営及び相談活動分析」『日本子ども家庭総合研究所紀要第37集』2001年，65-78頁。

❷ 支援の内容

　地域子育て支援センターは，次の5つの事業のうち，3事業以上を実施するものを従来型指定施設とし，また，2事業以上を実施するものを小規模型指定施設としています。原則，週5日以上開所することとなっています。

- 子育て家庭等に対する育児不安などの相談指導
- 子育てサークルおよび子育てボランティアの育成・支援
- 地域の需要に応じた保育サービスの積極的実施とその普及促進
- 地域の保育資源に関する情報提供等
- 家庭的保育を行う者への支援

▷6　小規模型指定施設は2007年度より3か年に限り継続的に実施され，その後，ひろば型もしくはセンター型に移行する。

　従来型センターが主に取り組んでいる活動としては，「電話相談」「面接相談」「育児講座」「保育所の園庭開放」「育児グループ・サークル活動の運営」「外部の育児グループ・サークル活動の支援」「地域の保育情報の提供」「地域の保育所との連携事業」などがあげられます。乳幼児やその親に対し居場所を提供し，親たちの相互援助を活性化し，日常の保育や育児講座，育児サークルへの支援の機会を通じて求めに応じ相談にのっていく，また，必要な場合は児童相談所等の機関に紹介するといった機能を有しているといえます。

　小規模型センターでは，子育てサークルや子育てボランティアの育成・支援に関する活動よりも，相談活動に対する活動が多く，「園庭開放」や「行事への招待」などにより，地域住民との接点をもち，相談活動を行っていることがうかがわれます。

　2007（平成19）年度から再編された地域子育て支援拠点事業（平成21年度まで経過措置期間）では，

(1) 子育て親子の交流の場の提供と交流の促進
(2) 子育て等に関する相談，援助の実施
(3) 地域の子育て関連情報の提供，子育て及び子育て支援に関する講習等の実施

と，地域全体で子育て環境の向上を図るため，関係機関や子育て支援グループ等との連携を図りながら，

　ア　子育て支援を必要とする家庭等の支援のため，公民館，公園等の公共施設等に出向いて，親子交流や子育てサークルへの援助等の地域支援活動を実施する

　イ　地域支援活動の中で，より重点的な支援が必要であると判断される場合には，当該家庭への訪問など，関係機関との連携・協力により支援を実施する

ことが求められています。

▷7　厚生労働省雇用均等・児童家庭局「地域子育て支援拠点事業実施要綱（案）」2007年3月。

3 事例「子育てひろばに来る親子の一事例」

◯事例の概要

　4歳児ハルコと母親は，週に1回ほど来所し，いつも子育てひろばを利用しています。母親は，物静かで，少し表情が硬い感じの人で，ハルコが一人あるいは他の子どもたちとあそんでいる間，読書コーナーで小説をずっと一人で読んでいるのが常でした。ハルコは非常に友好的で，ひろばの遊具がたくさんあることもうれしいようで，何より他の子どもにとても関心を示し，「一緒にあそぼう」「（仲間に）入れて」と自分からすすんで他の子どもやその保護者らに関わっていく子どもでした。

◯支援経過1

　職員らは，親子参加型プログラムなども行い，親子がうまく関わりをもち，楽しく子育てできる環境づくりを意識していたため，母親が全く子どもに関わろうとせず，本を読んでいることが気になりました。ときに，「ハルコちゃん，すぐに誰とでもお友だちになれますね。お母さんも一緒にあそんであげて」などと声をかけますが，母親は静かに微笑むだけであまり動きませんでした。それでも，ハルコは楽しそうにめいっぱいあそんでおり，いつも来所から閉室まで3〜4時間ほどを過ごします。職員が特に気になったのは，ハルコが異様に色白で，肌がかさついており，髪の毛にも薄くなっている箇所があること，また，ハルコも母親が一緒にあそんでくれることはどうも期待していない様子で，閉室時刻になると，帰宅するのを泣いて嫌がることでした。

◯支援経過2

　そこで，職員らは，まずは，母子二人それぞれにとって，このひろばが居心地良い場所になり，リラックスできる場となることを意識し，母親は母親のペース，スペースを保てるようにすること，ハルコに対しては，これまで通り他の子どもや他の保護者との関わりをサポートし，自己を自由に表現できるようにしていくことを心がけました。見守りとちょっとした声かけを続けていくうちに，特に母親の表情が明るくなっていくのが見て取れ，母親とハルコが笑顔で一緒に本を読んだり絵を描いたりする姿が見られるようになりました。

◯支援経過3

　ある日，ハルコが「春から幼稚園に行くんだ」とうれしさ満面で職員に話しました。職員が母親とそのことについて話していると，母親の口から，自分は内向的で，ハルコに対しても合わせてうまくあそんであげたりできないし，幼稚園へ行かせようかと思っても，自分自身母親同士の関わりなどを負担に思っており，また，ハルコがうまく幼稚園になじんでくれるか心配であることなどのために，今まで幼稚園に入れていなかったことを話し出しました。反面，このセンターに来るようになって，ハルコもいろいろな子ども，大人に関わるこ

とができ，いつも楽しそうであり，自分もここに来るのは気楽であることを話しました。これをきっかけに，母親は母親のペースで十分に良いこと，母親の肯定的な点を話しつつサポートし，ハルコは幼稚園入園に至りました。

○ 事例から読みとれる課題
- 各フェーズで職員が注視すべき事項と，支援の方向性はどういうところにあったかについて，考えてみよう。
- この母子のニーズは何でしょうか。職員の支援について，よい点，より改善できる点などについて，考えてみよう。

○ 課題の解説

　就学前の子どもと多く関わる機関・施設では，子どもの自立に欠かせないのが親への支援です。親がなにかしら不安定である場合には，こういった地域子育て支援センター等の機関・施設が親と協働・連携していくことで，子どもの自立を支えていくことができるのです。

　経過1において，職員は二人の様子がよくわかっていないにもかかわらず，"親子一緒に仲良くあそぶことが良い"とでもいうような職員の価値観と思いで，母親に声かけを行っています。ハルコの良い所を母親に伝える形で声かけしている点ではソフトで良いでしょうが，その声かけの内容は母親の求めているものなのでしょうか。ここで職員が注目しているのは，ハルコの外見から予測する健康状態や母子の不自然な様子です。虐待の可能性も然り，母子に緊張やストレス状態がないかを念頭に置くことが必要でしょう。また，職員と母親，ハルコとの会話のなかで，家での生活の様子や家族内の関係について何かしら知り得るようにも努めることができます。

　経過2で，職員は二人に何かしらのストレス状態があり，二人を近づけるよりもむしろ，二人がそれぞれひろばでくつろぐことを支援の方向性とし，関わりだしています。もう少し，支援する側の心配として掘り下げますと，二人がそろってここに通って来ていることが何より大切なのであり，姿が見えなくなってしまうことの方が危険なのであることをあえて指摘しておきたいと思います。多くの虐待は，どこともつながりをもたず，地域のなかに埋もれ孤立してしまうところにあるのです。親子関係や子どもやその親のニーズがよくわかっていないままに，経過1のような接し方をすると，逆に負担やうとましさを感じ，せっかく地域とのつながりをもち，母子にとってセンターが有効な頼れる資源になるかもしれなかったところを逸することになりかねないのです。

　経過3では，特に母親に大きな変化があり，このひろばの職員に心のうちを打ち明けるようになりました。母親の口から語られる心配事（訴え）に対し，母親の良い面に注目しながら，力を引き出しています。場合によっては，情報提供や保育サービスへの送致など具体的援助を行っていくことも必要でしょう。

（木村容子）

参考文献

小田　豊・日浦直美・中橋美穂編『家族援助論』北大路書房，2005年。

厚生省児童家庭局長通知「保育対策等促進事業の実施について」平成12年3月29日。

子どもと保育総合研究所・森上史朗編『最新保育資料集 2007』ミネルヴァ書房，2007年。

V 地域におけるそだちと自立支援

7 自立と寄る辺のために 自立援助ホーム

1 自立援助ホームとは

　自立援助ホームの社会的な認知度は非常に低い状況です。入所の対象は義務教育を修了した児童で，児童自立支援施設，児童養護施設を退所し，またはその施設で高校を中退してしまいどこにも行き場がない場合に，自立援助ホームで生活が可能となります。

●アフターケア施設から自立援助ホームへ

　自立援助ホームの歴史は，児童養護施設のアフターケア施設としての活動が最初です。東京都にある青少年福祉センターが，1958年にアパートを借り上げ，長谷場夏雄を中心に施設出身者，戦災孤児の青年たちと，施設の旧職員とで話し合われました。職を失うことが住居や生活を失い，放浪・非行につながっていた状況のなかで，とりあえず寝かせる，食べさせるという救済活動をはじめました。緊急の援助活動として，宿舎の提供と援護，再就職に落ち着くまでの経済的支援を，専任の職員のないまま開始しました。

　1967年，施設出身者の不安定な状況をどうにかしたいと考えていたボランティアたちが，「三宿憩いの家」を開設しました。その時の管理運営委員長が広岡知彦で，その後30年間，自立援助ホームの運動と，子ども虐待防止の運動に取り組んできました。

　これらの地道な活動の積み重ねのなかで，東京都の行政施策として，1984年，児童自立生活援助事業の実施要綱のなかで，働きながら自立の援助が必要な子どもたちの施設として，児童養護施設のような居住施設として，補助金対策事業と認められました。国が自立援助ホームを認知し予算的な援助も開始したのは，それから4年後のことです。旧厚生省は児童養護施設出身者に対しての自立相談事業を発表し，就職児童に対する自立相談事業を行う施設の設置を認めています。児童福祉法には，1997年に，「児童自立生活援助事業」として位置づけられました。事業の目的は，「児童の自立支援を図る観点から，義務教育終了後，児童養護施設，児童自立支援施設等を退所し，就職する児童等に対し，これらの者が共同生活を営むべき住居において，相談その他の日常生活の援助及び生活指導を行うことにより，社会的自立の促進に寄与すること」とされています。[1]

▶1　厚生省児童家庭局長通知「児童自立生活援助事業の実施について」児発第344号，1998年。

○自立援助ホームの現状

　自立援助ホームの設置数は，1994年では18か所でした。2006年5月現在，37か所となっています。そのうち設置3年未満の施設は17か所です。東京には，12か所ありますが，各都道府県に1か所の設置には達してはいません。児童定数の内訳は，定員20名―2か所，定員16名―1か所，定員10名―5か所，定員6名―25か所，定員5名―4か所（合計37か所）となっています。男女の受け入れを行っているホームは22か所となっています。[2]

2　自立援助ホームにおける支援

○自立援助ホームでのくらし

　自立援助ホームの運営などは，各ホームにより異なってきます。自立援助ホームでの生活については，東京都福祉保健局育成支援課が作成した『自立援助ホームのしおり』より引用すると「自立援助ホームは，仲間との共同生活のもとで，仕事にかよい，そこから得た収入から寮費を払いながら，社会で暮らしていく力を自分で身につけていくところ」です。このためには，収入を得るだけではなく，そのお金を管理したり，炊事や洗濯など家事をしたり，職場や身のまわりの人と良い関係を築いていく力も必要です。職員は利用者と生活をともにしながら，日常生活や仕事・人間関係で困っていることや悩んでいることなどについて解決できるよう一緒に悩み考え，アドバイスや手助けをします。利用の年齢は，15歳から20歳までとなっています。食費・光熱水費として寮費は，（各ホームにより異なるが）約3万円程度を負担しています。

○自立援助ホーム・入所より退所

　入所の経緯は，児童相談所，児童養護施設，児童自立支援施設，少年院，家庭裁判所，婦人相談所，福祉事務所を経るなどさまざまです。
　とびらの家[3]では，入所時に，全スタッフでできるだけ迎えて，本人から入居同意書をもらい生活の開始になります。住民票の移転，ハローワークの登録を職員と一緒に行います。求職活動は自分で行い，仕事が見つかったら職場に遅刻しないように起こしたり，さまざまな生活相談，食事の提供などが主な仕事となります。1年を目途に（他ホームでは半年から長くて2年）働くこと，ホーム職員との信頼関係を築けるようにしています。生活の安定が見られたら，住み込み，アパートを探していき，一人立ちとなります。退所後も相談援助が必要となります。

○今後の課題

　自立援助ホームの課題としては，①運営基盤が脆弱です。37か所の運営主体のうち，NPO法人13か所，任意団体3か所，他は社会福祉法人となっています（2006年5月現在）。新規参入した17か所のほとんどが財政基盤が十分に確立しておらず，十分な人材や運営費が確保されていません。国の補助金に各都道

▷2　「全国自立援助ホーム連絡協議会調査」2006年5月25日現在。

▷3　とびらの家
カリヨン子どもセンターは困難な問題に直面する子どもたちに，弁護士による法的支援と児童福祉関係者や市民による福祉的支援の両方を行うNPO法人。
　2004年6月設立，日本で初めての子どものシェルター開設。2005年4月自立援助ホームカリヨンとびらの家（男子）を開設。2006年3月夕やけ荘（女子）を開設。

府県の補助金が加算されて，人件費は確保されていますが，家賃や運営に伴う費用は法人からの持ち出しとなっています。②絶対数が足りません。各都道府県に1か所もないところがあり，児童養護施設や児童自立支援施設を卒業した子どもたちに，緊急時や退職した時などに生活の場の提供すらできない状況です。③発足3年未満のところは，まだ研修・ノウハウ・地域とのつながりが十分ではありません。自立援助ホームとしての全体の研修や，交流が十分ではありません。東京都は，昨年より自立援助ホーム長会議を定期的に行い，パンフレットの作成やマニュアルなどの検討をしながら，交流を図ってきています。全国的には，ほとんど行政からの働きかけはない状況だと思われます。

3 事例「頼るべき親もなく，帰るべき家のない事例」

○ 事例の概要

トシキ，19歳。母は病院に入院中で，父はトシキが1歳の頃に失踪しました。乳児院から児童養護施設に措置され，そこで育ちました。高校進学を希望しましたが、不合格となり，中学卒業後住み込み就職しましたが，6か月で退職しました。その後転職を繰り返しています。

17歳で別の自立援助ホームに入所しました。その間，1年位の間に3回転職しました。この間，車の免許を取得し，車の製造関係に住み込み就職しました。17歳位でパチンコにはまり，給料のほとんどをつぎ込むようになりました。

○ 経　過

当ホームには19歳の夏に入所しました。仕事がなかなか見つけられず，北海道の牧場に住み込み就職しましたが，2か月で退職し再入所となりました。すぐに住み込み先を探して，調理関係の仕事を始めましたが，ここも長続きせず，一時行方不明となり，しばらく音沙汰がなくなりました。

20歳の夏に再々入所となりましたが，住み込み就職がうまくいきませんでした。本人と話し合って，当ホームにて就職を探し，定着できるようにすることで生活を始めました。仕事は派遣での日払いの仕事をしていましたが3か月位してホーム内で，入居者との人間関係がうまくいかずトラブルが多発したことにより，緊急避難で，職員のアパートに同居することになりました。

しかし，2か月後に万引きで警察に逮捕されました。身元引き受けになり，ホーム内での生活を再開しました。入所者とのトラブルが再発し，市の福祉課に相談に行き，緊急でのホームレス対応で宿舎の提供を受けて生活することになりました。そこでも人間関係がうまくいかず，そのストレスか再度万引きを繰り返し，逮捕されました。裁判の後に，1年の有罪判決を受け，刑務所に収監されることになりました。

○ 事例から読みとれる課題

ここから読みとれる課題として，トシキの「愛着関係の再形成」「何度でも

やり直しできること」「寄り添い続けること」があげられると思います。

◯ 課題の解説

【愛着「育ちのなかで獲得したもの」】

　トシキは，父母を知らないで育ちました。乳児院・児童養護施設とずっと施設で育ちました。17歳の時，弁護士に連れられて病院にいる母のお見舞いに行ったが「アーこれが母親か」という気持しかなく，家があるわけでもない，「一人で生きていくしかない」ということを再確認したそうです。

　入所時のインテークで，「乳児院のことは全く覚えていない。児童養護施設では，集団で暮らしていて，上級生にいじめられないように自分のことを目立たせないようにして暮らしてきた。先生が誰かを怒っているとそっとその場から消えた。悪いことをしたのだろうけど，施設の職員から物心ついてから殴られたこと，小学校1年の時に畳に投げ飛ばされて胸の皮がすりむけたことは忘れない。子どもの時から、会ってきた大人は信用できなかった。僕らがほかの先生に殴られていても見て見ぬふりをする。公立高校に不合格の時も，早く施設から出たかった」と述べています。

　自立援助ホームには，さまざま問題を抱えて来ている子どもたちが多くいます。過去のことについて中途半端な同情や思いだけで彼らの話を聴いていくと，ときにはそれが依存になっていくことがあります。出会うまでの長い暮らしのすべてを支援者は理解できませんが，その時の心情は感じることができます。問題を一緒に考えていくことが必要です。

【人間関係がとれず，働けない，暮らせない】

　施設で育ったトシキは，指示された仕事は確実にやれる能力はありますが，仕事に慣れてきた頃に自分の生い立ちなどを聞かれたりするようになると嫌になり，仕事を辞めてしまう。インテーク時「何度失敗しても自分で決めたことをやらせていこう。過去の生活や本人の生い立ちは，こちらから働きかけて聞き出しはしない。どうしても話したいと本人が訴えてきた時は，その人が一生寄り添っていく気持で受けとめること」などを確認しています。何度でも失敗できる場の保障が必要となります。

【見捨てない，寄り添い，一緒に考え続ける，自立の支援】

　トシキは，現在21歳になります。刑務所から出てくる時は，22歳となります。帰るべき家のない子どもたちはどこに行けばいいのでしょう。高校卒業の資格もなく，やっと金を貯めて車の免許は取れましたが，精神的に支えてくれる大人や仲間がいない，身近に相談できる人や頼れる人がいない状況です。やっと信頼できる弁護士，ホームの職員と関係がとれるようになってきています。小さい時に受けた傷が回復できるように，今後も自立するまで，弁護士・職員で見守り続けていき，その都度，支援が必要となります。

（前田信一）

▷ 4　愛着
⇒ III-4 参照。

Ⅴ 地域におけるそだちと自立支援

8 ノーマライゼーションの実現にむけて
地域療育

1 宇部市における療育施設の紹介

　山口県宇部市に1973（昭和48）年開設したうべつくし園は，知的障害児通園施設として市立民営でスタートしました。当初から肢体不自由児と知的障害児ともに対象とした18歳までの児童福祉施設でした。1976（昭和51）年，障害児の全員就学により隣地に小中学部ができて以降は就学前の障害児通園施設として市近郊の障害児の療育拠点となりました。

　開設当初より，肢体不自由児に対して市から**理学療法士**[1]（以下PTという）が派遣され，機能訓練が毎日行われていることが他にはない大きな特徴です。

◯早期発見・療育をすすめる行政と施設

　昭和50年代，早期発見・早期療育が叫ばれ，保健行政として乳幼児健診の充実が進み，出生時のハイリスクの乳児や1歳6か月健診以前のスクリーニングで要観察となった乳幼児がPTに紹介されはじめてきました。また同時に施設の近くにある山口大学附属病院の小児科で小児神経科を専門とされる医師が配置され，それによってさらに早期発見体制ができあがっていきました。

　山口県では1981（昭和56）年度より地域関係機関の取り組みによる乳幼児の心身障害の早期発見・早期療育をすすめる**総合療育システム**[2]の事業を県下全域8ブロックに分けて実施するようになりました。

　早期発見体制に対応して早期に療育を提供する場として県下5か所の知的障害児通園施設などで母子通園訓練事業が実施されるようになり，うべつくし園も1986（昭和61）年より週1回早期母子療育のための「たんぽぽ教室」を開設しました。そこに肢体不自由，知的障害，行動障害の子どもたちが総合療育システムや保健・医療あるいは保育現場から紹介されるようになり，小規模ながら発達障害児の早期療育の機能をもつようになりました。

◯コーディネーターの誕生と役割

　2000年度より，障害児（者）地域療育支援事業として県の委託を受けてコーディネーターが配置されました。総合相談支援センターとして，総合療育システムと連携し，在宅療育などに関する相談，指導，各種福祉サービスの提供の援助，調整を行い，地域の在宅障害児（者）およびその家族への支援活動を行うようになりました。そして，うべつくし園に療育専門機関として地域の発達障害児の療育センター的役割を担っていく体制ができていきました。

▷1　理学療法士
医師の指示の下，身体に障害のある者に対して主としてその基本的動作能力の回復を図るため治療体操その他の運動および電気刺激，マッサージ，温熱その他の物理的手段を加えるなどの理学療法を行う者。

▷2　総合療育システム
発達の遅れのある子どもを対象に毎月開かれる療育相談会で専門家（小児科医・整形外科医・理学療法士・言語聴覚士・保健師・心理判定員・コーディネーターなど）が相談に応じ，総合診断したのち療育機関に紹介していく県独自の事業。

❷ PTと療育施設との連携および学童期への支援

宇部市のPTは在宅障害児の療育の一つとして，乳児期から学童期を経て成人期（40歳）までの運動機能の獲得・維持を目的とした機能訓練を行っており，「こどもリハビリ室」が療育施設として運営されています。

◯施設内での連携

乳児期に医療機関から紹介された運動発達に障害をもつ子どもたちは独歩までの運動獲得を目標として週に1，2回の訓練を母子通園で行います。2歳頃から言語，認知，遊びの発達について保護者からの相談をうけ，PTが継続的な支援を提供しながら母子療育教室への通級が始まります。さらに毎日通園が可能になってくると，うべつくし園や一般の幼児施設へとスタッフのフォローを受けつつ進路を決めていきます。その間には，保健師のフォローや，医師・臨床心理士・PTなど関連職種とのカンファレンスなどが開かれています。

肢体不自由児や知的障害児また自閉症児などが通う，うべつくし園での療育は①基礎体力と健康の増進，②生活習慣の育成，③社会性の育成と集団参加，④認知・言語の育成をねらいとし，クラスでの指導と保護者同伴による個別指導によって子どもの成長と発達を支援していきます。また，保護者に対しては子どもへの接し方や療育への理解を深め，より望ましい親子関係を築いていくために1学期間の母子通園を行うとともに家庭支援として障害の理解を助け，家庭や地域での生活を援助するため保護者勉強会や延長・時間外保育，カウンセリングなども行っています。

◯地域での連携

PTとして，うべつくし園は連携がとりやすく，食事指導や運動プログラムのアドバイスまたケース会議などへの参加をしていますが，幼稚園へ行ったり，学童期になって**特別支援学校**あるいは小・中学校の肢体不自由児教室へ入学した場合，そこと連携をとっていくことが難しくなってきます。現在では市内にある特別支援学校には学期ごとに指導を行い，小・中学校や保育所・幼稚園には依頼があった時に相談指導を行っています。コーディネーターも幼稚園や小学校に行った子どもと保護者のフォローを重ね，母親たちへ自立の支援をしています。また，**障害者自立支援法**施行を受けて**児童デイサービス**を提供する事業所が増え，放課後や長期休暇時に利用する児童が増えており，事業所で行われる療育への取り組みにも，指導援助をするようになってきました。このように地域療育では学童期も含めた継続した援助が必要です。

特別支援教育も始まりましたが，地域療育が目指すもの，それがこれからは教育のなかや，施設でも求められています。彼らが発達障害児から発達しそびれた成人にならないよう自立に向けた彼らの個々の発達・成長の促しとともに障害を受け入れる社会づくりが必要です。

▷3　特別支援学校
⇒ III-11 参照。

▷4　障害者自立支援法
⇒ I-1 参照。

▷5　児童デイサービス
障害児に日常生活における基本的動作の指導，集団生活への適応訓練等を行う。

3 事例「脳性麻痺をもつトモヤ君の乳幼児から学童期への援助とこれから」

○事例の概要と経過

　トモヤ君は，低出生体重児として生まれ，痙直型両下肢麻痺の脳性麻痺の障害をもっていました。7か月時にリハビリ相談に来られ，早期療育として運動機能訓練を開始し，母親に手足の動かし方や抱き方，座らせ方などの指導もしていきました。父親も熱心で母親を手伝いながらトモヤ君の椅子を手づくりされるなど両親で家庭での療育に取り組んでこられ，2歳半で起き上がって座れるようになりました。機能訓練の頻度は減りましたが現在も続けられています。

　1歳8か月時に身体障害者手帳1級の判定を受け，3歳でうべつくし園に入園。集団での療育と個別での**ポーテージ乳幼児教育プログラム**の指導を受けました。3か月間の母子通園ののち，1人でバスに乗って通園できるようになり，言葉の指導も受け，コミュニケーションが取れるようになって，集団生活の基礎が育まれていきました。5歳になって母親の就労と統合保育の目的で保育園に入園し，健常児と関わる機会を得て，ともに過ごすことができました。

　就学は居住校区内の小学校に新たに肢体不自由児学級を設置してもらい，入学することができました。学校では車椅子での生活が中心ですが，身体機能の維持のため，起立台で立って学習したり校内を歩行器で歩かせてもらったりするため，学級担任とPTが連携をとっていきました。現在，トモヤ君の成長により学校生活でのさまざまな介助が学級担任への負担となって新たな問題になっています。

　学童保育の利用も同時に進められ，障害児の受け入れについて市に申し入れ，介助員を1人増やしてもらい，トイレも使いやすいように工夫してもらいました。送迎はタクシー会社へ母親が依頼し，カーシートを預け学校まで迎えに行ってもらいました。さまざまな組織の協力で3年間学童保育を利用し，地域の児童や指導員との交流ができました。学童保育が終了した現在は2か所の児童デイサービスを利用しています。

　今後，中学への進学は，隣市の特別支援学校を希望していますが，遠隔地となり，機能訓練を継続することが難しくなってきます。特別支援学校には自立活動という時間があり，教師が本人にあったプログラムで運動機能の課題や，身辺自立の課題に取り組めるよう指導されますが十分ではありません。機能訓練の時間が減ってくるのは，まだ成長期にある子どもたちにとって身体の変形や，関節の拘縮が進むおそれがあり，そのことによって，運動機能が後退し介護の負担も大きくなり，ひいては本人のQOLが低下していくことが心配されます。

○事例から読みとれる課題

・地域で子育てをしていくうえでの資源・制度について考えてみましょう。

▶6　ポーテージ乳幼児教育プログラム
アメリカのポーテージで開発された発達の遅れや偏りのみられる乳幼児のための指導プログラム。課題分析とスモールステップによる指導で親こそ最良の教師になりうるという考えから主に両親が家庭で行う指導法。

- 肢体不自由児がそれらを利用していくにはどういう配慮が必要でしょうか。
- 将来自立していくのに必要な機能として何をどこで獲得すべきでしょうか。
- 両親へのサポートにどういうことがあげられるでしょうか。

○ 課題の解説

【コーディネーターの必要性】

　地域で早期療育を受け，居住校区の小学校に通うトモヤ君を支援していく各制度などと，それらを利用するに至るまでの保護者の労力を中心に述べました。これらについてはケアマネジャーやコーディネーターが必要でしょうが，トモヤ君の場合，コーディネーターのいない時代でした。乳児期から始まった機能訓練や幼児期の早期療育については病院からの紹介で，言語指導，統合保育，小学校の肢体不自由児学級設置要望と入学後の放課後対策などほとんどは両親が直接行政や専門機関に掛け合って実現したものです。現在は，うべつくし園の傍らに総合相談支援センターがあり，障害児のケアマネジメントを行っています。

【地域で自立する力をつけていくということは】

　今後トモヤ君は，特別支援学校中学部に通うことになっており，高等部卒業までに地域で生活していくための力と術を学んでいくことになります。これから社会性が育っていくにはどういう援助が必要なのでしょうか。健常児の社会性の育ちとの差を埋めていくことが求められます。学校卒業後，その機会をどうやって得ていくか，自分で判断していく力をつけていくことが自立のためには大切です。施設入所が今後どういう形になっていくかはわかりませんが，入所して作業能力や身辺自立などを身につけていくことはできても自立した生活をおくる力は地域に出て行かないとついていかないと思います。自分の能力・障害をきちんと理解して，どのような援助をどの程度受けたらよいのか自己管理する力と社会性を身につけていくことが必要でしょう。そのために療育機関でできることは何でしょうか。

【親も一緒に変わっていく】

　早期に行われる機能訓練や早期療育は，子育てに悩み，わが子の将来に絶望している親を励まし，親自身が障害を受け入れ周囲のバリアを乗り越えていく力を養うところでもあります。実際，初めて訓練に来た母親は周りの先輩たちの明るさや強さを見て驚きます。そして自分もその強さをスタッフの援助を受けつつ身につけていくのです。そうやって親子ともに地域のなかへ入っていく力が育ち，周囲の人たちに障害に対する理解を深めさせていくようになっていきます。自立へと向かう親子を援助していくために，乳幼児期から学童期さらに成人期へ関わりのある関係者の連携と，それを保障する制度をこれから充実させていかなければならないでしょう。

（林　久美子）

Ⅵ 社会福祉の隣接領域におけるそだちと自立支援

1 社会福祉隣接領域における養護と自立支援への必要性・視点

1 日常生活を維持・向上させるための多くの支援

　私たちの日常生活は，それを維持・向上させるためにさまざまなモノやシステムによって成り立っています。モノやシステムは最初，小さな領域から始まって，その領域は必要に応じて拡大（縮小）していきます。「必要」のイメージとして，まず，病気やけがを治すための医療など，なくてはならない（必要不可欠）という意味での必要が考えられるでしょう。さらに，自動車のように人が移動するためにつくられた便利なものが，障害をもつ人にも運転できるようにと自動車改造や法整備などを通じて拡大してきた歴史も考えられるでしょう。

　具体的に社会福祉とその隣接領域が関係する場面で，「人」と「必要」とを結びつけてみましょう。子どもが障害をもって生まれれば，障害に伴う医療，保健，栄養をどうするのか，障害をもつ子どもの家族に対する所得保障（年金・住宅等）をどうするのか，障害をもつ子どもを受け入れてくれる保育所があるのかどうか，普通学校にするのか特別支援学校にするのか，学校卒業後の就職をどうするのかなど，人を支援するために多くの領域が関わってきます。

　人は多くの支えによって生かされていると言われています。いくら自分一人の力で生きていると主張しても，この社会で生活する限り，「多くの支えによる生活」というのは，事実として存在します。これを前提にし，社会福祉とその隣接領域の問題を考える視点として，その隣接領域が時代に伴って変化してきたこと，その子どものライフステージに応じて単発的に関わるものから継続的に関わる必要があるものまで幅があることへの理解が重要です。

2 「連携」とは

▷1　ニート
⇒Ⅱ-2，Ⅵ-3参照。

　引きこもり，いじめ，ニート[1]など社会的な排除や孤立にからむ問題に対して，社会福祉に限らず医療・保健，教育，労働・雇用等においても自立支援の必要性が言われています。社会福祉とその隣接領域との関係において自立支援に関する共有化やズレ，違いを調整するために「連携」の必要が生じます。

　「連携」の際には，本人と環境（周囲）という「横のつながり」と本人をさかのぼって見るという「縦のつながり」の2つの軸をもつことが大事です。そして，2つの軸の組み合わせが，「連携」の質を左右することになります。

○横のつながり

　介護保険法や障害者自立支援法では，「**ケアマネジメント**」という考え方が導入されています。介護保険法において，この援助を行う人は，介護支援専門員と呼ばれています。ここでは，その人のニーズと社会資源とを結びつけるだけの「線での支援」ではなく，社会資源同士の結びつきも含めた横断的な「面での支援」をどう構築できるかがポイントとなります。児童虐待を例にとれば，福祉のみならず，医療，母子保健，精神保健，教育，司法，警察，NPO法人などの周辺領域との総合的な関わりや協力関係が必要なうえ，危機介入の時期など時間的な対応が求められます。

○縦のつながり

　一例をあげると，知的障害をもつ青年がリハビリテーション施設を利用し，訓練してもなかなか「就労自立」という目的を達成することができない現実があります。その背景の一つに，雇用者側が障害をもつ人に期待する能力とその人が実際に有している能力との関係があります。基本的に今ある能力は，経験（知識・技術など）の積み重ねによって成り立っているので，さかのぼって，その人を見るという視点が求められます。

　庄司順一は，「自立」を①経済的自立，②心理的自立，③生活の自立の3つをあげ，子どもの育ちと自立支援のなかで，幼児期からのしつけと手伝いの意義の大きさに着目しています。欲していること（欲していないこと）に関する相手への伝え方，TPOに応じた服の着こなし，困ったときのメッセージの出し方など，施設で培ったものもありますが，幼少期から身につけてきた家庭でのしつけや学校で受けた教育が反映されているものもあると考える視点です。つまり，その人を時間軸を使って，「縦のつながり」で見る視点です。

❸「連携」の先にあるもの——「ソーシャルインクルージョン」への道

　近年，注目されている福祉の視点に「ソーシャルインクルージョン」という考え方があります。元々はイギリスやフランスなどのヨーロッパ諸国で近年の社会福祉の再編にあたって基調とされている理念で，簡単に言えば，児童から高齢者まで，社会から排除されたり，孤立している人たちに対して福祉の枠を超えて包括的に支援し，その人たちを社会的に再統合することをねらいとする，コミュニティ・ソーシャルワークの理論と手法のことです。

　炭谷茂は，ソーシャルインクルージョンにおける重要な柱として，①住宅，②仕事，③教育の3つをあげ，また，起業の精神で社会的に有益なことをしていく「社会起業」を必要な行動としてあげています。社会福祉とその隣接領域との「連携」の問題に取り組むとき，行き着く先として「ソーシャルインクルージョン」という考えに出くわすのではないでしょうか。

（宮本秀樹）

▷2　ケアマスジメント
白澤政和は，「対象者の社会生活上での複数のニーズを充足させるため適切な社会資源と結びつける手続きの総体」とケアマネジメントを定義している。
白澤政和『ケースマネジメントの理論と実際』中央法規出版，1992年，11頁。

▷3　庄司順一「今，求められる子どもの自立支援とは何か」『月刊福祉』2006年4月号，18～21頁。
①経済的自立：就労し，生活のための費用を自ら得ることができること
②心理的自立：あまり大きな不安をもたずに1人で暮らすことができること
③生活の自立：食事，洗濯，掃除など，日々の生活の営みを自分の力で成し遂げること

▷4　厚生労働省「社会的な援護を要する人々に対する社会福祉のあり方に関する検討会」報告書　2000年。

▷5　炭谷　茂
元環境省事務次官。「ソーシャルインクルージョン」の考え方をわが国に紹介し，自らもボランティア活動や勉強会などを通じてその理論と実践を展展させている第一人者。
炭谷　茂・江草安彦「ウォッチング2005　新たな時代の指標づくり」『月刊福祉』2005年4月号，62～69頁。

VI 社会福祉の隣接領域におけるそだちと自立支援

2 教育を通したそだちと自立支援

1 スクールソーシャルワークとは

◯スクールソーシャルワークの定義

　スクールソーシャルワークとは，児童生徒が生活する学校で生じるさまざまな困難（成長・発達を阻害する障壁）に対し，彼・彼女らの立場に立ってその障壁を取り除くように支援（サポート）する諸活動をさします。具体的には，児童生徒や保護者への面談（カウンセリング），教職員へのアドバイス・**コンサルテーション**および関係機関との連携・調整などを行います。

　その特徴は，児童生徒らの抱える困難を「教育」「医療」「心理」といった一つの方向からみるのではなく，その生活全体のなかで捉え，その質をどう高めていくかを考える点にあります。

◯日本におけるスクールソーシャルワークの展開

　アメリカにおいては，1900年代の初頭よりソーシャルワークの発展と同時に生まれたスクールソーシャルワークですが，日本では1980年代中頃よりスクールソーシャルワークを理論背景にもつ実践が埼玉県所沢市でスタートしています。それから，スクールソーシャルワークが全国に拡がりをみせるには時間を要しています。1999年には**日本スクールソーシャルワーク協会**が誕生し，その後2000年より兵庫県赤穂市，2001年より香川県，2002年より国立千葉大学附属小学校，茨城県結城市，そして2005年より大阪府が7ブロックに分けてスクールソーシャルワーカーを導入しています。さらに，2006年より滋賀県や兵庫県がスクールソーシャルワーカーの導入に踏み切っています。また，全国各地でもスクールソーシャルワークを理論背景としたスクールソーシャルワーク実践も行われています。

　一方，2008年度からは文部科学省の委託事業として「スクールソーシャルワーカー活用事業」が開始されました。全国に944名（一県平均20.5人）のスクールソーシャルワーカーが配置され，一挙に社会の注目を集めることとなりました。しかしながら，同事業は十分な検証もなされないまま，2009年度からは，国の負担が10分の10から3分の1へ縮小する補助事業へと移行し「学校・家庭・地域の連携協力推進事業」に組み込まれることとなりました。その影響から全国各地で本事業の取りやめ・縮小を余儀なくされる自治体が散見されました。

▷1　コンサルテーション
⇒Ⅲ-6参照。

▷2　日本スクールソーシャルワーク協会
同協会（山下英三郎会長）はその後2005年4月よりNPO法人化されており，2009年8月現在，全国に253名の会員が存在する。

▷3　日本スクールソーシャルワーク協会編，山下英三郎監修『スクールソーシャルワークの展開――20人の活動報告』学苑社，2005年。

▷4　全国でこのような傾向はあるものの，その一方で厳しい財政状況のなか，自治体独自の予算で事業継続や新規に開始した自治体も存在した。なお，2010年度概算要求では66県市，1,056人を配置予定としている。

2　学校におけるスクールソーシャルワーク

○スクールソーシャルワークの必要性

　現在学校現場では，児童生徒に現れてくるさまざまな問題に対して教師集団とは別に心の教室相談員やスクールカウンセラーが配置され，その問題に対応しています。スクールカウンセラーは1995年度の活用事業以来，学校という枠組みに制度として導入され，徐々に受け入れられつつあります。

　児童生徒に現れてくる問題を，スクールカウンセラーは主として個人の心の問題として捉えるのに対して，スクールソーシャルワーカーは児童生徒とその環境の交互作用（transaction）の結果として生じるものと考えます。

　昨今，マスコミを騒がせている子どもに現れてくる問題（不登校，非行，いじめ，児童虐待など）は，複雑多様化し，通常一側面（単一の機関・専門職種）からのアプローチでは解決が困難です。また，筆者は学校におけるソーシャルワークは非常に重要なものと考えます。なぜならば，児童生徒にとって学校という場は生活そのものと考えるからです。それは不登校を例としてみても明白です。一昔前に比べ不登校に対する考え方が柔軟になってきているとはいえ，生活そのものである学校への登校が難しくなると，当事者である児童生徒は多大なストレスを抱え，また周囲の家族（保護者）への影響も計り知れないといえます（いじめ被害者の場合，一時的にストレス軽減につながることもあります）。

　一方，2004年に成立した「発達障害者支援法」の対象となる障害を抱える子どもたちが学校生活を送る上でも，ソーシャルワークの視点で支援するスクールソーシャルワーカーの必要性は高いといえます。つまり，学校では子どものもつ障害の特性をどのように理解するかによって対応が異なってきます。関係者間の共通理解や協働により子どもにとって過ごしやすい環境がつくられます。

○スクールソーシャルワークにおける3つの基本的な価値・倫理観

　スクールソーシャルワーク実践を行う上で前提となる基本的な価値・倫理観の1つが人権尊重の姿勢です。ソーシャルワーク全体でも共通して重要視されるもので，当事者の人種，性別，年齢，身体的・精神的状況，社会的地位，経済状況などの違いに関わりなくかけがえのない存在として尊重することです。

　2つ目は，当事者の利益の最優先です。スクールソーシャルワーカーは何のため・誰のための援助かを常に頭に入れて行動しなければなりません。また，その利益の最優先のために最大限の努力を払わなければならないといえます。

　3つ目は，当事者とのパートナーシップを尊重することです。当事者である児童生徒は対保護者または，対教師との関係のなかで強者対弱者ないし上下関係という関係性のなかに置かれることが多いといえます。一方，スクールソーシャルワーカーの対応が上からものをみる（力で抑える）ようであれば，存在価値はないと考えます。つまり，児童生徒の価値を尊重し，対等な関係性を保

▷5　スクールカウンセラーの派遣校数
2006年6月現在，小学校で1,906校，中学校で7,047校，高等学校で594校，全体で9,547校に派遣されている（文部科学省）。

▷6　ここの法律でいう「発達障害」とは，自閉症，アスペルガー症候群，その他の広汎性発達障害，学習障害（LD），注意欠陥多動性障害（ADHD），その他これに類する脳機能障害をさす。

ち，パートナーとして関わることが重要です。加えて，問題解決に向けてはその病理性ではなく，可能性に焦点をあてて取り組むことが求められます。

○スクールソーシャルワーカーの３つの役割・機能

スクールソーシャルワーカーの役割・機能で，まず第１にあげられるのが当事者である児童生徒およびその保護者への面談（カウンセリング）機能です。一般的に悩みを抱えた当事者はそのまわりの他者や機関（この場合，教職員や学校をさす）に比べ立場が弱いことが多いです。そのため，スクールソーシャルワーカーがその者に代わって代弁することも求められます。

次にあげられるのは，学校の教職員に対するアドバイス・コンサルテーションです。教師が教育の専門家としての役割に集中するためにもスクールソーシャルワーカーの支援は必要です。近年の教職員の多忙さや休職者に占めるメンタルヘルスを理由とする者の増加傾向を考慮すると教職員のメンタルヘルス対策は重要度を増すと考えられます[7]。一方，当事者と教職員間で対人関係トラブルが発生している場合にはその間に入り仲介・調整の役割も行います。

最後に，地域の関係機関との関係では連携，調整，仲介の機能が求められます。学校の中で現れてくる児童生徒の諸問題は先述のように複雑多様化しているため学校のみでは解決が難しいといえます。そこで関係機関との連携が当然必要となります。さらに，スクールソーシャルワーカーはケース・バイ・ケースで問題を分析し，対応する力や関係機関同士の連携を図るコーディネート力が求められます。

３ スクールソーシャルワーカーの実践

○事例の概要

アツシは中学校１年で，主訴は不登校です。幼稚園時より行き渋りがあり，小学校３年２学期よりほとんど登校していません。さらに中学校では入学式当日を除いては１日も登校していません。

両親はアツシが幼稚園の頃に離婚しており，家族は本人を含む３名の母子家庭です。きょうだいは年子で姉（中２）がいます。その姉も不登校ぎみで週に１～２日は休む状態ですが，何とか継続して登校しています。

○支援経過１

入学直後より担任が保護者と連絡を取りながら試行錯誤しましたが，彼をどう支援したらよいかわからず不安を感じ，管理者を通してスクールソーシャルワーカーに依頼がありました。まず，校内で教育相談委員会を開催していただき，アツシのおかれている状況の把握，共通理解をはかり，そのなかで担任をはじめ教師らがどのような考え・方法で支援をしたいのか，またスクールソーシャルワーカーにどのような支援を望むのかについて話し合いをもちました。また，学校ではチームで関わり，担任のみの負担にならないように助言しまし

▷7　2008年度に精神性疾患で休職した公立学校の教職員は5,400人で過去最多となった。病気休職者全体に占めるその比率も年々増加し，02年度に初めて過半数を超え，08年度には63.0％となりこれも過去最高を更新している（文部科学省）。

支援経過2

その後，約1年間以下のような関わりをもちました。①保護者との面談：週に1回のペースで面談し，初めのうちはラポール形成を念頭に置き，保護者のこれまでの苦労や葛藤などを話し合い，またアツシへの具体的な関わりについて助言を行いました。併行して，支援者であるスクールソーシャルワーカーの姿勢を保護者・子ども双方に理解してもらうことにも努めました。②姉を通してのアツシに関する情報収集：姉は保健室や別室を活用しながらではありますが継続して登校していましたので，その機会を活かしてアツシの情報収集を行いました。③家庭訪問：保護者との面談も2か月を過ぎた頃から家庭訪問を行ってもよいか，とアツシの意思を確認しつつ訪問を行いました。事前に彼が了解していても，実際に当日会えないこともあり，その際には「会えなかったことを気にしなくてもよい。また来るから」などのメッセージを母親へ伝言またはメモ書きにして帰ることもありました。また，会えた時にはアツシのペースで面談を行いました。④教職員へのコンサルテーション：回数としては少ないが，担任も保護者と話し合いをもっていました。その際どのような話題にし，どのような視点で関わりをもつとよいか，また電話等でアツシと話す場合の注意点などについて助言しました。⑤関係機関（市適応指導教室）との連携：スクールソーシャルワーカーは個々の状況に応じてさまざまな関係機関と連携をとることが求められますが，この場合不登校であるため，市適応指導教室と連携を取りました。アツシの希望としては最終的には学校へ行きたいが，その時点では難しく，そこで出てきた代替案が学校に代わる居場所の提示でした。スクールソーシャルワーカーは比較的情報が少ない子どもや保護者へは積極的に情報提供を行い（本人が希望しない場合は別ですが），本人が自己決定できるように支援する必要がありました。

本事例の結果および今後の課題

最終的には，3学期途中より市適応指導教室に通うことになりましたが，それは当事者であるアツシが何を望むかというのがもっとも重要なことで，決して強制的に指示できるものではないと考えます。再三指摘しているように，当事者を側面的に**アドヴォケート**[8]し，いかにして自己決定につなげることができるかがキーポイントとなります。加えて，数少ない社会資源にいかにしてつなぐか，または無い場合にはつくり出すことも重要な役割の1つといえます。

今後，徐々に導入されることが予測されるスクールソーシャルワーカーは各種相談員，スクールカウンセラー，精神科医などと縄張り争いをするのではなく，当事者を支援する近接の専門職とともにネットワークを組むことによって，多種多様な問題を抱える当事者をサポートしていかなくてはならないと考えます。

（比嘉昌哉）

▷8 アドヴォケート
自己の権利や援助のニーズを表明することが困難なクライエントに代わり，援助者がその代理としてその権利やニーズ獲得を行うこと。

VI　社会福祉の隣接領域におけるそだちと自立支援

3　働くことを通したそだちと自立支援

1　何歳から働けるのか──働くことの権利と義務

　日本では憲法第27条で「すべての国民は勤労の権利を有し義務を負ふ」と謳われ，国民の労働に対する権利と義務を定めています。また労働基準法第56条第1項（以下労基法とする）では，年少者の保護の観点から雇用できる最低年齢を次のように掲げています。

　①原則として，使用者は，児童が15歳に達した日以後の最初の3月31日が終了するまで，これを使用してはならない。ただし②例外として行政官庁の許可があれば，a）満13歳以上満15歳未満の児童については，農林水産業，非工業的業種に関してのみ許される。また，b）満13歳に満たない児童も同許可は必要であるが，映画の製作，演劇の事業のみ許可する，とされています。

　しかしこれら例外については，労働時間などについて一定の条件が付されています。ではなぜこのように法のなかで「働くことの権利と義務」がうたわれているのでしょう。

　私たちが住む地域社会には，健常者もいれば，身体障害，知的障害，精神障害，発達障害のある人，そして近年話題になっている，不登校，ひきこもり，ニート，フリーターと呼ばれる人たちなど，さまざまな状況に置かれている人たちが混在して生活をしています。そしてその障害も健常者とはさほど差異がない人から日常生活や企業形態における就業が困難である人たちまでさまざまです。

　ところで障害をもつ人の就労実態はどうでしょう。常用労働者数56人以上規模の企業では1.8％の法定雇用率が定められていますが，これに達していない企業が非常に多いのが実情です。また2006年4月1日，障害者自立支援法が施行されましたが，それ以前は法定雇用率の対象として「身体障害者」と「知的障害者」に限定されており「精神障害者」は除外されています。また障害や病気のために就けない仕事，取得できない資格が存在します[1]。就労先でも障害があるがゆえにおきる問題も多々あり，彼らの就労に対しての実態は厳しいと言わざるをえません。

　障害をもつ人にとっても働くことは自己実現を図り，いきいきとした生活をおくる必要不可欠なことです。働くことは「所得」を得るという経済的利面だけではありません。その意義として働くことによって得られる①生活保障，②

▷1　⇒VII-5 参照。

意欲と能力の向上，③依存を減少させ自立心を育む，④人間関係の構築と改善，⑤生活のリズムをつくり健康的な生活を維持する，⑥社会参加を促進しノーマルな社会を実現していく，という「人間らしさを獲得するもっとも重要な手段」なのです。障害などを抱えていても「働きたい」という意欲のある人たちにあった環境づくりを整備していくことが，国民一人ひとりに「勤労の権利と義務」を遂行させる大きな力になるといえるでしょう。

❷ どうして若年者を法や制度で保護しているのか
── 労働のなかに養護性を見出すことができるのか

労基法第57条では，使用者が満18歳未満の年少者を使用する場合，保護規定実施の監督のために年少者の戸籍証明書を事業所に備え付けさせたり，親権者，後見人の法定代理権の制限をしています。その趣旨は次の通りです。

民法第4条では，未成年者は親権者の法定代理人の同意を得て労働契約ができます。しかし親が未成年者の意に反して契約を締結し，未成年者に不利な労働条件のもとで労働させてしまう危険を防ぐため，親権者や後見人は未成年者に代わって労働契約を締結することを一切禁止，未成年者自らが締結し賃金も自ら受け取ることをうたっています（労基法第58条第1項および第59条）。

また親権者，後見人や行政官庁も労働契約が未成年者に不利と認められる場合はその契約を解除し得ます（同法第58条第2項）。その他労働時間，休日に関しても原則として，**変形労働時間制**，**フレックスタイム制**，**三六協定**による時間外，休日労働および事業の特殊性による労働時間，休憩の特例の適用は排除されます（同法第60条第1項）。深夜業務に関しても，満15歳以上満18歳未満の者は午後10時～午前5時の間就業することが禁止され，満15歳未満の児童は午後8時～午前5時の間の就業が禁止されています（労基法第61条第1項，第5項）。労基法第62条および第63条では安全，衛生に関する規定を設けたり，年少者が解雇の日から14日以内に帰郷する時には，使用者は必要な旅費を支払うことを労基法第64条で定めています。これは帰郷旅費がないために心ならずも就業の継続を強制されたり，身をもちくずしたりする弊害を避けるためです。

このように法の上では詳細にその身分を保障されていても，これを守るべき大人の側が守っておらず，障害があるために起こった悲しい事例があります。

一つは「水戸事件」と呼ばれる優良企業と指定されたダンボール加工会社が起こした事件です。「**特定求職者雇用開発助成金**」という障害をもつ人を雇用すれば支給される助成金を不正受給し，従業員に虐待をしつづけ，17歳の少年は耳がぐちゃぐちゃに崩れて肉の塊になっていました。

1998年の白河育成園事件では障害者福祉施設の体罰が明るみになりました。法律で守られているといっても，彼らの労働における養護性は雇用者側のモラルひとつで無用の法になってしまいます。使用する側への監視，指導体制の徹

▷2　伊藤智佳子編『障害を持つ人たちの権利・障害者福祉シリーズ2』一橋出版，2002年，56頁。

▷3　変形労働時間制
業務に繁閑の差の激しい場合に，1週間，1か月，1年などの一定期間の平均労働時間が，法定労働時間を超えない限り，一日の所定内労働時間を弾力的に決めること。1987（昭和62）年の労働基準法改正で本格的に導入。

▷4　フレックスタイム制
1日の労働時間は一定とするが，出社・退社時間を各自の裁量にゆだねる勤務制度。出社・勤務していなければならない拘束時間帯（コアタイム）を設けることもある。

▷5　三六協定
労働基準法第36条に基づき，時間外労働および休日労働に関して使用者と労働組合または労働者の代表との間で結ばれる協定。時間外協定。

▷6　特定求職者雇用開発助成金
60歳以上の人，身体障害者，知的障害者，母子家庭の母など，就業機会がとくに困難な人を雇用保険の一般被保険者として，ハローワークなどにより雇い入れた場合に支給される助成金。

底を，行政官庁のみならず地域住民をも含めた体制に整備することが必要です。

③ 労働のなかで求められる自立支援とは

　自立を目指す障害者に対して，どの程度どのように支援していくかの判断は難しい問題です。何でも無原則に支援してしまうと他への依存を促進してしまいます。社会福祉の施設では自立を次のように捉えています。「福祉サービスを必要とする人が自主的判断において自らの能力を生かしつつ日常生活を送ることを指す。それらは自己決定と自己可能性の追求を特徴とする目標概念たる自立とは異なる」と自立を目指す過程で「自己決定をし，自己可能性の追求」に重点を置いています。また自立には，経済面，生活面での「社会的自立」や「身体的自立」「精神的自立」「職業的自立」が必要です。しかし彼らに必要なのは直接的手助けの援助ではなく側面的手助けの支援です。

　大分県にある福祉工場「太陽の家」の玄関に「保護より機会を」"No Charity, but a chance"の言葉が掲げられています。またサミュエル・スマイルズの「自助論」のなかに「天は自ら助くる者を助く」という言葉があります[7]。その意味は「外部からの援助は人間を弱くする。自分で自分を助ける精神こそ，その人間を励まし元気づける。良かれと思ってする援助はかえって自立の気持ちを消失させその必要性さえも忘れさせる。保護や抑制も度が過ぎると無力で役に立たない人間を生み出す」ということです。

　さて前述の「太陽の家」では2003年度年間34億2,800万円の収入があり，そのうち13億3,600万円が福祉工場，授産施設の事業収入です。また，支出のうち約1,600人の人件費が20億1,300万円にも上り一般企業の大工場に匹敵する規模となっています。身体障害者の仕事というと竹細工，洋裁，編物など，中小企業の下請け手仕事で平均給与1万円というものでした。活用できる機能を最大限に発揮し社会人として障害に適応した生産的な仕事に就き，そのなかで自己の存在意義を確かめ生きがいを獲得することが健康で文化的生活といえるのです。そのためにも援助ではなく支援することが真の自立支援といえます。

④ ニート，フリーターと養護性

　ニートとは，学校にも仕事にも行っていない，職業訓練も受けているわけでもない若者を指します。彼らは，薬物乱用や刑法犯罪者，ホームレスになる可能性が高く，さまざまな社会福祉の対象者となる可能性が高い人たちです。日本では2003年度に，15歳から34歳までの若年失業率が10.2％，ニート数60万人，2004年度はフリーター数217万人，2005年度は不登校者数12万2,255人と公表されています。また，ニートの若者155人を調査した結果のうち23.2％に発達障害の疑いがあることがわかりました[8]。このような背景の1つとして社会情勢の変化があげられます。90年代末の景気後退が深刻化し，企業が何の知識や技能，

[7] S. スマイルズ，竹内均訳『自助論』三笠書房・知的生きかた文庫，2002年。

[8] 読売新聞，2006年8月24日。

経験もない若者を雇用するより，経験もあり仕事も確実にできる人間を雇用する。また90年代末は中高年の雇用を維持したために，若者がその犠牲になりました。その他①労働需要の質が変化，高校への求人の大幅減少，②新規学卒採用が基本でそれ以外の無技能の若者の正社員就職が困難，③非典型雇用での需要が拡大し，アルバイト，パート，契約社員雇用が拡大，④学校主体の就職支援は出席率，成績の良好なものが基準となり，学校からの支援が得られないものを生んでいるなどの要因があげられます。一部「働きたくない若者」といわれた時期のある彼らに対し，働きたいが働けない，そのために抑うつ状態になり引きこもったり，ニート，フリーターになる要因が社会にもあるとするなら彼らへの支援は必要不可欠といえます。

5 ニート・フリーター施策（対策）における自立支援

ニート・フリーターの予防と対策について家庭，学校，社会の3点から，考えてみましょう。

家庭では①不登校，中退者にニート・フリーターが多いためこの段階で学校と協力し増加に歯止めをかける。②高学歴家庭では一度学校で失敗すると職業選択にも負の過程が見られる。そのため大学進学時の進路および卒業時の「働く意義」に悩む若者に対するケアが必要です。

学校では①成績不振でありながらも就職を希望する者への支援。②就職に熱心ではない者への働きかけ。③大学進学段階での進路選択に問題があり，中途退学につながっているため，進路相談の徹底が不可欠です。

また社会では①つながりを失ったタイプでは就業前の前段階で学校への復学や社会参加のサポートが必要。②地域主導のワンストップまたはネットワークシステムにより多様な層やニーズに合わせた幅広い就業支援の体制づくり。③多様な層に多様なサービスをひとつながりで提供する必要性。④就職斡旋や教育訓練機関への接続，キャリア形成をするガイダンス，カウンセリング。⑤情報提供や就業体験などの機会の提供。⑥職業労働の範囲を超えた文化活動などの経験と文化交流の機会を提供するプログラム。⑦学校以外の組織が学校生活への適応をサポートしたり，ソーシャル・ネットワークを広げる機会を提供して逸脱を引き止め，就業準備をすすめる援助をする。キャリア形成支援，進路変更の支援。⑧新規学卒の就職，採用慣行の見直しなどが必要です。

厚生労働省ではその対策として2006年度，各都道府県24か所で若者自立支援塾を設置しました。一般的に①規則正しい生活を送る訓練や，企業での就労体験，資格取得の勉強を行っています。その他若年者ハローワーク，ジョブカフェ，サポートセンターなどの設置に加え，厚生労働省は予算2億円を発達障害の若者に組み込みその支援をスタートさせています。

（成瀬榮子）

▷9　玄田有史『仕事の中の曖昧な不安』中央公論新社，2001年。

▷10　小杉礼子編『フリーターとニート』勁草書房，2005年。

▷11　読売新聞，2006年8月24日。

（参考文献）

小谷直道『精いっぱいの「自立」さりげない「支援」』中央法規出版，2006年。

村尾泰弘編『ひきこもる若者たち』至文堂，2005年。

本田由紀『若者と仕事』東京大学出版会，2005年。

白川一郎『日本のニート・世界のフリーター』中公新書ラクレ，2005年。

片居木英人『社会福祉における人権と法』一橋出版，2002年。

伊藤智佳子編『障害をもつ人たちの権利』一橋出版，2002年。

岩本秀夫『学校から職業への移行』学文社，2001年。

乾　彰夫『若者たちの労働市場のいま，「学校から仕事へ」の移行過程変容の性格と課題』青木書店，2002年。

竹内常一・高生　研編『揺らぐ〈学校から仕事へ〉労働市場の変容と10代』青木書店，2002年。

小杉礼子『フリーターという生き方』勁草書房，2003年。

田中秀幸『公務員講座テキスト「労働法」』大原法律専門学校，2002年。

坂本洋一『よくわかる「障害者自立支援法」』中央法規出版，2006年。

VII 児童福祉援助者論

1 子どもへの援助と大人への援助

① 子どもへの援助の思想的背景――パレンス・パトリエ

柏女霊峰は，子どもの権利保障の系譜を紹介する論文のなかで，「パレンス・パトリエ（parens patriae＝国親）」の概念に言及しています。「パレンス・パトリエ」とは，「『本人にとって利益であることをもって，行為の自由に干渉することを正当化する』という，いわゆるパターナリズムの考え方にもとづくものであり，親によって保護と救済が十分に受けられない児童を，国家が親に代わって保護と救済を行うという考え方」のことです。

民法において，親は「**親権**」をもち，子どもの「身上監護権」と「財産管理権」を有することと定められています。

しかしながら都道府県は，保護者の養育が不適切である場合などに，その保護者を超える権限をもつことがあります。さらに，児童相談所長は親権喪失宣言の請求を行う権限（児童福祉法第33条の6）をも有しています。

ここで，パレンス・パトリエ概念の必要性を，子どもの権利擁護という側面から見てみましょう。1994年に日本でも批准された「児童の権利に関する条約」の第12条に，子どもの意見表明権に関する規定があります。

本条文では，「児童の意見は，児童の年齢及び成熟度に従って相応に考慮される」という「発達的視点」が採られています。なぜならば，子どもは発達過程のなかにある存在であるため，自らの権利が主張できない時期が必然的に付随するからです。このような期間に保護者からの虐待や不適切な養育を受けた子どもを，保護者以外の存在が守ることができるように，児童福祉法にはパレンス・パトリエの概念を背景とした措置の概念が残されているのです。

② 大人への援助の思想的背景――「母性愛神話」批判から「親育ち支援」へ

子どもへの援助の必要性を疑う人はほとんどいないと思いますが，一方，大人への援助となるとそうではありません。たとえば，「母性本能」という言葉の背景には，「女性は子どもに愛情をもって当然」「母親であれば何も学ばなくても上手に子育てができるはず」といった期待が隠されています。

一般的に，「母性は本能である」と考えている人はまだまだ多いようです。しかし，仮に母性が本能だとすれば，近年話題になっている児童虐待などは生

▷1 柏女霊峰『現代児童福祉論（第6版）』誠信書房，2004年，64〜65頁。

▷2 親権
⇒ I-3 参照。

▷3 児童の権利に関する条約第12条
1 締約国は，自己の意見を形成する能力のある児童がその児童に影響を及ぼすすべての事項について自由に自己の意見を表明する権利を確保する。この場合において，児童の意見は，その児童の年齢及び成熟度に従って相応に考慮されるものとする。
2 このため，児童は，特に，自己に影響を及ぼすあらゆる司法上及び行政上の手続において，国内法の手続規則に合致する方法により直接に又は代理人若しくは適当な団体を通じて聴取される機会を与えられる。

じないのではないでしょうか。

　柔軟な「可塑性」を伴って生まれてくるヒトという動物は，その行動の多くを社会化の過程のなかで学び取っていきます。子どもに対する愛情や養育行動に関しても，後天的な学習によってその多くを学んでいくことになります。

　日本では大正時代に「母性」という用語が確立しましたが，戦後になるとフェミニズムの運動のなかから「母性愛」を「男性優位の社会を持続するためにつくられた神話である」とする批判が生まれてきました。

　1995～2000年度の「今後の子育て支援のための施策の基本的方向について」（エンゼルプラン），2000～2004年度の「重点的に推進すべき少子化対策の具体的実施計画について」（新エンゼルプラン）に続く，2005～2009年度までの施策内容と目標である「少子化社会対策大綱に基づく重点施策の具体的実施計画（子ども・子育て応援プラン）」では，「子育てに肯定的なイメージを持てる社会作り」「子育ての新たな支え合い」を男性・女性にかかわらず行っていくことが示されました。これまでの「子育て支援」という言葉が「親の育児を支援する」という意味あいだったのに対して，近年は親自身の「親としての成長」といった側面が注目されてきています。

　合計特殊出生率が2.0を上回っていた時代には，各家庭に複数名の子どもがいることも多く，また近隣世帯の乳児や幼児の育児に触れる機会も多く存在していました。しかし，育児に触れる機会が少ない環境のなかで育ってきた近年の親世代の人々にとっては，「自分の子どもを育てる機会が，はじめての育児の機会だ」ということも増えてきました。

　自分の子どもを産む前に育児経験をする機会が無い以上，「子育ち」と「親育ち」は並行発達せねばなりません。そして，それを支えるためのさまざまな支援も必要となってきます。

③　完璧な親なんていない

　若年親，ひとり親，孤立している親などへの支援プログラムとしては，1987年からカナダ全州で実施されている「ノーバディズ・パーフェクト（Nobody's Perfect）」という子育て支援プログラムが有名です。本プログラムは，0～5歳までの子どもをもつ親を対象としており，参加者それぞれの悩みや関心について小グループで話し合い，またテキストを参考にしながら，自分にあった子育ての仕方を学んでいきます。決して「正しい」子育て方法を親に教え込むものではなく，親が自らの長所に気づき，子育てに対する前向きな展望をもてるように支援するプログラムです。

　日本でも「ノーバディズ・パーフェクト」のテキストが翻訳されたり，プログラムの実施を支援する**ファシリテーター**の養成がスタートし，徐々に子育て支援の輪が広がりつつあります。

　　　　　　　　　　　　　　　　　　　　　　　　　　　（鈴木崇之）

▷4　ジャニス・ウッド・キャタノ，三沢直子監修，幾島幸子訳『完璧な親なんていない！――カナダ生まれの子育てテキスト』ひとなる書房，2002年。

▷5　ファシリテーター
指導・教授型の「インストラクター」などとは異なり，参加者の心の動きや全体状況を見ながらプログラムを進める役割を担う人のこと。

VII 児童福祉援助者論

2 援助者の種類・役割と倫理

1 援助者に関する規定

　児童福祉施設における援助者に関する規定は，児童福祉施設最低基準においてなされています。

　児童福祉施設最低基準とは，「児童福祉施設に入所している者が，明るくて，衛生的な環境において，素養があり，かつ，適切な訓練を受けた職員（児童福祉施設の長を含む。以下同じ。）の指導により，心身ともに健やかにして，社会に適応するように育成されることを保障する」（第2条）ことを目的として定められた省令です。

　ここでは，「児童福祉施設における職員の一般的要件」として，「児童福祉施設に入所している者の保護に従事する職員は，健全な心身を有し，児童福祉事業に熱意のある者であつて，できる限り児童福祉事業の理論及び実際について訓練を受けた者でなければならない」（第7条）と定められています。

2 児童福祉施設における援助者の種類と役割

　児童福祉施設における職員は，子どもに直接関わる「直接処遇職員」と，施設長や事務職員など主に施設の運営・管理に携わる「間接処遇職員」とに大別されます。ここでは，代表的な児童福祉施設である児童養護施設における直接処遇職員の種類と役割について概観していきましょう。

児童福祉施設最低基準　第四十二条
　児童養護施設には，児童指導員，嘱託医，保育士，栄養士及び調理員を置かなければならない。ただし，児童四十人以下を入所させる施設にあつては栄養士を，調理業務の全部を委託する施設にあっては調理員を置かないことができる。
2　職業指導を行う場合には，職業指導員を置かなければならない。
3　児童指導員及び保育士の総数は，通じて，満三歳に満たない幼児おおむね二人につき一人以上，満三歳以上の幼児おおむね四人につき一人以上，少年おおむね六人につき一人以上とする。

　児童養護施設では，児童の日常的なケアに関しては保育士・児童指導員が中心となって担っています。保育士と児童指導員との役割分担は各施設によって

さまざまですが、主に児童指導員が家庭支援専門相談員や児童相談所の児童福祉司などと連携し、ソーシャルワーカーの役割を兼ねているケースが多くみられます。

また、近年の被虐待児童の増加に伴い、「**家庭支援専門相談員**」「**被虐待児個別対応職員**」「**心理療法担当職員**」などが配置されるようになっています。

③ 援助者の倫理

「倫理」という言葉を国語辞典で調べてみましょう。「人として守るべき道」や「道徳」などがその意味としてあげられているのではないでしょうか。

大学・短大・専門学校で学んでいるみなさんは「守るのが当たり前」と思っているであろう「援助者の倫理」ですが、慣れていくうちにこれをないがしろにしてしまう職員が多いことも否定できない事実です。

児童福祉施設最低基準には、「入所した者を平等に取り扱う原則」（第9条）、「虐待等の禁止」（第9条の2）、「懲戒に係る権限の濫用禁止」（第9条の3）、「秘密保持等」（第14条の2）、「苦情への対応」（第14条の3）が、職員および施設長等の遵守すべき事項として明記されてきました。ですが、近年は施設内での虐待がマスコミに報道されることも多く、処遇困難な子どもに対して誠実に対応しようとしている職員も世間から疑いのまなざしを向けられることが増えています。

2003年11月の児童福祉法一部改正により「保育士資格」が国家資格化され、施設を利用している子どもや家族の情報を保育士が施設外において漏らす「守秘義務違反」や、保育士全体の信用を傷つける「信用失墜行為」に対しては、罰則が適用されることとなりました。

このような規定ができると、「罰則の対象とならない行為であれば、何をしてもよい」と思う人もいるかもしれませんが、もちろんそれは誤りです。援助者の「倫理」とは、「これはやってもよい、これはやってはダメ」といった発想とは異なり、常に利用者の最善の利益を守ろうとする思想と実践のなかから生まれてくるものです。

2003年2月には、「全国保育士会倫理綱領」が採択されました。保育士が活躍する場面は、子どもへの対人援助に留まらず、とても幅広くなっています。そのなかで、保育士として守るべき「倫理」の基本的な要点を、この倫理綱領は示してくれています。

「保育士」であれ「児童指導員」であれ、自分の実践がこの倫理綱領に沿ったものとなっているかどうか、折に触れて確認していく必要があるでしょう。

（鈴木崇之）

▷1　家庭支援専門相談員
⇒ I-6 参照。

▷2　被虐待児個別対応職員
虐待を受けた児童に対して、面接や生活指導など個別の対応や保護者援助などを行う者。定員50人以上の児童養護施設に配置されている。

▷3　心理療法担当職員
⇒ III-6 参照。

VII　児童福祉援助者論

3　援助者と権利擁護

1　子ども虐待と「適切な養育を受ける」権利

　「児童虐待の防止等に関する法律」の改正が2004年に実施されました。その第1条に児童虐待は「人権侵害」であると明記されました。たとえ親であっても，虐待行為を「人権侵害」と位置づけたことは意義が大きいといえます。

　そして，「児童虐待の防止等に関する法律」の施行によって，児童虐待の定義が明確にされました。「身体的虐待」「性的虐待」「精神的虐待」「ネグレクト」の4つです。この定義で一番，明確な説明が難しいのは「ネグレクト」だと思います。かつて「育児放棄」「遺棄」などと訳されていました。意図的に子どもを学校や保育所に通わせないといった「登校・登園禁止」も含まれるとした見解もありました。しかし，十分な解釈とはいえませんでした。まだ，議論のあるところですが，そこで「人権保障」の考え方に基づいた新たな「定義」がなされてきています。それは本来，人間として生まれた以上，「適切な養育を受ける権利」を有するという考え方です。特に，人間は，他の哺乳類のなかでも，「一年早い早産」といわれるように，生後間もない乳児はそのまま放置すれば，生命に関わる事態が生じると予想できます。つまり，「人権保障」とは生来の権利として，この「適切な養育を受ける権利」というものを明確に位置づけなければならないということなのです。

2　「不適切な養育」状況にある子どもと「施設養護」の役割

　「虐待を受けている」「ネグレクト」の状況にある子どもたちとは「不適切な養育」状況にある子どもたちであるといえます。そして，本来「家庭養護」は「適切な養育」を保障する場であるはずですが，それが保障されない状況が多く起こっています。そこで「社会的養護」の必要性が発生し，「施設養護」が位置づけられてきたわけです。それでは，「適切な養育」とは具体的にはどのようなことでしょう。

○心安らぐ居場所として

　これは当然のことですが，施設が子どもたちにとって，安心して生活をおくることのできる場であるかということです。当然，集団生活ですから，最低限，守らなければならないルールがあったり，さまざまな場面で，子どもの要求に対して制限はあると思います。しかし，子どもに対する強引な押し付けであっ

たりしてはならないということです。子どもの要求に対して職員に「説明責任」があります。その出発点は児童相談所の一時保護所から始まります。たとえば、施設入所が決まった段階で、子ども自身が合意できるように働きかけることが必要です。そして、施設入所後、施設の生活に慣れるまで注意深い支援が必要です。年長者などから「イジメ」行為がないか、きちんとその子どもの「居場所」がつくれているかを見守っていかなければならないということです。

◯信頼関係を回復する場として

施設入所する子どもたちの多くは「親（大人）に裏切られた」と感じています。施設養護の大きな役割はこの人間同士の「信頼関係の回復」と「新たな信頼関係の構築」であるといっても過言ではないでしょう。まず最初に、子どもたちに具体的な支援をしていく上でも、「基本的信頼関係」が子どもと職員（大人）との間に成立していなければ、いくら子どもに一生懸命、関わろうとしても、子どもはそれを受け入れないか、拒絶するかもしれないのです。そして、この「信頼関係の回復」が施設を出てからの社会的自立にもつながることなのです。

◯仲間づくりの場として

次の段階として、子どもにとって、もう一つ大切な権利があります。それは「仲間づくりの権利」です。児童福祉施設で暮らすほとんどの子どもたちは、自分の家だけでなく、地域、学校から離れて「新たな生活圏」に入るわけです。つまり、施設の仲間、学校の仲間、地域の仲間を新たにつくることになります。これは、大人でも大変なことです。ですから最初、子どもは不安定になったり、学校にすぐなじめなかったりします。そこで、施設職員の役割は、できるだけ子どもたちの緊張を和らげ、施設という新たな生活の場で、施設の仲間、学校の仲間づくりのために手助けをしてあげなければなりません。なかなか自分から積極的に集団に入れない子どもに対しては、特に配慮が必要になります。イジメの対象になったり、集団から孤立するようなことがないか、見守ることも必要です。

◯意見表明ができる場として

これは**苦情解決制度**のところで詳しく触れますが、児童福祉施設では、年長者や力の強い子どもだけの意見で、いろいろなことが決まってしまうことがないように、施設職員は普段から配慮しておかなければなりません。新入児童や年少児童でも、きちんと意見が尊重されていると子どもたちが感じられる雰囲気づくりも大切です。

そして、職員が一方的に何でも決めてしまって、子どもたちが不満を感じたまま生活していることがないか、職員同士で確認しあうことも大切です。苦情解決制度ができても、「苦情がないから、うちの施設はうまくいっている」とはいえないのです。

（小木曽宏）

▷ 苦情解決制度
⇒ VII-4 参照。

VII 児童福祉援助者論

4 援助者と苦情解決

▷1 **不平**
不満に思うこと。不服。
不服
服従しないこと。得心しないこと。
不満
もの足りないこと。満足しないこと。
（久松潜一監修『新装改訂新潮国語辞典—現代語・古語』新潮社、1984年。）

▷2 **日常生活自立支援事業**
⇒ II-2 参照。

1 「苦情」とは

「苦情」の国語的な定義は、「困難な事情。不平」であり、苦情に近い言葉としては、「**不平**」、「**不服**」、「**不満**」という言葉があります。

コソコソと悪口を言ったり、愚痴をこぼすうちは、不平、不服、不満の状態に留まっているのでしょうが、それらを公式の場に出さざるを得ない状態になったものが、「苦情」と位置づけられるでしょう。

不平、不服、不満は人の生活のなかにはごく普通にあり、発生するものです。一方、「苦情」は、わたしたちの日常生活を振り返ったとき、すぐには発生しないものと考える方が自然ではないでしょうか。表現を変えれば「表に出る苦情の裏に、たくさんの表に出ない苦情がある」ということになるでしょう。

2 苦情解決制度とは

苦情解決制度とは、権利擁護システムの一つであり、**日常生活自立支援事業**と同様、2000年社会福祉事業法の改正（社会福祉法）によって新たに規定された制度です。苦情解決制度は、社会福祉事業のサービス供給関係に契約制度が導入されたことに伴い、社会福祉事業の経営者と利用者とが双方で維持運営すべきシステムです。図VII-1は、福祉サービスに関する苦情解決の仕組みの概要図です。

福祉サービスの利用の際、提供する側と受ける側との間にトラブルが発生することは当然予想されることです。そ

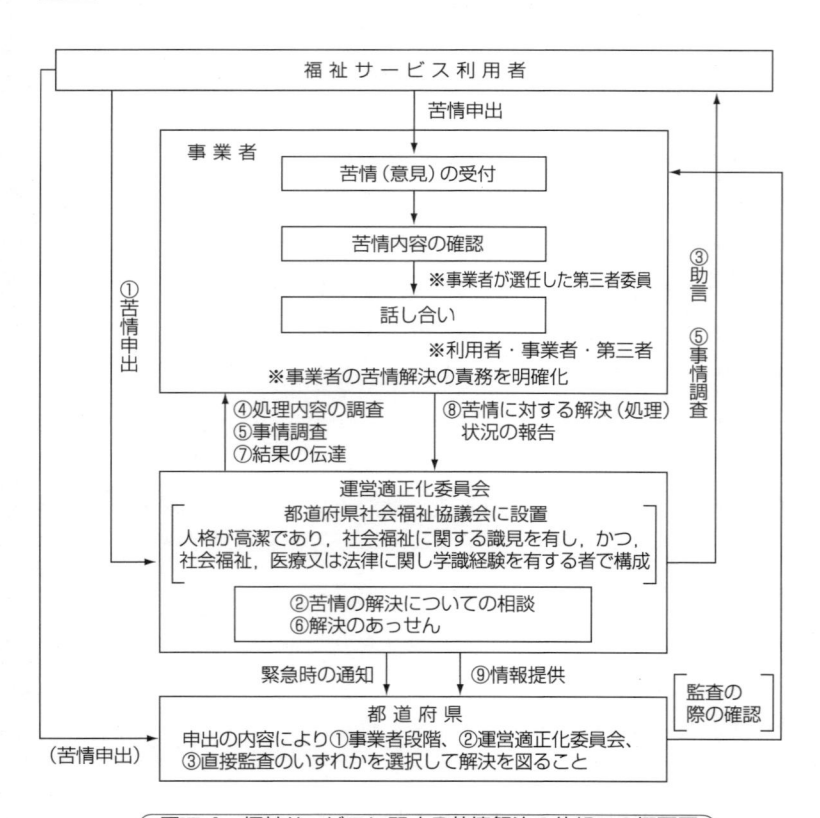

図VII-1 福祉サービスに関する苦情解決の仕組みの概要図

出所：厚生省「社会福祉の増進のための社会福祉事業法等の一部を改正する時の法律の概要」、2000年。

して，トラブルの最終的な解決手段が，医療現場においては増加している訴訟という形です。苦情解決制度というのは，最も身近な個人間での問題解決から「白か黒かをハッキリさせる」訴訟による問題解決との中間に位置する制度になります。苦情解決制度は，このように訴訟に至る前段階での利用者・事業者間の関係調整として機能します。関係調整のレベルとしては，「事業者」段階と「運営適正化委員会」段階の2つですが，特に「事業者」段階における第三者委員は，その施設・機関の機能にあった関係調整能力の高い人材が求められます。

▷3 志田民吉編『法学』建帛社，2004年，20～21頁を参照。

児童福祉の領域は，児童福祉施設最低基準によって，苦情への対応として，窓口を設置するなどの措置を講じることや第三者委員を関与させることなどが規定されています。ただ，児童の場合には，運営適正化委員会に調整を申し出ることの現実的な困難さがあったり，虐待事例のように親が子どもの利益代弁者として機能しがたい事情など成人とは違った問題があります。

3 制度と援助者

独学で建築学を学び，文化功労者にも選ばれた安藤忠雄は，阪神大震災の後の被災地を2日に1回，1日5，6時間歩き続け，その惨状を目に焼き付けています。そして，その結果として得たものは，「自然に対抗する力は建物の強度ではなく，個人個人がどうお互いに助け合い，生き延びていくかを考えることだと知りました」としています。

▷4 朝日新聞，2006年11月16日。

阪神大震災というものすごい状況のなかから生まれた言葉ですが，これは法制度に対しても当てはまります。制度は必要ですが，制度があれば，人権はきちっと守られるのでしょうか。「いじめ」はいけないと私たちは思っていますが，その思っていることを法律で規定すれば，いじめは完全になくなるのでしょうか。残念ながら，現実はそのようにはならないでしょう。

法制度の目的・理念と現実との間には「ズレや例外」があります。その「ズレや例外」を調整する存在が，社会福祉の領域では「援助者」と呼ばれる人たちです。苦情解決にあたる第三者委員もその一人です。

苦情を解決するための制度があることと，苦情が解決できることとは直接にはつながりません。制度を使わずに苦情を解決することと制度を使って苦情を解決することの分かれ目を判断することが，援助者に求められる重要な役割になります。

苦情をもちかけたとき，"話を十分に聞いてもらえた""私の言うことを理解してもらえた"というだけで，ある程度，気がおさまるということがあります。真に問題の解決を求めているのか，それとも問題となった背景や心情を理解して欲しいのか，まさに利用者のニーズ（欲）をどう読み取るかが解決すべき苦情に発展するかどうかの分岐点になるのかもしれません。

（宮本秀樹）

VII 児童福祉援助者論

5 援助者とエンパワメント

1 エンパワメントとは

　エンパワメントはもともと，アメリカの黒人差別反対運動，フェミニスト運動，障害者自立生活運動のなかで生まれてきた社会福祉の目的概念です。

　エンパワメントとは，直訳すれば，人に権限を付与する，人を力づけるということになります。これまで保護を受ける対象であった人たちが，パワーを得て，主体的に自分自身の生活をコントロールする，その人らしい生き方を選択するという包括的な考え方がそこにはあります。人には元々，力があるけれども，何らかの事情・環境によって力が発揮できていないということがエンパワメントの背景にあります。その力を引き出すことがエンパワメントの視点です。京極は，「自立」は個に注目した視点であり，英訳は"Independence"であるが，自立支援は"Empowerment"が適切であろうと述べています[1]。

　エンパワメントの身近な場面としては，障害者などが他の障害者などの相談にのるピア・カウンセリング，断酒会でアルコール依存症回復者が体験などを語ることを通して酒害から立ち直る過程，これまであまり表舞台に出てこなかった知的障害者が，研修会，行政の委員会など社会的な場で積極的に発言することなどがあげられます。また，2005年，京都で開かれた学会で認知症の人の発表がすごい反響となりましたが，これもエンパワメントの一つの形です。

　ある種の病気や障害などにより免許・試験・資格などに制限を加えることを「欠格条項」と言います。無条件に制限を加えられるものが「絶対的欠格条項」と呼ばれ，条件つきで制限が加えられるものが「相対的欠格条項」と呼ばれています。国家資格には法律上の裏づけがありますが，薬剤師には「薬剤師法」があります。2001年7月，後藤久美さんという聴覚障害をもつ薬剤師が日本ではじめて誕生しました。それ以前は，聴覚障害をもつ者は無条件に免許を与えないという条文（欠格条項という壁）があり，法律上，薬剤師免許の取得が不可能でした。後藤さんは，このことの理不尽さを社会に訴え，日本薬剤師会もそれに賛同し，運動の結果，薬剤師法が改正され，聴覚障害をもつ人に対して，免許取得の道が切り開かれました。後藤さんという一個人から出発した運動が国の制度をも動かしたのです。これもエンパワメントの具体的な場面です。エンパワメントとは，個人間の関係から社会全体に関わるものまでとても幅広い考え方なのです。

[1] 京極高宣「今，求められている自立支援」『月刊福祉』2006年7月号，14頁。

2　実習生の思いとエンパワメント

心理教育の第一人者である精神科医の伊藤順一郎は，個人差はありますが，医者というのは助けて欲しいと言われれば，助けたくなる気持ちを抱く職種であると述べています。その気持ち自体，100％間違っていると考える人はまずいないでしょう。これは医者のみならず，援助の職に就く者，もっと幅広く考えると，人としての自然な感情ではないでしょうか。その職種が担う役割と人の感情が複雑に絡んで，その人の仕事を，行動を規定しているとも言えるでしょう。それは実習生も同様です。

学生が福祉施設の実習に入るとき，「利用者のために援助をしたい」とよく口にします。しかし，利用者の自立の度合によっては，具体的な身辺介助などの必要がない場合もあります。ケアを提供することが援助の中心と考える学生のなかには，落胆の感情を抱く者もいます。援助者による援助の提供が少なくなったり，なくなったりすることが援助の望ましい方向だと考える一方，その人のために何かをしてあげたいと考える援助者の心理がそこにはあります。

▶ 2　心理教育
⇒ VII-6 参照。

3　支援とエンパワメント

前述の伊藤は「支援」を，利用者が困った時，援助者が助手席に乗り込んで（利用者の希望に沿う形で），助言などを行うことであると定義しています。運転手は利用者本人ですが，助手の役割は，大きく分ければ，運転手に安心感をもってもらうことと対処の技術・知識を伝えることの2点です。援助者としては，安心感を提供しながら，運転の技術を伝えるなどこの2点をフルに使う場合もあるでしょうし，ただ，助手席に座っていて安心感の提供だけでもいい場合もあるでしょう。一人で運転できる能力と技術をもっている人の最終目標は，一人で運転することにあります。前述の京極が言う，エンパワメントを自立支援と捉えるならば，エンパワメントのあり方として利用者に応じたさまざまなレベルのエンパワメントがあることが理解できるでしょう。

子育てのなか，わが子はまだ一人では靴が履けないと親は思っているので，靴を履かそうと親がするとき，"自分で履く！"とその子が主張する場面があります。そのとき，親が何かの用事で急いでいれば，現実的には親が一方的に靴を履かせることもありますが，エンパワメントの視点をもつ関わりとは，靴が履けても，履けなくても，やらせてみるということになるでしょう。成功と失敗の体験のなかで，子どもはできることの範囲を拡げていくのです。

援助者にしても，親にしても，利用者やわが子に対する自立と保護のなかで揺れ動く存在といってもいいでしょう。自立のために知識・技術を伝える能動的なエンパワメントもありますが，利用者やわが子の成長する力に信頼を置いて見守るなど静かなエンパワメントもあるのです。

（宮本秀樹）

VII 児童福祉援助者論

6 記録とスーパービジョン

1 なぜ，実習記録なのか

　実習記録，ケース記録，カルテ，育児記録，歴史，映像，音声等記録の種類，媒体など，記録といっても，とても幅広いものです。ここでは「実習記録」を中心とした記録に絞って説明します。

　福祉実習に入っている学生が，記録がなければもっと長く実習してもいいとか，実習前の不安や実習に入ってのつまずきとして記録をあげている人はとても多いです。学校で，講義ノート，レポートや論述試験で書くという体験はしていますが，多くの学生にとって，実習記録を書く体験は初めてのものです。「何をどうやって書けばいいのかわからない」という声をたくさん聞きます。

　実習記録とは，学生が体験した利用者理解，援助関係などを意図的に書く，書かないを整理した結果を記述するものです。取捨選択のなかで，書き手である学生の価値観（記録すべきだと考えても書かない，大切なことだからこそ書くなど）が文字としては見えないけれども，実習記録には反映されています。

　現場の援助者は，記録を書くことによって職員の資質向上を含め，よりよい援助を提供することを主たる目的にします。学生は実習記録を書くことを通じて，「援助することを学ぶ」を主たる目的にします。「援助することを学ぶ」の過程を通じて，「私理解（**自己覚知**）」がどれだけ達成できるかが実習記録の質につながります。さらには，実習終了後の振り返りの質にもはねかえります。

2 どのように実習記録を書くのか

　記録の書き方としては，①叙述体（時間の流れに沿って，日記風に書く），②要約体（実習のまとめなどの総括），③逐語録（利用者と職員との会話，利用者と実習生のやりとりなどを正確に記述する）などがあります。

　ここで大切なことは，「実習で体験したこと（≒事実）」と「それに対する考察」の関係です。実習先で体験したことをどのように描写するか，そしてそれに対してどのような意味づけを行うかが「私理解（自己覚知）」と「職員によるスーパービジョン」にとって重要なものになります。

　わかりやすい記録のためには，とくに「実習で体験したこと（≒事実）」を書くときには，5W1H（Who/When/Where/What/Why/How）を念頭に置くことが大事です。"神は細部に宿る"という言葉があります。読み手を実習先

▷1　自己覚知
援助者自身がもつ価値観や人に関わるときの自分自身の感情について理解すること。将来，援助職に就こうとする者は，実習記録を書いたり，実習中に受けるスーパービジョンなどの機会を通じて自己覚知に努めることが求められる。

の職員のみならず，記述場面を知らない第三者を自分自身のなかに思い描いて記録を重ねていくと，細部にこだわる記録となり，観察のポイントが増えていきます。

3 スーパービジョンとは

　実習に入ると，実習の心得，施設・機関の歴史・概要・機能・職員・利用者理解などに関する説明，実習記録のコメント，職員や教員との話し合いや相談など実に多くの指導を職員から受けます。それは，熟練した指導者が将来のワーカーを育成するための重要な関わりであり，学生が成長するための大切な営みです。このような関わりや営みは，「スーパービジョン」の一つの形です。スーパービジョンの機能には，3つの機能があるとされています。

●教育的機能

　職場は，職員の移動，実習生の受け入れなど，定期・不定期に人の出入りがあります。職員や学生の多くは「わからない状態」で現場に入ってきます。利用者支援の質を落とさずに業務や実習を行うためには，講義，オリエンテーション，研修会を通じて専門的な知識や技術の習得が求められます。この「わからない状態」から「わかる状態」にすることが「教育的機能」と考えられます。

●支持的機能

　仕事や実習を通じ，対職員，対利用者などさまざまな人間関係のなかで，達成感，喜び，悩みや苦しいこと，燃え尽きそうな気持ちなどさまざまな感情を体験します。このような感情を認めてもらったり，情緒的に支えてもらったりすることが「支持的機能」です。大切にされている，一人ではないという感覚が重要です。

●管理的機能（評価的機能を含む）

　現場業務を円滑に運営するためには，服務規程の遵守，事業計画の理解，職員としての役割自覚やスタッフ間の調整，他施設・機関との連携などを学ぶ必要があります。実習生も心得や実習規定などへの理解が求められます。これらが「管理的機能」であり，実習や勤務に関する態度，成果などを評価することが「評価的機能」にあたります。

　人が成長するためには，内省という方法もありますが，人は人との関わりのなかで全人格的な成長が可能であるとするのが，スーパービジョンの前提にはあります。自らは見ることができない自分自身の顔を知るためには，その人自身の想像力，鏡を使う，他者からの指摘など多面的なアプローチが求められるのです。また，スーパービジョンには，個別，集団にかかわらず，話し合いという方法が一般的にはとられますが，そこでの信頼関係がスーパービジョンの質を左右します。

（宮本秀樹）

▷2　スーパービジョン
かつては，「指導・監督」と訳されたこともあるが，今は原語の「スーパービジョン」のままで使われている。

VII 児童福祉援助者論

7 援助者に対する援助

1 援助者の置かれている現状

　社会福祉系養成校を卒業し，児童福祉施設で働くことを選んだ人たちが数年で「辞めたくなった」とときどき思うことがあるようです。その理由はさまざまあります。一番目には子どもとの対応で苦慮することでしょう。「最近の子どもはよくわからない」「なかなか信頼関係がつくれない」などです。その上，職員配置の問題で，複数の子どもたちと関わらなければならず，心身ともに疲れ果てるという状況も起こってしまうのです。そして，そういう悩みを相談できる人が身近にいないという悩みもあります。

　たとえば，次のような感情を抱いてしまうことで，自分を追い込んでしまいます。

> 子どもに十分関わってあげられない（もっとがんばらなければ）
> ↓
> 自分は職員として自信がもてなくなってきた
> ↓
> 自分は職員として不適格かもしれない

　このような気持ちは，日々，真面目に子どもたちと関わりをもとうとする人ほど陥りやすい心理状態とも言えるでしょう。そして，せっかく，良い資質をもつ職員が，休職や退職をしていってしまうこともあります。

　今，福祉現場では「**バーンアウト**」（燃え尽き症候群）ということがささやかれています。

▷1　バーンアウト（燃え尽き症候群）
⇒ III-6 参照。

2 「転移」と「逆転移」

　このことは，ケースに対する相談者，援助者の利用者に対する「逆転移」現象とも関連します。逆転移とは利用者に投影された援助者自身の転移でもあります。つまり，理屈では説明しきれないものですが，利用者もしくはその家族に対して，性的あるいは攻撃的感情を通じて表現されるものだとも言われています。

　特に子どもの場合，立場を超えてその子の置かれている状況に「同情」して

しまったり、「感情移入」してしまう場合も少なくないのです。

そういう状況に遭遇すると図式化したように「私が何とかしてあげなければ」「私は何もしてあげられない」という感情が起こる一方で、「自分は未熟なのだ」「もっと努力しなければ」と焦ってしまうのです。しかし、「転移」「逆転移」の状況は誰でも起こりうるものだという認識をもっておくことが大切です。かつてウィルヘルム・ライヒ（Wilhelm Reich）という人が「逆転移は分析家自身の無意識のニーズと葛藤が彼の理解と技法に与える影響からなっている」と言いました。

つまり、こういう感情に援助者が囚われたとき客観的に判断して「これが『逆転移』現象かもしれない」と認識できることで、本来の援助関係に戻ることができるのです。

❸ 現状を変えるために

◯メンタルヘルスを心がける

近年、日本でも福祉現場だけでなく、多くのストレスを感じる職場で、強調されてきたのが、「メンタルヘルス」です。最近、福祉の職員研修でもリラクゼーションやヒーリングなどを取り入れたワークショップなどが行われるようになりました。これはそういう研修に参加するというだけでなく、仕事と休息（オンとオフ）をきちんと切り替えることができ、心身の状態を健康に保つことです。そして、その方法を自分なりに、身につけることが大切だということです。児童福祉施設に限りませんが、生活支援施設では、勤務形態からなかなかこの切り替えが、難しいことも事実です。施設管理者もこのような研修に職員が参加できるように配慮していかなければなりません。

◯スーパーバイザーの役割

現在、児童福祉施設にセラピストが多く配置されています。あるセラピストが「子どもだけじゃなくて、職員のセラピーも必要かもしれません」と話してくれました。半分、冗談としても現実に日々、職員は子どものさまざまなことを「抱えこんで」しまいがちです。定期的にケース会議が行われ、職員同士で話し合う場が保障されていればそのような状況は回避できるかもしれません。しかし、そのような場がないということは、「何でも自分で判断しなければならない」というストレスを感じることになってしまいます。

そこで、スーパーバイザーという専門職の役割が必要になってきます。豊富な経験知や客観的な視点をもち、的確なアドバイスをしてくれる存在です。そして、直接的な利害関係のない人が、本来は良いと思います。

（小木曽宏）

▶2　転移
過去の特定の人物に対する感情を、その当人とは異なる別の相手に向けること。相談援助の場面では、利用者が相談者や援助者に対して感情の転移を起こすことが多い。

▶3　逆転移
利用者が相談者や援助者に対して起こす「転移」とは異なり、相談者や援助者が利用者に対して感情の転移を起こすこと。

VII 児童福祉援助者論

8 子どもを援助することの意味とは

1 「援助する側」と「援助される側」

　保育者は常に「援助する側」にある人と考えられます。そして「援助される側」とは子どもたちやその家族となります。しかし，それは決して一方向的な関係ではありません。子どもや家族から逆に与えられる「喜び」もあるのです。そして，これだけの援助をしたからこれだけの結果がでるという世界ではないということをわかってほしいと思います。
　学生が実習に行って，このような感想を伝えてくれます。
　「最初は大変でした。実習に来たのだから，何か子どもたちにしてあげなくては，と思っていました。でも，逆に実習を振り返ると，子どもたちからたくさん，たくさん，学ぶことがあったと，本当に思いました。」
　しかし，そのような感覚は実際に福祉現場に身をおくとだんだんと失っていってしまうのかもしれません。

2 自分に気づくこと

▷1　自己覚知
⇒ VII-6 参照。

　「**自己覚知**」▷1 ともいいますが，実習などに行って，新たな自分に気づくことが多くあります。それは，今までの自分がどのように育てられ，どのような価値観をもち，自分がどのような人間かということに向かい合うことです。それが，子どもたちと関わることで，起こることがあります。実は「**転移**」「**逆転移**」▷2 もそのことと関連しています。当然，「気の合う子」「気の合わない子」と思ってしまう感情も生まれてきます。しかし，決してそれが良くないというわけではありません。そういう感情は「誰にでも起こる」ということを自覚しておくことが，大切なのです。「気の合う子」「気になる子」には「感情移入」してしまうでしょうし，「気の合わない子」には「拒絶的」な態度をとってしまうことが，子どもとの信頼関係を崩すことにつながります。最初はなかなか難しいのですが，どのような子どもに対しても，どのような状況にあっても関われるような「技術」や「姿勢」を身につけていくことが一番大切なことなのです。

▷2　転移，逆転移
⇒ VII-7 参照。

3 「援助」から「自立」へ

　自立援助ホームについて話します。児童養護施設を出た後も支援を必要とす

る子どもたちが多くいます。そういう子どもたちに社会や地域が具体的に支援を行っていかなければなりません。しかし，現行の児童福祉法では対応できない以上，そういう子どもたちを支援する施設が新たに必要なのです。私はある自立援助ホームの支援会長をしていますが，そのホームが開設したばかりのときに，こんなことがありました。

❹ 10年ぶりの再会

　ホーム長の高橋さんは「小木曽さんが，せっかく来てくれたんだから，夕飯に，みんなで餃子つくりますよ。買物行って来ますから留守番していてください。あっそうだ，4時過ぎにファーストフード店にアルバイトに行っている子が1人帰ってきますから。よろしくお願いします」と言って買い物に出ていってしまいました。

　しばらくして「ただいま」と言って1人の女の子が帰ってきました。私が「お帰り」と声を掛けると，高橋さんの声ではなかったからか，その子はびっくりした表情をしました。留守番をしている旨を伝えると，その子が私の顔をじっと見つめながら，「先生，先生でしょ。小木曽先生？」と問い掛けてきました。今度は私の方がびっくりする番でした。この子は私を知っているようでしたが，私は全く思い出せずにいました。

　「私，覚えていない？　児童相談所の一時保護所にいたんだよ。10年前に」と女の子が訴えてきました。私は記憶をたどり，その面影から，ようやくその子が誰であるかを思い出しました。「ユキコちゃんか！」。10年前，ほんの1か月ほどの関わりだったのですが，確かにこの子とは児童相談所で出会っていたのです。ユキコは立派に成長していました。

　ユキコは，8歳の時，私がいた児童相談所にやって来たのです。1か月ほどして，ある児童養護施設に預けられました。そこから学校に通い，高校を卒業しました。その後，家庭に戻ったのですが，親と折り合いがつかず，再び家を飛び出してしまったと言うのです。その時はすでに18歳を過ぎていたため元の施設にも戻れなかったのですが，関わりのあった児童相談所が仲介して，この自立援助ホームに来たのだというのです。私は，思わず涙の出るのをこらえました。なぜだか切ないような，しかし，ここで，こうして再会することの不思議さを感じながら…。そしてこの自立援助ホーム「人力舎」は高橋克己という元児童養護施設の児童指導員が私費を投じてつくったホームです。もし，ホームがなかったら，ユキコはどうしていたのだろうと考えてしまいました。

（小木曽宏）

VIII 近年の児童福祉に関する法改正と施策

1 近年の児童福祉に関する法改正

1 近年の児童福祉の動向

　日本は，1990年の1.57ショック（合計特殊出生率）を起点として，少子化対策へと乗り出しました。そして，すべての児童を育むための総合的な環境づくり，国や地方公共団体をはじめとする社会全体の責任を明らかにした次世代育成支援対策へと移り変わります。

　その一方で，急増する児童虐待に対応するための法制度の整備，発生予防やさらなる相談体制の確保，児童や親に対するケアの充実等への対応が進められています。また，児童福祉を実施する体制として市町村の役割強化の方向性が示されており，これも重要な動向です。この動向による法や施策の整備は，子育て支援・次世代育成支援と要保護児童福祉における，支援の連続性や一貫性を確保する可能性をもっているといえます。

　このように，日本の児童福祉は，次世代育成支援と要保護児童福祉という大きく2つの流れがあると考えることができます。筆者らの研究の成果として，その流れの将来方向を以下の図VIII-1と図VIII-2のように示すこととしました。

　図VIII-1は，次世代育成支援と要保護児童福祉の異なる体制がいずれ合流するという一つの考え方を示しています。また，筆者らの研究においては児童福祉の一つの方向性として，今後これら2つの潮流が連続性をもって実施されるための将来像も提示しています（図VIII-2）。

　ここでは，先述のような児童福祉の流れを踏まえつつ，近年の児童福祉の動向として，1.57ショック以降の児童福祉に関係する主な法改正等についてみていくこととします。

1990（平成2）年　1.57ショック
(1) 少子化対策 ── 待機児童問題　　　次世代育成支援施策
　　　　　　　　　　三位一体改革　認定こども園　障害児施設給付制度
　　　地方分権
　　　規制緩和
　　　利用者主権　　　　　　介護保険・社会福祉基礎構造改革

(2) 要保護児童福祉 ── 子ども家庭福祉 ── 子ども虐待
　　　　　　　　　　　子どもの権利　　　配偶者暴力
　　　子どもの権利条約

（将来）
次世代育成支援・要保護児童福祉の一本化（子ども家庭福祉）

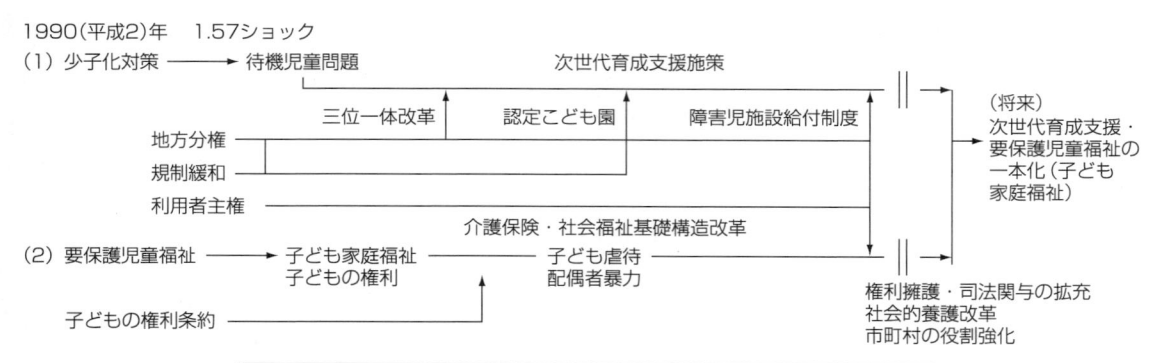

権利擁護・司法関与の拡充
社会的養護改革
市町村の役割強化

図VIII-1　次世代育成支援・子ども家庭福祉サービス供給体制改革の動向

出所：柏女霊峰ほか「子ども家庭福祉サービス供給体制のあり方に関する総合的研究」『平成17年度厚生労働科学研究（子ども家庭総合研究事業）報告書』2006年．

	現　行		将　来
(1)	都道府県中心	⟶	市町村中心（都道府県との適切な役割分担）
(2)	職権保護中心	⟶	契約と職権保護のバランス
(3)	施設中心	⟶	施設と在宅のサービスのバランス
(4)	事業主補助中心	⟶	個人給付と事業主補助のバランス
(5)	税中心	⟶	税を中心としつつ社会保険を加味
(6)	保健福祉と教育の分断	⟶	保健福祉と教育の統合・連携
(7)	限定的司法関与	⟶	積極的司法関与

図Ⅷ-2　次世代育成支援・子ども家庭福祉施策の将来方向

出所：柏女霊峰ほか「子ども家庭福祉サービス供給体制のあり方に関する総合的研究」『平成17年度厚生労働科学研究（子ども家庭総合研究事業）報告書』2006年。

2　児童福祉に関する主な法律の改正と法律の制定

以下では，近年の養護に関連する主な法改正等について概観します。

○1997（平成9）年

・児童福祉法改正

この法改正では，従来の養護施設等の児童福祉施設の名称変更ならびに施設の統廃合が行われました。また，保育所の利用の仕組みが，措置から市町村による保育の実施方式へと変更され，利用者が利用したい保育所を選択し，市町村へ申し込むという仕組みになりました。さらに，児童養護施設や母子生活支援施設等の目的に，児童や母子家庭の自立支援が位置づけられました。

○2000（平成12）年

・社会福祉の増進のための社会福祉事業法等の一部を改正する法律

社会福祉法の制定により，**措置制度**から利用契約制度へ，サービスを提供する主体の多元化へといった，利用者を主体とするサービス提供体制への転換が図られました。それに伴う利用者の権利擁護の仕組みとして，情報の提供，**苦情解決**の仕組みや**第三者評価**の仕組み等が導入されました。

児童福祉分野においては，障害児の在宅福祉サービス分野が支援費制度に変更され，母子生活支援施設，助産施設の利用のあり方が行政との委託契約方式となりましたが，その他は措置制度が残ることとなりました。

・児童虐待の防止等に関する法律の制定

近年の児童虐待の増加と深刻化を受け，児童虐待の禁止，児童虐待の定義，児童虐待の防止に関する国・地方公共団体の責務，児童虐待の通告等について規定しました。その後の2004年の法改正によって，児童虐待の通告対象を「受けたと思われる児童」にまで広げるとともに，児童虐待の通告窓口に市町村も含められました。また，内縁関係等にある者による虐待について，その行為を止めず見てみぬふりをすることは，**ネグレクト**にあたること，さらに配偶者間暴力を児童に見せることは，心理的虐待にあたることとされました。

▷1　措置制度
⇒Ⅱ-2参照。

▷2　苦情解決
⇒Ⅱ-2，Ⅶ-4参照。

▷3　第三者評価
⇒Ⅲ-1参照。

▷4　ネグレクト
⇒Ⅲ-11参照。

○2001（平成13）年

・配偶者からの暴力の防止及び被害者の保護に関する法律の制定

　この法律はいわゆるDV法と呼ばれるものであり，夫婦間等における暴力の被害者の保護，相談，配偶者暴力相談支援センター等について規定しています。その後2004年に法改正がされています。

○2003（平成15）年

・少子化社会対策基本法制定と少子化社会対策大綱の制定

　少子化社会対策基本法では，地方公共団体は少子化対策について国と協力し，地域の状況に応じた施策を策定し実施する責務を負うこととされています。翌年，少子化社会対策大綱を打ち出し，新エンゼルプランに次ぐ国家計画の子ども・子育て応援プランにおいて，大綱の掲げる重点課題を具現化しています。

・次世代育成支援対策推進法の制定

　この法の制定により，すべての子どもの育ちを支えるための家庭への支援ならびに環境整備，そのための国や地方公共団体の講じる施策や責務等を示し，市町村は次世代育成支援行動計画を策定する義務を負うことになりました。この法律に基づく行動計画には，養護関連施策の整備目標も盛り込まれています。

○2004（平成16）年

・児童福祉法改正

　この児童福祉法改正により，児童相談における市町村の第一義的な役割を明記しました。また，それまで主として児童虐待防止のために実施されていたネットワークを要保護児童対策地域協議会として法定化し，協議会の構成員の守秘義務を明らかにし，調整機関をひとつ定めることができることとしました。

○2005（平成17）年

・児童福祉法改正と障害者自立支援法の制定

　障害者自立支援法の制定に伴い，2006年10月から障害者の施設入所が措置から直接契約による仕組みへと転換することとなり，併せて障害児の施設入所の仕組みも，直接契約の仕組みへと転換することとなりました。

○2006（平成18）年

・就学前の子どもに関する教育，保育等の総合的な提供の推進に関する法律の制定

　この法は2006年6月に制定され，10月より本格的に導入されました。認定こども園の利用については直接契約の仕組みとなり，就学前の児童の保育と教育は保育所，幼稚園に並び，認定こども園が新たな選択肢となりました。

○2007（平成19）年

・児童虐待の防止等に関する法律の改正

　この法改正では，これまで努力義務であった安全確認を「安全確認義務」とし，「出頭要求」さらに「再出頭要求」に関する事項，再出頭要求を拒否した場合の「臨検等」に関する事項，一時保護や同意施設入所措置中の保護者に対

表VIII-1　近年の児童福祉関係法等の整備と他分野等の動向

法律の改正や新たな法律等の制定	児童福祉に関係する他分野等の動向
1990年 老人福祉法等の一部を改正する法律, いわゆる社会福祉8法改正 ……児童福祉法改正により在宅福祉サービスを法定化	**1990年** 1.57ショック, 虐待の顕在化
1997年 児童福祉法改正 ……児童福祉施設名称変更と施設統廃合, 保育所の利用の仕組みを措置から行政との契約（保育の実施方式）へ, 児童福祉施設における児童等の自立支援の位置づけ	**1997年～** 社会福祉基礎構造改革の検討スタート
1999年 児童買春, 児童ポルノに係る行為等の処罰及び児童の保護等に関する法律の制定	
2000年 社会福祉の増進のための社会福祉事業法等の一部を改正する法律, 社会福祉法の制定 ……措置制度から利用契約制度へ, サービスを提供する主体の多元化へ, 利用者主体のサービス提供体制へ転換。権利擁護の仕組みとして苦情解決や第三者評価の仕組み等を導入 児童福祉法改正 ……児童居宅支援の利用を支援費による方式へ転換 児童虐待の防止等に関する法律の制定 ……児童虐待の定義, 早期発見・早期対応, 虐待の防止に関する国・地方公共団体の責務, 虐待の通告等の明確化	**2000年～** 介護保険制度スタート
2001年 児童福祉法改正 ……保育士資格の法定化, 児童委員の職務追加 配偶者からの暴力の防止及び被害者の保護に関する法律の制定（いわゆるDV法） ……夫婦間等における暴力の被害者の保護, 相談, 配偶者暴力相談支援センター等について規定	
2002年 里親が行う養育に関する最低基準及び里親の認定等に関する省令 ……里親制度の拡充, 親族里親, 専門里親の創設, 里親支援 母子及び寡婦福祉法改正 ……母子家庭の自立支援を中心とした改正 児童扶養手当等の支給に関する法律の改正 ……受給後5年以降は手当減額	
2003年 児童福祉法改正 ……子育て支援事業の法定化と市町村の責務の明確化 少子化社会対策基本法制定と少子化社会対策大綱の制定 次世代育成支援対策推進法の制定	**2003年～** 障害者支援費制度スタート 税制三位一体改革について意見
2004年 児童福祉法改正 ……市町村を児童相談の第一義的窓口として位置づけ, 要保護児童対策地域協議会の法定化, 里親に監護, 教育, 懲戒に係る一定の権限を付与 児童虐待の防止等に関する法律の改正 ……市町村を通告窓口に規定, ネグレクト, 心理的虐待について該当事項を追加 配偶者からの暴力の防止及び被害者の保護に関する法律の改正	**2004年** 発達障害者支援法制定
2005年 児童福祉法改正 ……障害者自立支援法の障害児福祉部分に関する改正により, 障害児福祉関係のサービス利用のあり方が障害児施設給付制度と措置制度の2本立てに	**2005年** 障害者自立支援法制定
2006年 就学前の子どもに関する教育, 保育等の総合的な提供の推進に関する法律の制定 ……認定こども園は直接契約の仕組みへ 児童手当法改正 ……手当の支給対象を小学校6年生の修了まで拡大, 国の負担割合を3分の2から3分の1へ削減	**2006年** 障害者自立支援法施行 10月～
2007年 児童手当法改正 ……3歳未満の児童に対する手当て額を1万円とし, 児童手当事業主拠出率の改正により, 平成19年度より1000分の0.9から1000分の1.3に引き上げ 児童虐待の防止等に関する法律の改正 ……安全確認の義務化, 出頭要求, 再出頭要求と拒否の際の臨検等に関する事項, 一時保護, 同意施設入所措置中の保護者に対する面会等の制限等と罰則に関する規定 児童福祉法改正 ……要保護児童対策地域協議会の設置の努力義務化, 未成年後見人請求の間の親権の代行, 正当な理由なく立入調査を拒否した場合の罰則を強化 配偶者からの暴力の防止及び被害者の保護に関する法律改正	**2007年** 少年法, 少年院法改正
2008年 児童福祉法及び次世代育成支援対策推進法改正	**2008年** 保育所保育指針の告示

する「面会等の制限等」に関する事項, 併せて罰則規定が盛り込まれており, 法施行後2度の改正が行われています。

・**児童福祉法改正**

　この法改正により, 要保護児童対策地域協議会の設置が努力義務化され, 未成年後見人請求の間の親権の代行, 正当な理由がなく立入調査を拒否した場合の罰則の強化（30万円から50万円以下に引き上げ）が行われました。

　以上のように, 1990（平成2）年以降の養護に関する主要な児童福祉関係の法改正等の流れを概観しました。児童福祉の法制度は, 高齢者福祉, 障害者福祉といった他分野における法改正や新たな制度のスタート等に影響を受けながら, また, 児童や家庭のニーズの動向に影響を受けながら整備がなされています。これらの主要な法改正等については, 表VIII-1にまとめています。

（佐藤まゆみ・柏女霊峰）

VIII　近年の児童福祉に関する法改正と施策

2　近年の児童福祉に関する施策

1　児童福祉の施策が行われる背景と，児童福祉施策の種類

　ここでは，児童福祉の施策についてみていくこととします。そして，児童福祉の施策もまた，次世代育成支援施策と要保護児童福祉施策に大別できます。
　まずは，児童福祉施策の展開の背景から概観することとしましょう。
　日本ではもともと，子育ち・子育ては親族や地域社会による助け合いによって行われていました。しかし，社会が豊かで便利になった反面，親族や地域におけるお互いのつながりや助け合いを失い，その結果として，少子化や児童虐待など，さまざまな社会問題が生じました。
　そこで，子どもが育つことや子どもを生み育てるという営みを社会全体で応援していくことが必要とされ，子育ち・子育てという私的な営みに公的な「支援」と「介入」が進められることとなりました。
　このような背景をもちつつ，児童福祉の施策は，子育て支援・次世代育成支援施策，母子保健施策，障害児福祉施策，児童健全育成施策，保育施策，保護を要する児童の福祉施策，母子家庭および父子家庭等のひとり親家庭福祉施策等が，児童の最善の利益や権利を保障するため，総合的に実施されています。以下では，近年の児童福祉施策の主要な動向について概観することとします。

2　近年の児童福祉施策の主要な動向

　近年の児童福祉施策は1.57ショックを契機として，計画的に保育関係の施策が講じられ，その後少子化対策のための施策，次世代育成支援施策へと転換し，急増する児童虐待等に対応するため要保護児童施策が講じられました。
　また，児童福祉の実施体制が，従来の都道府県（児童相談所等）中心から，市町村中心の体制へと転換しようとしていることに目を向ける必要があります。この動向は，児童と家庭に対する支援の連続性や一貫性を確保することにもつながる可能性があります。近年の児童福祉施策の主な動向は次の通りです。

○子育て支援・保育関連の施策
・児童福祉の国家計画——**エンゼルプランから子ども・子育て応援プランまで**
　日本の少子化対策は，1.57ショックを契機としており，子育ての孤立化や児童虐待の増加などの課題に対応するため，1994年にエンゼルプランや緊急保育対策等5か年事業を策定し，1999年12月にはこれらを引き継ぐ新エンゼルプラ

ンが策定されました。

そして，新エンゼルプランに引き続き，2000年には同年厚生労働省がとりまとめた国民の健康づくり運動「健康日本21」の母子保健版であり，母子保健の2010年までの国民運動計画を定めた「健やか親子21」も策定されました。

さらに2001年には，男女共同参画社会基本法に基づく男女共同参画基本計画が策定されるなど，社会が家庭における子どもの育ちや子育てを支援するための国家計画が次々と策定されています。

2004年12月24日には，少子化社会対策基本法の制定を受けて決定した少子化社会対策大綱の具体的な整備計画である「少子化社会対策大綱に基づく重点施策の具体的実施計画について」，いわゆる「子ども・子育て応援プラン」が策定されました。これは，少子化社会対策大綱に掲げられた4つの重点課題にそって，今後5年間に実施する具体的な施策内容と目標を明らかにしたものであり，おおむね10年後を見据えた「目指すべき社会」の姿も併せて掲げています。

このプランの特徴は，これまでのエンゼルプランや新エンゼルプランとは異なり，子育て支援事業や要保護児童対策に係る整備目標があげられていること，自治体の次世代育成支援地域行動計画との整合性が図られていることです。このような計画は，近年の児童福祉施策を推進する基盤となっています。

2008年の次世代育成支援対策推進法改正により，都道府県の次世代育成後期行動計画に社会的養護関係の整備を盛り込むこととなりました。

・**子育て支援・次世代育成支援施策と放課後子どもプラン**

何をもって子育て支援・次世代育成支援施策とするのかについては具体的な定義はありませんが，狭義の子育て支援・次世代育成支援施策として，育児休業制度等と子育て支援事業があげられます。後者については，2003年の児童福祉法改正によって法定化され，放課後児童健全育成事業，子育て短期支援事業，いわゆる児童版在宅福祉3本柱としての子育て支援事業，そしてサービス調整事業があります。

放課後児童健全育成事業については，2007年度概算要求において，放課後子どもプランの構想が明らかになりました。構想の背景には，現行の学童クラブが満杯であること，児童が放課後安全に過ごせる必要性があることなどがあります。文部科学省は新たに放課後子ども教室推進事業を創設し，厚労省と文科省が連携し，原則として全ての小学校区での実施を目指すとされています。

具体的には，放課後児童クラブの開設日数の弾力化，必要な開設日数の確保，適正な人数規模を確保するための分割等の促進，施設の整備や備品の購入にかかる費用の補助等があげられています。なお，このプランは，2007年度より実施されています。今後は，児童の放課後生活の場を確保するため，両省の事業の整合性や児童の生活の場への配慮も必要となるでしょう。

・**保育施策と就学前の幼児教育に関わる施策——認定こども園**

VIII　近年の児童福祉に関する法改正と施策

　保育制度改革の最近の動向は，法改正等に影響され進展しています。たとえば，保育所利用の仕組みの変化，保育士資格の法定化が実施され，保育所には子育て支援の役割，利用者の意向の尊重や機関連携による総合的なサービス提供，低年齢児の受入れ拡充，いわゆる児童虐待防止法による虐待の早期発見や機関へのつなぎ，見守りの機能などが求められるようになってきました。

　認定こども園は，就学前の児童に対する保育と教育に関する施策として，保育所，幼稚園に並び，新たな選択肢として2006年10月から導入されました。この検討の背景には，都市部における待機児童問題，過疎地域での就学前施設の定員割れ問題，国と地方の税財源のあり方に関する三位一体改革があります。そして，これらの背景には地方分権や規制緩和，地域における子育て支援サービスの総合的展開に対する強い要請，次世代育成支援施策の動向が重なります。

　認定こども園は，幼保一体型，保育所型，幼稚園型，地方裁量型という類型があり，地域における子育て支援機能を必須としています。直接契約になったことで認定こども園は利用者の選択によるサービス利用が可能になり，また保護者の就労を利用の要件としないことで，従来保育所保育しか受けることのできなかった児童も，利用できる機会を得られることになります（図VIII-3参照）。

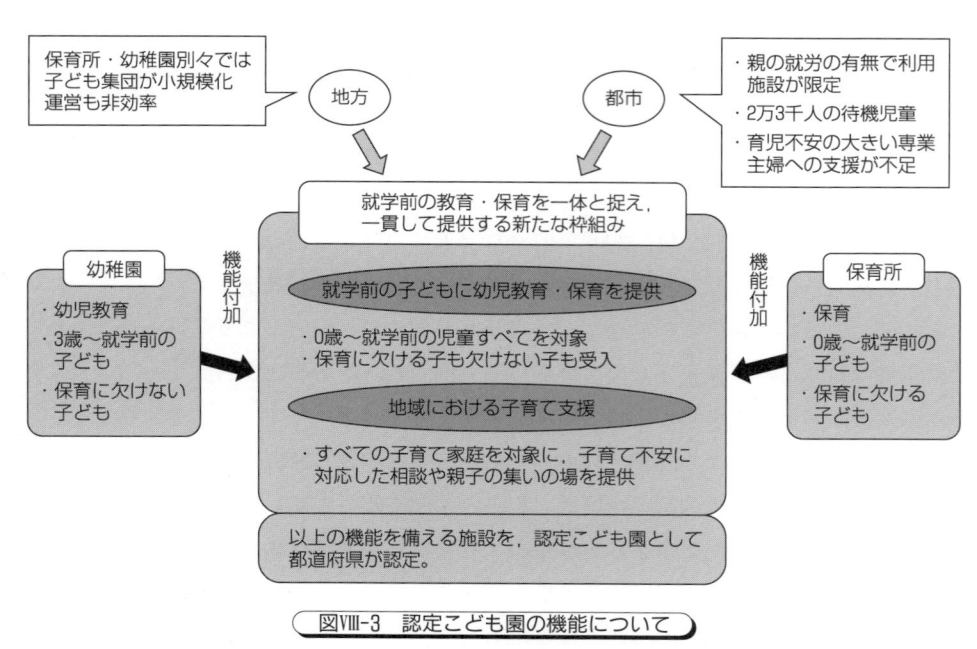

　その点で，児童のニーズに着目し，親子の支援を視野に入れている施策といえます。認定こども園は，現行制度における幼稚園と保育所，親子の交流の場の３つの機能を包含する施設として想定されています。今後は，幼稚園，保育所，認定こども園が存在することによって，利用の仕組みの混在，資格統合化問題，就学前保育・教育の内容や財源措置等の検討を要することになると考え

図VIII-3　認定こども園の機能について

出所：「就学前の子どもに関する教育，保育等の総合的な提供の推進に関する法律」に関する課長会議（平成18年6月28日開催）資料．

られます。

◯主な経済的支援施策——児童手当と児童扶養手当の動向

児童・子育てに関わる個々の家庭に対する代表的な経済的支援施策として、児童手当と児童扶養手当の近年の動向についてみてみることとします。

2005年の法改正により、これまで児童手当の支給対象年齢が9歳到達後最初の年度末までであったものが、2006年度から12歳到達後最初の年度末までに拡充され、国の負担割合が3分の2から3分の1に削減されました。2007年度より、3歳未満の児童の養育者に対する児童手当を引き上げ、出生の順序にかかわらず1万円としました。3歳以上の児童手当の額や支給対象年齢、所得制限の限度額は現行通りとなり、併せて児童手当事業主拠出率の改正も行われ、2007年度より1000分の0.9から1000分の1.3に引き上げることとなりました。

近年の法改正により、手当の支給対象年齢が引き上げられましたが、日本の児童手当の支給対象、支給期間、手当額は他の国と比べて格差が大きく、今後は他の手当や税控除等も含めた経済的支援の議論のなかでこれらの手当の検討が必要といえます。

児童扶養手当は、2002年の法改正により、手当の受給期間を原則として受給開始後5年間とすること、一部支給の場合は所得に応じて支給額が段階的に支給されるようになることとされ、2006年度から手当に関する国の負担割合が従来の4分の3から3分の1に削減され、地方の負担が3分の2となりました。

◯養護関連の施策

・児童虐待に関する施策の動向

深刻化する児童虐待に対応するため、Ⅷ-1で述べた法改正や法の制定により体制の整備が進められています。2000年には、全国の児童相談所に児童虐待対応協力員を配置し、児童虐待防止市町村ネットワークを整備する事業が開始されました。児童福祉司の増加や予算事業の拡充もなされています。さらに、地方自治体において児童相談所を中心とする対応マニュアルの作成、関係機関のネットワークの形成が展開され、民間活動として全国各地に児童の虐待防止民間ネットワークが誕生し、啓発活動や事例検討、電話相談等が実施されています。

今後、児童虐待の施策では、児童と親に対するケアの充実と**家族再統合**に向けた取り組みの充実が課題となっています。

▷ 家族再統合
⇒ Ⅰ-4 参照。

・養護に欠ける児童への施策の動向

近年、虐待等による心の傷や諸問題を抱えて児童養護施設や乳児院に入所する児童が多いことから、早期家庭復帰に向けた援助、心理療法士や被虐待児個別対応職員、家庭支援専門相談員を配置するための加算等が実施されています。2000年度から地域に密着した小規模で家庭的な地域小規模児童養護施設、2004年度から施設における小規模グループケアを推進するための職員の加配も

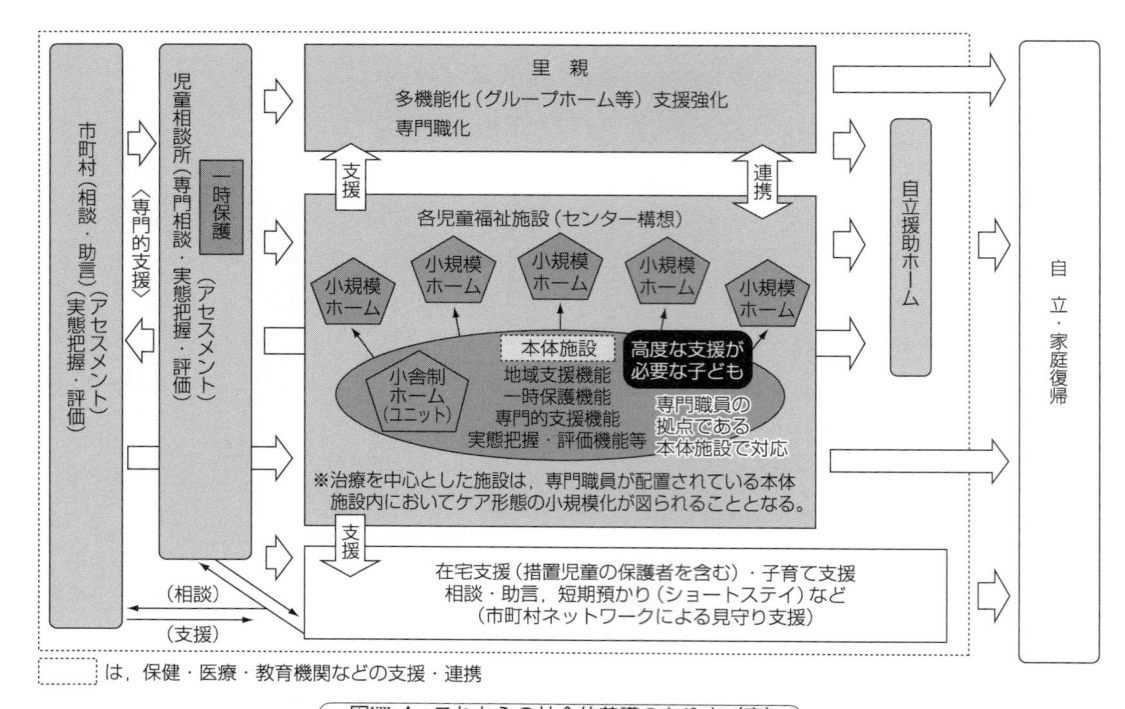

図Ⅷ-4 これからの社会的養護のあり方（案）

出所：社会保障審議会児童部会 社会的養護のあり方に関する専門委員会報告書「これからの社会的養護のあり方」（案）。

実施されています。また，1997年，2004年の児童福祉法改正に伴い，児童養護施設の機能に自立支援機能や入所児童の家庭環境調整，退所児童の自立支援が付与されました。さらに，児童福祉施設には，児童家庭支援センターの設置促進など，地域での相談，助言に対する取り組みも求められています。

社会保障審議会児童部会社会的養護のあり方に関する専門委員会報告書では，「これからの社会的養護のあり方」（案）として，市町村や児童相談所における相談という支援の入口から，自立・家庭復帰といった出口までの一連のプロセスを図Ⅷ-4のように示しています。

2002年には里親制度の拡充が図られましたが，里子や里親への支援のために，2006年度から児童相談所に里親委託推進員が配置されています。2004年の児童福祉法改正では，里親に監護，教育，懲戒に係る一定の権限も付与しています。

2008年の児童福祉法改正により，被措置児童等虐待の通告や児童本人からの相談を受け付ける等の仕組みを設けるほか，里親制度の改正，小規模住居型児童養育事業の法定化がなされました。

○障害児福祉施策の動向

2005年4月から発達障害者支援法が施行され，それまで制度の狭間にあった発達障害児・者の発達保障や福祉の充実を図るためのものとして，発達障害の早期発見や学校教育，福祉サービス等における支援等が規定されています。

障害児福祉サービスは，2003年に在宅福祉サービスを市町村移譲したうえで

支援費制度に転換し，施設入所サービスは従来通り都道府県・指定都市の措置事務として存続していました。しかし，2005年の障害者自立支援法制定と児童福祉法改正により，障害児福祉関係のサービス利用のあり方は障害児施設給付制度と措置制度の2本立てとなりました（サービス利用のあり方については図Ⅷ-5参照）。障害児の児童福祉施設入所措置事務の市町村移譲が検討され，障害児福祉施策は大きな転換を迎えています。

障害児の施設給付制度については図Ⅷ-5にあげましたが，障害児関係福祉施設の新しい利用方法について，少し詳細にみておきましょう。

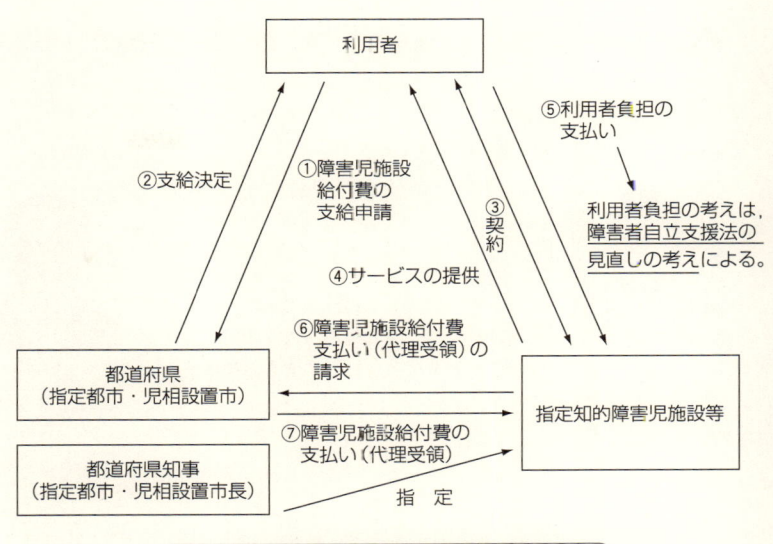

図Ⅷ-5　障害児施設給付費の基本的な仕組み

出所：平成18年度全国児童相談所長会議　社会・援護局障害保健福祉部障害福祉課資料。

障害者自立支援法に伴う児童福祉法改正により，2006年10月から障害児関係福祉施設サービスの利用については，次の手続きを必要とすることになりました。

まず，知的障害児施設入所等の施設入所サービスの利用を希望する者で，障害施設給付費の支給を希望する者は，都道府県に対し障害児施設給付費の申請を行います。そして，都道府県は，障害児施設給付費の支給を行うことが適切であると認める場合には，申請を行った者に対して障害児施設給付費の決定を行います。支給の決定を受けた者は，都道府県知事の指定を受けた指定知的障害児施設等との契約によってサービスを利用することになります。

サービスを利用した時には，保護者（過齢児の場合は本人）が，指定知的障害児施設等に対して，サービスに係る利用者負担（原則として1割負担）を支払います。都道府県は，サービスの利用に要する費用から利用者負担額を控除した額を，障害児施設給付費として支払うこととなっています。この場合の障害児施設給付費は，申請者に対して支払われるものであり，施設はあくまで利用者に代わって給付費を受け取る（代理受領）こととなります。

しかし，児童虐待等や利用契約になじまないと考えられる場合など，児童の権利擁護のためには措置による施設入所が適当と児童相談所が判断した場合には，措置による入所も行われることになります。したがって，2006年10月からは，障害児福祉施設の利用のあり方は，直接契約による入所と，職権保護（措置）による入所という2つの方法が存在することとなりました。

（佐藤まゆみ・柏女霊峰）

執筆者紹介 （氏名／よみがな／生年／現職／主著／養護内容・自立支援を学ぶ読者へのメッセージ）

＊執筆担当は本文末に明記

小木曽　宏（おぎそ　ひろし／1954年生まれ） 
児童養護施設房総双葉学園施設長
『Q&A子ども虐待を知るための基礎知識』（編著・明石書店）『現場に生きる子ども支援・家族支援――ケース・アプローチの実際と活用』（単著・生活書院）
社会的養護の実践に携わる方々の熱い，熱い思いを保育士を目指す皆さんに伝えたい！

小野澤　直（おのざわ　ただし／1950年生まれ） 
独立行政法人国立病院機構箱根病院
『重症心身障害児のトータルケア』（共著・へるす出版）『医療スタッフのためのムーブメントセラピー』（共著・メディカ出版）
社会福祉は憲法第25条でいわれているように，医療と福祉の関係が重要だと思います。そのためには医療と社会福祉が対等な関係でないといけないと思っています。

宮本秀樹（みやもと　ひでき／1956年生まれ）
常磐大学助教
『よくわかる社会福祉現場実習』（編著・明石書店）
言葉に力を持たせるためには？　言葉と自分自身のことを結びつけることにかかっていると思います。

柏女霊峰（かしわめ　れいほう／1952年生まれ） 
淑徳大学教授
『市町村発子ども家庭福祉』（編著・ミネルヴァ書房）『子ども家庭福祉・保育のあたらしい世界』（単著・生活書院）
子ども家庭福祉の理念，制度，援助実践の3つを一体的にとらえていくことが大切と思っています。

木村容子（きむら　ようこ／1968年生まれ） 
京都光華女子大学准教授
『里親が知っておきたい36の知識』（共著・エピック）『家族援助論』（共著・北大路書房）
子どもを取り巻く環境を全体的にとらえ，地域社会全体で子育てをしていく視点で実践していってください。

鈴木崇之（すずき　たかゆき／1970年生まれ）
会津大学短期大学部講師
『児童虐待時代の福祉臨床学――子ども家庭福祉のフィールドワーク』（共編著・明石書店）『児童自立支援施設の可能性――教護院からのバトンタッチ』（共著・ミネルヴァ書房）
たくさんのきょうだいができ，子どもだけでなく自分自身の成長も実感できるのが児童福祉施設での仕事です。

児玉　亮（こだま　りょう／1972年生まれ） 
千葉県東上総児童相談所児童相談員
「養護／自立」を知ることは「自分を知る」ことです。自分を豊かに語れる人が子どもと豊かに暮らせるのだと思います。

浦野泰典（うらの　やすのり／1964年生まれ）
心身障害児総合医療療育センター指導科育務係長
『子どもの精神保健』（共著・建帛社）『よくわかる社会福祉現場実習』（共著・明石書店）
目の前の相手を見つめ，気持ちを汲み取りつつ，自分を表現していくことがコミュニケーションだと思います。

小林英義（こばやし　ひでよし／1951年生まれ） 
東洋大学教授
『虐待を受けた子どもへの自立支援』（編共著・中央法規出版）『児童自立支援施設の教育保障』（単著・ミネルヴァ書房）
医療福祉，教育福祉，司法福祉など様々な領域で「福祉」の対応が求められています。幅広い教養を身に付け，福祉を学んでほしいと思います。

執筆者紹介 （氏名／よみがな／生年／現職／主著／養護内容・自立支援を学ぶ読者へのメッセージ）

＊執筆担当は本文末に明記

佐藤まゆみ（さとう　まゆみ／1981年生まれ） 
和洋女子大学助教
『市町村発子ども家庭福祉』（共著・ミネルヴァ書房）
子どもとその家族の幸せになろうとする力に寄り添う，ということをしっかりと見つめ考えることが大切だと思います。

髙橋直之（たかはし　なおゆき／1972年生まれ） 
児童養護施設東京育成園家庭支援専門相談員
社会福祉の現場には常にエネルギッシュな空気が満ちています。ぜひ皆さんもたくさんの事を学んで現場で活躍して下さい。

髙山由美子（たかやま　ゆみこ／1974年生まれ） 
児童養護施設東京育成園ケアワーカー
『子どもたちと育みあうセクシュアリティ――児童養護施設での性と生の支援実践』（共著・クリエイツかもがわ）
子どもたちとの毎日は，学ぶことばかりです。子どもから学ぶ姿勢を忘れずによいケアワーカーを目指してください。

永森朋之（ながもり　ともゆき／1965年生まれ） 
社会福祉法人九十九会生活支援センターつくも所長
子どもたちのそばにいて，彼らを見て・知ることが一番の勉強と考えています。何より新鮮と驚きと笑いの連続ですから。

成瀬榮子（なるせ　えいこ／1949年生まれ） 
NPO法人セカンドスペース代表理事
『ひきこもり110番Q&A復学・就職への道』（単著・アルマット）『教師のコミュニケーション事典』（共著・図書文化）
障害のある人も無い人も，互いに手を取りあって助けあえる差別のない世の中にしていきませんか。

花島治彦（はなじま　はるひこ／1959年生まれ） 
路上生活者緊急一時保護センター江東寮施設長
『児童養護の原理と実践的課題』（共著・保育出版社）『よくわかる社会福祉現場実習』（共著・明石書店）
福祉現場は，人との出会いの場です。今日出会った人の人生と自分の人生とが交差する場です。出会った人から学ぶ姿勢が大切です。

林久美子（はやし　くみこ／1952年生まれ） 
宇部市役所障害福祉課こどもリハビリ室理学療法士
子どものことを知るにはしっかり抱いてあげて下さい。両腕にその子からのメッセージを感じとれるでしょう。

比嘉昌哉（ひが　まさちか／1974年生まれ） 
沖縄国際大学准教授
『スクールソーシャルワークの展開――20人の活動報告』（共著・学苑社）
社会福祉ではその知識・技術・価値すべて重要である。援助者としてしっかりとした"福祉観"をもち，利用者の自己実現に繋げてほしい。

前田信一（まえだ　しんいち／1948年生まれ） 
NPO法人カリヨン子どもセンター自立援助ホーム「カリヨンとびらの家」元ホーム長
現在男女自立援助ホームアドバイザー
『明日にはばたけ』（共著・法政出版）『子どもの権利研究』（共著・日本評論社）
福祉基礎構造改革で法律，しくみが変わった。児童虐待等で傷ついた子どもの自立支援が現場で求められている。

増沢　高（ますざわ　たかし／1961年生まれ） 
子どもの虹情報研修センター研修課長・研究課長
『子どもの虐待と援助』（共著・ミネルヴァ書房）『Q&A子ども虐待問題を知るための基礎知識』（共著・明石書店，）
今，日本の子どもたちは幸せでしょうか。社会は大人の都合ばかりで，そこに子どもの視点がどれだけあるのでしょう。

執筆者紹介 (氏名／よみがな／生年／現職／主著／養護内容・自立支援を学ぶ読者へのメッセージ)

＊執筆担当は本文末に明記

宮本由紀（みやもと ゆき／1970年生まれ） 
神戸少年の町ファミリーソーシャルワーカー
福祉の現場は人から学び，人そして自分を知る毎日です。知識・技術・感性のバランスを大切にして下さい。

山中ゆりか（やまなか ゆりか／1955年生まれ） 
千葉市専門里親
『子どもを健やかに養育するために』（共著）
里親をはじめて16年。ある日，里子が言いました。「私は今が幸せと思えることが幸せ」と。私も幸せです。

若松亜希子（わかまつ あきこ／1971年生まれ） 
児童養護施設東京育成園臨床心理士
『愛着障害と修復的愛着療法　児童虐待への対応』（共訳・ミネルヴァ書房）
児童養護施設の子どもたちとの日々のかかわりの中で，大切なものをたくさんもらっています。少しでもその想いを伝えることができ，本書が皆さんの今後の実践に役立つものになれば幸いです。

やわらかアカデミズム・〈わかる〉シリーズ
よくわかる養護内容・自立支援

| 2007年11月15日　初版第1刷発行 | 〈検印省略〉 |
| 2011年 1 月30日　初版第5刷発行 | 定価はカバーに表示しています |

編　者	小木曽　宏
	宮本　秀樹
	鈴木　崇之
発行者	杉田　啓三
印刷者	田中　雅博

発行所　株式会社　ミネルヴァ書房
〒607-8494　京都市山科区日ノ岡堤谷町1
電話代表　(075) 581-5191
振替口座　01020-0-8076

©小木曽・宮本・鈴木他, 2007　　創栄図書印刷・藤沢製本

ISBN978-4-623-04874-8
Printed in Japan

やわらかアカデミズム・〈わかる〉シリーズ

教育・保育
よくわかる学びの技法
　　田中共子編　本体 2200円
よくわかる教育評価
　　田中耕治編　本体 2500円
よくわかる授業論
　　田中耕治編　本体 2600円
よくわかる教育課程
　　田中耕治編　本体 2600円
よくわかる生徒指導・キャリア教育
　　小泉令三編著　本体 2400円
よくわかる障害児教育
　　石部元雄・上田征三・高橋　実・柳本雄次編　本体 2200円
よくわかる障害児保育
　　尾崎康子・小林　真・水内豊和・阿部美穂子編　本体 2500円
よくわかる保育原理
　　子どもと保育総合研究所　森上史朗・大豆生田啓友編　本体 2200円
よくわかる家族援助論
　　橋本真紀・山縣文治編　本体 2400円
よくわかる子育て支援・家族援助論
　　大豆生田啓友・太田光洋・森上史朗編　本体 2400円
よくわかる養護原理
　　山縣文治・林　浩康編　本体 2400円
よくわかる養護内容・自立支援
　　小木曽宏・宮本秀樹・鈴木崇之編　本体 2200円
よくわかる小児栄養
　　大谷貴美子編　本体 2400円
よくわかる小児保健
　　竹内義博・大矢紀昭編　本体 2600円
よくわかる発達障害
　　小野次朗・上野一彦・藤田継道編　本体 2200円
よくわかる子どもの精神保健
　　本城秀次編　本体 2400円

福祉
よくわかる社会保障
　　坂口正之・岡田忠克編　本体 2500円
よくわかる社会福祉
　　山縣文治・岡田忠克編　本体 2400円
よくわかる社会福祉運営管理
　　小松理佐子編　本体 2500円
よくわかる社会福祉と法
　　西村健一郎・品田充儀編著　本体 2600円
よくわかる子ども家庭福祉
　　山縣文治編　本体 2400円
よくわかる地域福祉
　　上野谷加代子・松端克文・山縣文治編　本体 2200円
よくわかる家族福祉
　　畠中宗一編　本体 2200円
よくわかるファミリーソーシャルワーク
　　喜多祐荘・小林　理編　本体 2500円
よくわかる高齢者福祉
　　直井通子・中野いく子編　本体 2500円
よくわかる障害者福祉
　　小澤　温編　本体 2200円

よくわかる精神保健福祉
　　藤本　豊・花澤佳代編　本体 2400円
よくわかる医療福祉
　　小西加保留・田中千枝子編　本体 2500円
よくわかる司法福祉
　　村尾泰弘・廣井亮一編　本体 2500円
よくわかる福祉財政
　　山本　隆・山本惠子・岩満賢次・正野良幸・八木橋慶一編　本体 2600円
よくわかるリハビリテーション
　　江藤文夫編　本体 2500円

心理
よくわかる心理学
　　無藤　隆・森　敏昭・池上知子・福丸由佳編　本体 3000円
よくわかる心理統計
　　山田剛史・村井潤一郎著　本体 2800円
よくわかる保育心理学
　　鯨岡　峻・鯨岡和子著　本体 2400円
よくわかる臨床心理学　改訂新版
　　下山晴彦編　本体 3000円
よくわかる心理臨床
　　皆藤　章編　本体 2200円
よくわかる臨床発達心理学
　　麻生　武・浜田寿美男編　本体 2600円
よくわかるコミュニティ心理学
　　植村勝彦・高畠克子・箕口雅博
　　原　裕視・久田　満編　本体 2400円
よくわかる発達心理学
　　無藤　隆・岡本祐子・大坪治彦編　本体 2400円
よくわかる乳幼児心理学
　　内田伸子編　本体 2400円
よくわかる青年心理学
　　白井利明編　本体 2500円
よくわかる教育心理学
　　中澤　潤編　本体 2500円
よくわかる学校教育心理学
　　森　敏昭・青木多寿子・淵上克義編　本体 2600円
よくわかる社会心理学
　　山田一成・北村英哉・結城雅樹編　本体 2500円
よくわかる家族心理学
　　柏木惠子編著　本体 2600円
よくわかる言語発達
　　岩立志津夫・小椋たみ子編　本体 2400円
よくわかる認知発達とその支援
　　子安増生編　本体 2400円
よくわかる産業・組織心理学
　　山口裕幸・金井篤子編　本体 2400円

統計
よくわかる統計学　Ⅰ　基礎編
　　金子治平・上藤一郎編　本体 2400円
よくわかる統計学　Ⅱ　経済統計編
　　御園謙吉・良永康平編　本体 2800円

ミネルヴァ書房
http://www.minervashobo.co.jp/